领导干部能力建设二十讲

林学启　主编

山东大学出版社
SHANDONG UNIVERSITY PRESS
·济南·

图书在版编目(CIP)数据

领导干部能力建设二十讲/林学启主编.—济南：山东大学出版社，2023.11

ISBN 978-7-5607-8052-8

Ⅰ.①领… Ⅱ.①林… Ⅲ.①领导人员—能力培养—中国—干部教育—学习参考资料 Ⅳ.①D630.3

中国国家版本馆CIP数据核字(2023)第240057号

责任编辑 刘 彤
封面设计 张 荔

领导干部能力建设二十讲
LINGDAO GANBU NENGLI JIANSHE ERSHIJIANG

出版发行 山东大学出版社
社 址 山东省济南市山大南路20号
邮政编码 250100
发行热线 (0531)88363008
经 销 新华书店
印 刷 济南乾丰云印刷科技有限公司
规 格 170毫米×240毫米 1/16
18.5印张 324千字
版 次 2023年11月第1版
印 次 2023年11月第1次印刷
定 价 65.00元

前 言

在2020年秋季学期中央党校(国家行政学院)中青年干部培训班开班式上,习近平总书记发表重要讲话并强调:“干部特别是年轻干部要提高政治能力、调查研究能力、科学决策能力、改革攻坚能力、应急处突能力、群众工作能力、抓落实能力。”[①]习近平总书记全面、系统的论述,精准概括出了我们党当前应对复杂形势、完成艰巨任务的实践路径,为领导干部如何解决问题、破解难题指明了方向。

中共山东省委党校(山东行政学院)作为党领导的培养党的领导干部的学校,是培训党的各级领导干部的主渠道。2020年秋季学期中央党校(国家行政学院)中青年干部培训班开学后,中共山东省委党校(山东行政学院)及时组织优秀教学骨干队伍对习近平总书记“七种能力”建设论述开展了系统的学习研究,经过团队研磨、集体竞课、课堂打磨,反复精雕细琢,形成了包含20个专题的能力建设单元课程,并及时充实课程、纳入校内主体班次教学内容。课程理论联系实际、语言通俗易懂,能力建设目标、要求、实现途径全面、准确、有效,在主体班次讲授后,获得学员的一致好评,社会宣讲效果显著。

经过反复的校内外课堂实践,历经数次调整,特将能力建设单元课程的讲稿编撰成册,给广大党员干部提高“七种能力”建设提供一个理论和实践结合的优秀读本。

编 者

2023年8月

---

① 《习近平在中央党校(国家行政学院)中青年干部培训班开班式上发表重要讲话强调 年轻干部要提高解决实际问题能力 想干事能干事干成事》,《人民日报》2020年10月11日。

目　录

1.新时代党员干部要提高政治能力

张登国*

党的十八大以来，习近平总书记把讲政治摆在前所未有的高度。《中共中央关于加强党的政治建设的意见》强调："党的政治建设是党的根本性建设，决定党的建设方向和效果，事关统揽推进伟大斗争、伟大工程、伟大事业、伟大梦想。"①2017 年 2 月 13 日，习近平总书记在省部级主要领导干部学习贯彻党的十八届六中全会精神专题研讨班开班式上发表重要讲话，明确提出："党的高级干部要注重提高政治能力，牢固树立政治理想，正确把握政治方向，坚定站稳政治立场，严格遵守政治纪律，加强政治历练，积累政治经验，自觉把讲政治贯穿于党性锻炼全过程，使自己的政治能力与担任的领导职责相匹配。"②

2020 年 10 月 10 日，习近平总书记在秋季学期中央党校（国家行政学院）中青年干部培训班开班式上发表重要讲话强调："面对复杂形势和艰巨任务，我们要在危机中育先机、于变局中开新局，干部特别是年轻干部要提高政治能力、调查研究能力、科学决策能力、改革攻坚能力、应急处突能力、群众工作能力、抓落实能力，勇于直面问题，想干事、能干事、干成事，不断解决问题、破解难题。"③

---

* 张登国，中共山东省委党校（山东行政学院）公共管理教研部教授。

① 《中共中央关于加强党的政治建设的意见》，人民出版社 2019 年版，第 2 页。

② 《习近平在省部级主要领导干部学习贯彻十八届六中全会精神专题研讨班开班式上发表重要讲话强调 以解决突出问题为突破口和主抓手 推动党的十八届六中全会精神落到实处》，《人民日报》2017 年 2 月 14 日。

③ 《习近平在中央党校（国家行政学院）中青年干部培训班开班式上发表重要讲话强调 年轻干部要提高解决实际问题能力 想干事能干事干成事》，《人民日报》2020 年 10 月 11 日。

一、何为政治能力

2018年6月29日，习近平总书记在十九届中央政治局第六次集体学习时讲话指出："党的政治建设落实到干部队伍建设上，就要不断提高各级领导干部特别是高级干部把握方向、把握大势、把握全局的能力，辨别政治是非、保持政治定力、驾驭政治局面、防范政治风险的能力。提高政治能力，很重要的一条就是要善于从政治上分析问题、解决问题。"[①]

由此可见，政治能力就是在政治上分析问题和解决问题的能力。分析问题是政治上的认识能力，解决问题是政治上的行为能力，政治能力是二者的统一。在具体要素层面，政治上的认识能力主要是把握方向、把握大势、把握全局的能力，而政治上的行为能力主要是辨别政治是非、保持政治定力、驾驭政治局面、防范政治风险的能力。

2020年12月24日至25日，习近平总书记在中共中央政治局民主生活会上强调："我们党要始终做到不忘初心、牢记使命，把党和人民事业长长久久推进下去，必须增强政治意识，善于从政治上看问题，善于把握政治大局，不断提高政治判断力、政治领悟力、政治执行力。"[②]此后，这一重要论述在习近平总书记的讲话中和中央的一些会议上频繁出现。政治判断力的提出，是对政治上的认识能力更为科学、更为凝练的概括；政治执行力的提出，是对政治的行为能力更为科学、更为凝练的概括；政治领悟力是政治判断力的保证、政治执行力的引领，是连接政治判断力和政治执行力的桥梁。党员领导干部的政治能力，就是善于在政治上分析问题、解决问题的能力，就是政治判断力、政治领悟力、政治执行力的统一。

（一）政治判断力

习近平总书记强调："增强政治判断力，就要以国家政治安全为大、以人民为重、以坚持和发展中国特色社会主义为本，增强科学把握形势变化、精准识别现象本质、清醒明辨行为是非、有效抵御风险挑战的能力。"[③]政治判断力是政治能力的重要组成部分，是政治领悟力和执行力的基础和前提。

① 中共中央党史和文献研究院编：《十九大以来重要文献选编》（上），中央文献出版社2019年版，第541页。

② 《习近平谈治国理政》第4卷，外文出版社2022年版，第43页。

③ 《习近平谈治国理政》第4卷，外文出版社2022年版，第44页。

我们党卓越的政治判断力在改革发展的历史进程中发挥着重要的作用，党在发展过程中经受了无数的磨难，卓越的政治判断力是党领导人民在革命、建设和改革过程中取得一个又一个胜利、创造一个又一个奇迹的主要原因。党正是因为拥有卓越的政治判断力，才能始终走在正确的道路上，坚持正确的政治方向，站稳以人民为中心的立场。在以毛泽东同志为主要代表的中国共产党人的坚强领导下，在毛泽东思想这一“建国论”的科学指引下，中华民族实现了新中国成立“站起来”的革命奋斗目标；在以邓小平同志为主要代表的中国共产党人的坚强领导下，在邓小平理论这一“富国论”的科学指引下，中华民族开启了改革开放“富起来”的伟大征程；党的十八大以来，在以习近平同志为核心的党中央的团结带领下，在习近平新时代中国特色社会主义思想这一“强国论”的科学指引下，中华民族开始加快了新时代中国特色社会主义“强起来”的胜利步伐。新时代，习近平总书记站在人类历史进程的高度，作出了世界正处于百年未有之大变局的重大战略判断，为我们党掌握政治主动，准确研判世界复杂局势，聚焦中华民族伟大复兴大业，为在危机中育新机、于变局中开新局指明了方向。

政治判断力还表现在以下四个层面。

第一，科学把握形势变化。1981 年，党的十一届六中全会提出，在社会主义改造基本完成以后，我国所要解决的主要矛盾是人民日益增长的物质文化需要同落后的社会生产之间的矛盾。改革开放以来，尤其是党的十八大以来，我们党领导人民创造了世所罕见的经济快速发展的奇迹和社会长期稳定的奇迹。一方面，人民对美好生活的需要日益强烈，需求的范围层次发生了深刻的变化，只讲物质文化需要已经不能真实全面反映人民群众的愿望和心声；另一方面，我国社会生产力水平大幅提升，再讲“落后的社会生产”已不符合我国实际，以习近平同志为核心的党中央审时度势，在党的十九大上作出“我国社会主要矛盾已经转化为人民日益增长的美好生活需要和不平衡不充分的发展之间的矛盾”的重大判断。这个判断有效地推动了发展理念、发展方式、发展动力的创新。历史和实践证明，只有正确把握形势变化，才能认清事物发展的趋势和方向，得出正确的结论。

第二，精准识别现象。认识一个事物，要分清哪些是现象，哪些是本质，关键是要透过现象看本质。比如，抗日战争全面爆发后，面对日本帝国主义的疯狂进攻，中华民族能不能抵挡日本帝国主义的武装侵略，将敌人赶出国门，这在当时引起了人们的疑惑，“亡国论”和“速胜论”颇为流行。毛泽东在延安通过观察分析，比较敌我双方的实际情况，透过现象看本质，写出《论持久战》，明确判断“亡国论”是不对的，“速胜论”也是不对的。抗日战争要经过战略防御、战略相持、战略反攻三个阶段才能取得胜利，抗日战争的进程和结局也充分证明了这一重大判断的准确性。我们要做到脑子特别清醒，眼睛特别明亮，善于发现一些潜在性、隐蔽性的问题，做到明察秋毫、见微知著。

第三，清醒明辨行为是非。能否明辨行为是非决定能否坚定政治立场。明辨行为是非，要求我们善于使用政治标尺去衡量身边事物及现象的是非对错，始终保持中国共产党人的政治本色。前几年，社会上有一个论调叫“生活在民国也不错”，因为民国出了很多人文大师，好像中华人民共和国成立及改革开放之后，我们产生不了大师了，好像现在教育文化水平不如民国，实际上这都是历史虚无主义。人文学科有它的独特性，的确在民国时期出现了一些非常厉害的大师，但是我们不能以此作为依据，就判断我们今天的教育文化水平不如民国。唐诗、宋词最厉害，现代人写古诗词肯定不如唐朝、宋朝，但是不能以此为根据，认为今天中国的科技教育文化水平远远不如唐朝、宋朝，否则就走向了历史虚无主义。所以，我们对这些似是而非的观点、意识形态要有辨别的能力。

第四，有效抵御风险挑战。应对重大风险挑战是实现中华民族伟大复兴绕不过的门槛，统筹安全和发展，增强忧患意识，做到居安思危，是我们党治国理政的一个重大原则。我们党在困境中诞生，在磨难中成长，一路走来战胜了各种风险挑战。当前，我国正面临百年未有之大变局，处于深化改革的攻坚期，各种严峻的风险挑战不断增加，如不能有效应对，将严重阻碍国家前进的步伐。在当前的政治形势中，党员领导干部必须具备抵御风险挑战的能力，这是必须承担的政治职责。党员领导干部必须树牢底线思维，强化风险意识，做到未雨绸缪，时刻保持警惕，尽最大努力争取最好的结果，不断提高有效抵御风险挑战的能力。

(二)政治领悟力

习近平总书记指出：“讲政治必须提高政治领悟力。领导干部特别是高级领导干部担的是政治责任，必须对党中央精神深入学习、融会贯通，坚持用党中央精神分析形势、推动工作，始终同党中央保持高度一致。”[①]政治领悟力凸显的是知深悟透、融会贯通、把握本质的本事。提高政治领悟力是旗

① 《习近平谈治国理政》第4卷，外文出版社2022年版，第44页。

帜鲜明讲政治的关键所在,政治领悟力的提高有利于政治判断力和政治执行力的增强。

党员领导干部是贯彻落实党中央精神及各项政策的主要实施者,深刻领悟党中央核心思想与基本要求是党员领导干部必须具备的能力,必须明晰党中央思想中蕴含的治国理政新理念、新思想、新战略等,把握贯穿其中的信仰信念、人民立场、历史担当、务实作风和科学方法论。如果党员领导干部没有足够的政治领悟力,无法理解党中央关于国际形势及历史趋势的判断,对于以习近平同志为核心的党中央作出的战略判断、战略部署只是一知半解,那么党员领导干部在执行相关任务的过程中就可能会出现偏差,其所采取的措施、所出台的政策可能无法达到党中央的要求,甚至可能会出现背道而驰的现象。

(三)政治执行力

习近平总书记强调:“讲政治必须提高政治执行力。领导干部特别是高级干部要经常同党中央精神对表对标,切实做到党中央提倡的坚决响应,党中央决定的坚决执行,党中央禁止的坚决不做,坚决维护党中央权威和集中统一领导,做到不掉队、不走偏,不折不扣抓好党中央精神贯彻落实。要把坚持底线思维、坚持问题导向贯穿工作始终,做到见微知著、防患于未然。要强化责任意识,知责于心、担责于身、履责于行,敢于直面问题,不回避矛盾,不掩盖问题,出了问题要敢于承担责任。”①政治执行力是政治能力的重要内容,是党员领导干部响应党中央号召、贯彻落实党中央精神、执行党中央决定的态度和力度,主要表现为党员领导干部执行和落实党的各项路线方针政策以及党中央各项工作部署的水平和能力,是党员领导干部工作能力和工作效率的具体体现。② 政治执行力是政治能力最根本的体现,政治判断力和政治领悟力最终都要通过政治执行力体现出来,并通过执行效果来检验。历史和实践证明:政治执行力是中国共产党的优良传统和巨大优势。在实现中华民族伟大复兴的新征程上,在世界百年未有之大变局形势下,我们会遇到一系列困难和挑战,但在中国共产党的带领下,依靠强大的政治执行力,我们一定能够渡过难关,创造更大的辉煌。

---

① 《习近平谈治国理政》第4卷,外文出版社2022年版,第44~45页。

② 参见邹志鹏:《论政治执行力的内涵、特征与提升路径》,《海南大学学报》(人文社会科学版)2022年第3期。

二、为何提高政治能力

(一)理论维度:提高政治能力是我们党作为马克思主义政党的根本要求

什么是政党?“一个政党,就是围绕自己的政治纲领、按照自己的政治路线、为实现自己的政治目标而组织起来的政治集团。”①政治属性是政党最根本的属性,一个政党是否有凝聚力和战斗力,说到底取决于这个党政治上是否成熟。

旗帜鲜明讲政治是马克思主义政党的根本要求。2017 年 2 月 13 日,习近平总书记在省部级主要领导干部学习贯彻党的十八届六中全会精神专题研讨班上的讲话中指出:“历史经验表明,我们党作为马克思主义政党,必须旗帜鲜明讲政治,严肃认真开展党内政治生活。讲政治,是我们党补钙壮骨、强身健体的根本保证,是我们党培养自我革命勇气、增强自我净化能力、提高排毒杀菌政治免疫力的根本途径。什么时候全党讲政治、党内政治生活正常健康,我们党就风清气正、团结统一,充满生机活力,党的事业就蓬勃发展;反之,就弊病丛生、人心涣散、丧失斗志,各种错误思想得不到及时纠正,给党的事业造成严重损失。”②中国共产党自成立之日起,就始终高举马克思主义旗帜,马克思主义政党具有崇高的奋斗目标,提出了党员领导干部要讲政治的鲜明要求。党员领导干部在贯彻落实党中央路线方针政策与各项工作的过程中起到示范与引领的作用,因此要坚定政治立场,严格遵守政治纪律与规矩,用良好的政治素质与较强的政治能力,带领人民战胜前进道路中的种种困难与挑战,向着党引领的方向持续前进。

(二)历史维度:提高政治能力是我们党的重要历史经验

从历史的角度看,旗帜鲜明讲政治、提高政治能力是中国共产党的优良传统作风,也是对我们党百年发展历程经验的科学总结。遵义会议后,全党真正深刻认识到了维护党中央权威和集中统一领导的重大意义,但是将其

① 《江泽民文选》第 2 卷,人民出版社 2006 年版,第 360 页。

② 《习近平在省部级主要领导干部学习贯彻十八届六中全会精神专题研讨班开班式上发表重要讲话强调　以解决突出问题为突破口和主抓手　推动党的十八届六中全会精神落到实处》,《人民日报》2017 年 2 月 14 日。

化为行动还经历了一个过程。

在长征途中,在我们党最需要团结的时候,张国焘挟兵自重,另立“中央”,公然走上分裂的道路。张国焘闹分裂,从政治能力的角度分析,一是政治判断力存在问题。在两军会合之前,张国焘错误估计革命形势,认为尾随中央红军的国民党主力部队入川后,中央红军原有根据地将无法维持,就放弃了通南巴根据地。两军会合后又认为红四方面军队伍人员充足,把军权看得高于党权,将其视为闹独立的资本。张国焘在制定新的战略方针时,认为南下是进攻,北上是逃跑,提出了错误的行动方针。二是政治领悟力不够。两河口会议作出团结两大方面军共同北上的方针,张国焘作为政治局委员是举手同意的,但随后向中央多次发出争权的电文,公开反对北上方针,要求中共中央和右路军南下,甚至以军队挟持中央,公然另立“中央”,最终走上了分裂党、分裂红军的错误道路。三是政治执行力不强。张国焘蔑视中央,宣布中央执行的是机会主义路线,指责遵义会议是调和主义,破坏革命纪律,自我意识膨胀,助长了私心,点燃了野心。

党的六届六中全会深刻反思这一历史教训,毛泽东强调:“鉴于张国焘严重地破坏纪律的行为,必须重申党的纪律:(一)个人服从组织;(二)少数服从多数;(三)下级服从上级;(四)全党服从中央。谁破坏了这些纪律,谁就破坏了党的统一。”[①]毛泽东同志在党的七大预备会上提出:“要知道,一个队伍经常是不大整齐的,所以就要常常喊看齐,向左看齐,向右看齐,向中看齐。我们要向中央基准看齐,向大会基准看齐。看齐是原则,有偏差是实际生活,有了偏差,就喊看齐。”[②]看齐,就是维护核心;看齐,就是找准方向;看齐,就是团结一致。看齐的本领就是政治能力。

(三)现实维度:提高政治能力是有效应对各种风险挑战的迫切需要

习近平总书记在十九届中央政治局第六次集体学习时讲话指出:“必须清醒看到,党的十八大以来党的政治建设取得了很多成绩,但党内存在的政治问题还没有得到根本解决。一些同志忽视政治、淡化政治的问题还比较突出,有的‘四个意识’不强,有的将党的领导仅仅停留在口头上,有的对错误言行缺乏政治敏锐性、政治鉴别力和斗争精神,有的依然我行我素、无视

① 《毛泽东选集》第2卷,人民出版社1991年版,第528页。

② 《毛泽东文集》第3卷,人民出版社1996年版,第297～298页。

党的政治纪律和政治规矩，有的仍然奉行潜规则、把商品交换原则运用到党内，等等。”①

例如，2014 年 5 月 13 日，习近平总书记首次就秦岭北麓西安境内“圈地”建别墅问题，要求中共陕西省委、省政府主要负责同志关注此事。陕西省没有对习近平总书记重要批示精神进行传达学习，西安市也直到 6 月 10 日才成立调查组，让退居二线的市政府咨询员乔征担任组长。2014 年 7 月，调查小组反馈：违建别墅底数已彻底查清，共计 202 栋，中共陕西省委照单全收。随后，该数字从市里报省里、省里报中央，一路畅行。从 2015 年 2 月到 2018 年 7 月的近三年半时间里，中共陕西省委就秦岭违建别墅事件共召开 151 次常委会、50 次专题会，省政府共召开 73 次常务会，没有一次专门研究怎样做到“不彻底解决绝不放手”，在政治执行上搞“上有政策，下有对策”。

2018 年 7 月，习近平总书记第六次对秦岭违建别墅问题作出批示，要求中央纪委、国家监委牵头，有关部门参加，首先从政治纪律查起，彻底查处整而未治、阳奉阴违、禁而不绝的问题。正是按照习近平总书记“不彻底解决绝不放手”的指示精神，最终清查出 1194 栋别墅，依法收回国有土地 4557 亩，退还集体土地 3257 亩，一些党员领导干部因违纪违法被立案调查，问题最终得到根本解决。

违建问题只是一个表象，根本是不讲政治。违建问题背后暴露的是政治、作风、管党治党等多方面的问题。违建别墅问题的发生和演变，最重要的原因在于有关党组织的政治建设缺失缺位、软弱无力，有关领导对于政治纪律缺乏敬畏，政治规矩、意识淡薄。因此，提高党员领导干部政治能力是有效应对各种风险挑战的迫切需要。

三、如何提高政治能力

（一）牢固树立政治理想

牢固树立政治理想是提升党员领导干部政治能力的灵魂。党员领导干部要把理想信念作为自己的政治理想和价值追求，习近平总书记多次指出：“对马克思主义的信仰，对社会主义和共产主义的信念，是共产党人的政治

① 中共中央党史和文献研究院编：《十九大以来重要文献选编》（上），中央文献出版社 2019 年版，第 536～537 页。

灵魂，是共产党人经受住任何考验的精神支柱。形象地说，理想信念就是共产党人精神上的‘钙’，没有理想信念，理想信念不坚定，精神上就会‘缺钙’，就会得‘软骨病’。”[①]

除了坚定的理想信念，党员领导干部还必须具有为共产主义事业奋斗终身的政治理想和情怀。习近平总书记指出：“中国共产党之所以叫共产党，就是因为从成立之日起我们党就把共产主义确立为远大理想。我们党之所以能够经受一次次挫折而又一次次奋起，归根到底是因为我们党有远大理想和崇高追求。”[②]党员领导干部只有自觉以共产主义远大理想为宗旨，树立为共产主义事业奋斗终身的人生理想，才能够做到无惧风浪考验，在大是大非及各种诱惑面前立场坚定，这是党员领导干部政治能力的体现。

党员领导干部只有牢固树立坚定的政治理想，才能不断克服和战胜前进道路上的困难和挑战，才能提高自身政治能力。党员领导干部在中国特色社会主义新时代的征程上，应将坚定理想信念作为提升政治能力的重要前提。

(二)正确把握政治方向

正确把握政治方向是提升党员领导干部政治能力始终要遵循的一个根本原则。正确的政治方向是中国共产党对党员领导干部的基本要求，也是提升党员领导干部政治能力的重要前提。习近平总书记强调：“政治方向对一个党、一个党的组织、一个党员干部来说都极端重要。”[③]因为政治方向是党生存发展第一位的问题，事关党的前途命运和事业兴衰成败，所以党员领导干部政治能力的提升，必须坚持正确的政治方向。

习近平总书记指出：“我们治国理政的本根，就是中国共产党的领导和我国社会主义制度。在这一点上，必须理直气壮、旗帜鲜明。”[④]坚持中国共产党领导和社会主义制度，这是最根本和最重要的政治方向，任何时候都不能变，变了就会犯政治性的大错误甚至会犯颠覆性错误。我们党的历史已反复证明：中国特色社会主义最本质的特征是中国共产党领导，中国特色社会主义制度的最大优势是中国共产党领导。因此，“凡是有利于坚持党的领导和我国社会主义制度的事就坚定不移做，凡是不利于坚持党的领导和我

① 《习近平谈治国理政》，外文出版社 2014 年版，第 15 页。

② 《习近平谈治国理政》第 2 卷，外文出版社 2017 年版，第 34 页。

③ 习近平：《论中国共产党历史》，中央文献出版社 2021 年版，第 98 页。

④ 《习近平谈治国理政》第 3 卷，外文出版社 2020 年版，第 165～166 页。

国社会主义制度的事就坚决不做”①。

唯有牢牢把握正确的政治方向，党员领导干部才能在百年未有之大变局的复杂形势下，坚守政治原则和明确是非观念，旗帜鲜明讲政治，做到在大是大非问题上立场坚定、绝不动摇、毫不含糊。同时，党员领导干部还须牢固树立“四个意识”，确保党中央权威和集中统一领导，坚决维护习近平总书记党中央的核心、全党的核心地位。

总之，党员领导干部只有把握正确政治方向这个最重要的根本政治原则，才能在复杂的政治形势中始终掌握主动权，才能在大是大非问题上始终保持政治定力。

（三）坚定站稳政治立场

习近平总书记指出：“政治问题，任何时候都是根本性的大问题。”②党员领导干部的政治立场问题是一个非常大的政治问题，坚定站稳政治立场是党员领导干部政治能力的一个重要体现，这是由马克思主义政党的内在要求和无产阶级政党的本质属性决定的，是对党员领导干部最基本的政治要求。

2016 年 7 月 1 日，习近平总书记在庆祝中国共产党成立 95 周年大会上的讲话中指出：“人民立场是中国共产党的根本政治立场，是马克思主义政党区别于其他政党的显著标志。党与人民风雨同舟、生死与共，始终保持血肉联系，是党战胜一切困难和风险的根本保证，正所谓‘得众则得国，失众则失国’。”③党员领导干部提升政治能力的核心是提升为广大人民群众服务的能力和本领，自觉践行“人民立场是党的根本政治立场，全心全意为人民服务是党的根本宗旨”④，始终“把人民利益摆在至高无上的地位，不断把为人民造福事业推向前进”⑤。正因为中国共产党的政治立场是以人民为中心，所以习近平总书记始终强调：“人民利益是我们党一切工作的根本出发点和

① 《习近平在中央党校（国家行政学院）中青年干部培训班开班式上发表重要讲话强调　年轻干部要提高解决实际问题能力　想干事能干事干成事》，《人民日报》2020 年 10 月 11 日。

② 习近平：《在第十八届中央纪律检查委员会第六次全体会议上的讲话（2016 年 1 月 12 日）》，《人民日报》2016 年 5 月 3 日。

③ 《习近平谈治国理政》第 2 卷，外文出版社 2017 年版，第 40 页。

④ 习近平：《在纪念朱德同志诞辰 130 周年座谈会上的讲话》，《人民日报》2016 年 11 月 30 日。

⑤ 《习近平谈治国理政》第 2 卷，外文出版社 2017 年版，第 52 页。

落脚点。"[①]在工作中,我们必须牢固树立"人民群众是历史的创造者"的观点,坚持一切为了人民,一切依靠人民,发展成果由人民共享,做人民群众利益的维护者和代表者。

中国共产党是用马克思主义理论武装起来的先进政党,肩负着带领人民群众实现中华民族伟大复兴的历史使命,这就要求党员领导干部必须坚定政治立场,始终站稳人民立场。人民性是中国共产党的最本质特征,也是中国共产党最根本的政治立场。不论在革命战争年代,还是在和平建设时期,民心所向是中国共产党各项事业取得成功的关键所在。

坚定站稳政治立场,提升政治能力,要做好三方面工作:一是坚持人民至上的理念,牢固树立以人民利益、群众利益为先的观念,用实际行动维护好最广大人民群众的利益。二是党员领导干部必须自我监督和反省,坚守人民立场要求党员领导干部在日常工作中从人民的立场出发考虑问题,要真正做到求真务实、尽心尽职、不遗余力,注重提升服务意识、服务本领、服务水平。三是健全为人民服务的制度建设,即制度的制定要以为人民服务为出发点,要真正地贯彻落实制度以实现为人民服务的目标。

(四)严格遵守政治纪律

严格遵守政治纪律和政治规矩,是党员领导干部政治能力提升的纪律保证。习近平总书记强调:"提高政治能力必须对党的政治纪律和政治规矩怀有敬畏之心。"[②]党的十八大以来,习近平总书记极其重视党的政治纪律这一重大政治问题,强调"政治纪律是最重要、最根本、最关键的纪律,遵守党的政治纪律是遵守党的全部纪律的重要基础。政治纪律是各级党组织和全体党员在政治方向、政治立场、政治言论、政治行为方面必须遵守的规矩,是维护党的团结统一的根本保证"[③]。习近平总书记在中共中央政治局民主生活会上讲话指出:"中央政治局的同志要把维护党中央权威和集中统一领导作为明确的政治准则和根本的政治要求,在思想上高度认同,政治上坚决维护,组织上自觉服从,行动上紧紧跟随,在政治立场、政治方向、政治原则、政

① 《习近平谈治国理政》第2卷,外文出版社2017年版,第189页。

② 《习近平在中央党校(国家行政学院)中青年干部培训班开班式上发表重要讲话强调 年轻干部要提高解决实际问题能力 想干事能干事干成事》,《人民日报》2020年10月11日。

③ 中共中央党史和文献研究院、中央"不忘初心、牢记使命"主题教育领导小组办公室编:《习近平关于"不忘初心、牢记使命"论述摘编》,党建读物出版社、中央文献出版社2019年版,第93～94页。

治道路上同党中央保持高度一致，自觉维护党中央权威。这是对大家党性的考验，也是根本的政治纪律和政治规矩。”①

政治纪律的首要任务是坚决做到“两个维护”，“两个维护”是提高政治能力的核心内容。从纪律角度如何细化“两个维护”？就是坚决做到习近平总书记强调的“三个坚决”：党中央提倡的坚决响应，党中央决定的坚决执行，党中央禁止的坚决不做。“三个坚决”主要针对的是过去屡见不鲜的一种现象，即党中央大局方针确定后，一些地方的党员领导干部执行不到位，打擦边球，最后让党中央的政策方针无法落地，这是坚决不允许的。

政治纪律的具体要求是做到“五个必须”。2015 年 1 月 13 日，习近平总书记在十八届中央纪委五次全会上的讲话中指出：“党章是全党必须遵循的总章程，也是总规矩。党的纪律是刚性约束，政治纪律更是全党在政治方向、政治立场、政治言论、政治行动方面必须遵守的刚性约束。”②习近平总书记在这次全会上还提出了政治纪律的具体要求，即“五个必须”：“必须维护党中央权威，在任何时候任何情况下都必须在思想上政治上行动上同党中央保持高度一致；必须维护党的团结，坚持五湖四海，团结一切忠实于党的同志；必须遵循组织程序，重大问题该请示的请示，该汇报的汇报，不允许超越权限办事；必须服从组织决定，决不允许搞非组织活动，不得违背组织决定；必须管好亲属和身边工作人员，不得默许他们利用特殊身份谋取非法利益。”③对于“五个必须”，我们必须牢记于心，实践于行，坚决防止和纠正一切偏离“两个维护”的错误言行，绝不对党中央阳奉阴违，做两面人，搞两面派，搞伪忠诚。

(五)自觉加强政治学习

第一，自觉加强政治学习，要注重学习马克思主义理论，尤其是学懂弄通做实习近平新时代中国特色社会主义思想。理论学习和实践锻炼是提高党员领导干部政治能力的主要途径。理论学习主要是学习马克思主义理论，党员领导干部具备一定的理论素养是在政治上保持清醒的前提和基础，也是提升党员领导干部政治能力的内在要求。党员领导干部提升政治能

---

① 《习近平谈治国理政》第 3 卷，外文出版社 2020 年版，第 84 页。

② 《习近平在十八届中央纪委五次全会上发表重要讲话强调　深化改革巩固成果积极拓展不断把反腐败斗争引向深入》，《人民日报》2015 年 1 月 14 日。

③ 《习近平在十八届中央纪委五次全会上发表重要讲话强调　深化改革巩固成果积极拓展不断把反腐败斗争引向深入》，《人民日报》2015 年 1 月 14 日。

力,“首先要认真学习马克思主义理论,这是我们做好一切工作的看家本领,也是领导干部必须普遍掌握的工作制胜的看家本领”①。

第二,自觉加强政治学习,要注重学习党史、新中国史、改革开放史、社会主义发展史、中华民族发展史。学习历史可以让人们了解其中的内在规律,不犯相同、类似的错误。以史为鉴,可以知兴替。党的百年发展史,是为中国人民谋幸福、为中华民族谋复兴的奋斗史。学习党史可以从中汲取精神力量,激励党员领导干部。党员领导干部要牢记中华人民共和国一路走过的历程,吸取经验以继续走好前行的路,一步一个脚印,稳中求进、行稳致远,不断开创全面建设社会主义现代化国家新局面,书写中华民族伟大复兴新篇章。党员领导干部学习历史就能够明白,党员绝不只是一种政治身份,而是意味着政治使命、政治担当、政治责任,党员领导干部更要敢于担当、勇于作为、甘于奉献,推动经济社会高质量发展。②

第三,自觉加强政治学习,要注重学习《中国共产党章程》《关于新形势下党内政治生活的若干准则》《中国共产党党内监督条例》等。党章党纪党规符合我党实际发展情况,符合我国基本国情。对《中国共产党章程》《关于新形势下党内政治生活的若干准则》《中国共产党党内监督条例》等的修改是我国重大成果、重要经验的体现,反映了其与时俱进的特点,在党建工作中处于极其重要的地位。通过对《中国共产党章程》《关于新形势下党内政治生活的若干准则》《中国共产党党内监督条例》等的学习,党员领导干部能够更加深刻地理解其价值取向、精神实质,从而更好更准确地开展工作,有利于增强党的创造力、凝聚力、战斗力,确保党的先进性、纯洁性,在巩固党的执政地位等方面能够发挥巨大的作用。

(六)勇于加强政治历练

党员领导干部要自觉加强政治历练,积累政治经验,这是党员领导干部政治能力提升的实践要求。2020 年 10 月 10 日,习近平总书记在中央党校(国家行政学院)中青年干部培训班开班式上发表重要讲话,指出:“要自觉加强政治历练,增强政治自制力,始终做政治上的‘明白人’、‘老实人’。”③政

① 《习近平谈治国理政》,外文出版社 2014 年版,第 404 页。

② 参见刘良军、黄月慧:《论党史学习教育中党员干部的党史学习》,《北京市工会干部学院学报》2021 年第 2 期。

③ 《习近平在中央党校(国家行政学院)中青年干部培训班开班式上发表重要讲话强调 年轻干部要提高解决实际问题能力 想干事能干事干成事》,《人民日报》2020 年 10 月 11 日。

治能力的提升不是一朝一夕能够实现的，它是党员领导干部在长期的政治生活和政治实践中磨炼出来的。

习近平总书记指出："领导干部要经受严格的思想淬炼、政治历练、实践锻炼，在复杂严峻的斗争中经风雨、见世面、壮筋骨，真正锻造成为烈火真金。"[①]政治实践是锤炼党员领导干部政治能力的主要途径，党员领导干部从实践中吸取经验教训，从而达到提高政治能力的目的。党员领导干部只有通过政治历练，积累政治经验，才能有效提升应对各种风险挑战、驾驭复杂政治局面的政治能力。同时，党员领导干部还要把政治智慧、政治能力自觉运用于政治实践之中。

---

① 《习近平在中央党校（国家行政学院）中青年干部培训班开班式上发表重要讲话强调　发扬斗争精神增强斗争本领　为实现"两个一百年"奋斗目标而顽强奋斗》，《人民日报》2019 年 9 月 4 日。

2.领导干部提高政治能力研究

骆 乾*

党的十八大以来，习近平总书记多次强调领导干部提高政治能力的问题，并作出了一系列重要论述，提出了十分明确的要求。党的十九大报告指出："全党同志特别是高级干部要加强党性锻炼，不断提高政治觉悟和政治能力。"①《中共中央关于党的百年奋斗重大成就和历史经验的决议》进一步指出："党中央要求党的领导干部提高政治判断力、政治领悟力、政治执行力，胸怀'国之大者'，对党忠诚、听党指挥、为党尽责。"②每名领导干部都要认真学习习近平总书记关于提高政治能力的重要论述，搞清楚什么是政治能力、为什么要提高政治能力、怎样提高政治能力，使自己的政治能力有一个大的提升，更好适应新形势新任务的要求，促进党和国家事业发展。

一、深刻把握政治能力的科学内涵

在领导干部的所有能力中，政治能力是第一位的。政治能力是领导干部运用马克思主义立场、观点、方法，从政治上分析问题、解决问题的能力，是政治判断力、政治领悟力、政治执行力的有机统一。"政治能力"这一概念，是习近平总书记首先提出来的，也是在习近平总书记系列重要讲话中不断丰富发展的，所以要理解这一概念，必须回到习近平总书记关于"政治能力"系列重要讲话中去，原原本本地学习习近平总书记重要讲话。这一科学

---

* 骆乾，中共山东省委党校（山东行政学院）马克思主义学院副院长、副教授。

① 习近平：《决胜全面建成小康社会 夺取新时代中国特色社会主义伟大胜利——在中国共产党第十九次全国代表大会上的报告》，人民出版社 2017 年版，第 63 页。

② 《中共中央关于党的百年奋斗重大成就和历史经验的决议》，人民出版社 2021 年版，第 28 页。

内涵包括对“政治能力”概念的初步阐释、成熟阐释与丰富发展三个阶段。

(一)政治能力科学内涵的初步阐释

领导干部政治能力有其特定的构成要素，准确把握其构成要素是搞清楚“什么是政治能力”的逻辑前提。在党的十九届一中全会上，习近平总书记首次公开指出：“要注重提高政治能力，特别是把握方向、把握大势、把握全局的能力和保持政治定力、驾驭政治局面、防范政治风险的能力。”[①]习近平总书记以列举方式把政治能力概括为把握方向、把握大势、把握全局、保持政治定力、驾驭政治局面、防范政治风险六种能力要素。

习近平总书记在十九届中央政治局第六次集体学习时的讲话中指出：“党的政治建设落实到干部队伍建设上，就要不断提高各级领导干部特别是高级干部把握方向、把握大势、把握全局的能力，辨别政治是非、保持政治定力、驾驭政治局面、防范政治风险的能力。”[②]六种能力要素增加为七种能力要素，增加了“辨别政治是非”的能力要素。辨别政治是非是领导干部保持政治定力、驾驭政治局面、防范政治风险的逻辑前提。善于从政治上分析问题、解决问题是目的。把握方向、把握大势、把握全局的能力是从总体战略思维角度来讲的，在一切复杂的决策行为中是通用的，其支配和保障着后四种能力；辨别政治是非、保持政治定力、驾驭政治局面、防范政治风险的能力是从具体的政治领域能力角度来讲的，是前三种能力的具体表现和运用。

由此可知，政治能力是领导干部从政治上分析问题和解决问题的能力。这里的政治包括“政治方向、政治立场、政治观点、政治纪律、政治鉴别力、政治敏锐性”[③]。

(二)政治能力科学内涵的成熟阐释

政治能力的科学内涵不是一成不变的，而是不断丰富、发展的。2020 年 12 月，习近平总书记主持召开中共中央政治局民主生活会并发表重要讲话，指出：“我们党要始终做到不忘初心、牢记使命，把党和人民事业长长久久推进下去，必须增强政治意识，善于从政治上看问题，善于把握政治大局，不断

---

① 习近平：《在党的十九届一中全会上的讲话》，《求是》2018 年第 1 期。

② 中共中央党史和文献研究院编：《十九大以来重要文献选编》(上)，中央文献出版社 2019 年版，第 541 页。

③ 《江泽民文选》第 1 卷，人民出版社 2006 年版，第 457 页。

提高政治判断力、政治领悟力、政治执行力。”[①]“政治判断力、政治领悟力、政治执行力”的提出标志着政治能力构成要素的成熟阐释。“政治判断力、政治领悟力、政治执行力”一经提出就成为习近平总书记系列重要讲话的高频、热门词汇。根据公开报道,仅仅在 2020 年 1 月,就五次在重要会议上予以强调。

这表明以习近平同志为核心的党中央高度重视领导干部政治判断力、政治领悟力和政治执行力的问题,而政治判断力、政治领悟力和政治执行力是领导干部提高政治能力的重要内容和具体要求。习近平总书记指出:“增强政治判断力,就要以国家政治安全为大、以人民为重、以坚持和发展中国特色社会主义为本,增强科学把握形势变化、精准识别现象本质、清醒明辨行为是非、有效抵御风险挑战的能力。”[②]关于政治领悟力,“领导干部特别是高级领导干部担的是政治责任,必须对党中央精神深入学习、融会贯通,坚持用党中央精神分析形势、推动工作,始终同党中央保持高度一致”[③]。关于政治执行力,“领导干部特别是高级干部要经常同党中央精神对表对标,切实做到党中央提倡的坚决响应,党中央决定的坚决执行,党中央禁止的坚决不做,坚决维护党中央权威和集中统一领导,做到不掉队、不走偏,不折不扣抓好党中央精神贯彻落实”[④]。

政治判断力、政治领悟力和政治执行力的提出,标志着政治能力科学内涵的成熟。“政治三力”与“政治能力”是何种关系?政治能力主要是政治判断力、政治领悟力、政治执行力,政治判断力是从价值观角度讲的,政治领悟力是从方法论角度讲的,政治执行力是从抓落实角度讲的。显然政治能力涵盖了“政治三力”,而“政治三力”是政治能力的主要内容。

(三)政治能力科学内涵的丰富发展

2020 年 4 月,习近平总书记在陕西考察时指出:“要自觉讲政治,对国之大者要心中有数,关注党中央在关心什么、强调什么,深刻领会什么是党和国家最重要的利益、什么是最需要坚定维护的立场,切实把增强‘四个意识’、坚定‘四个自信’、做到‘两个维护’落到行动上,不能只停留在口号

① 《习近平谈治国理政》第 4 卷,外文出版社 2022 年版,第 43 页。
② 《习近平谈治国理政》第 4 卷,外文出版社 2022 年版,第 44 页。
③ 《习近平谈治国理政》第 4 卷,外文出版社 2022 年版,第 44 页。
④ 《习近平谈治国理政》第 4 卷,外文出版社 2022 年版,第 44 页。

上。”[①]党的十九届六中全会进一步指出：“党中央要求党的领导干部提高政治判断力、政治领悟力、政治执行力，胸怀‘国之大者’，对党忠诚、听党指挥、为党尽责。”[②]政治能力的构成要素得到了丰富和发展，增加了胸怀“国之大者”能力要素。

由此可知，领导干部政治能力是动态的能力体系，包括四个基本层面：一是把握方向、把握大势、把握全局的能力要素，二是辨别政治是非、保持政治定力、驾驭政治局面、防范政治风险的能力要素，三是政治判断力、政治领悟力、政治执行力，四是胸怀“国之大者”的能力要素。

二、领导干部提高政治能力的重大意义

领导干部提高政治能力是为了实现党在新时代条件下的历史使命而提出的重大课题。中国共产党作为马克思主义政党，必须要旗帜鲜明地加强政治能力建设。领导干部提高政治能力是马克思主义政党的根本要求，是党和人民事业发展的时代需要，是党百年探索的重要经验总结。

(一)这是马克思主义政党的根本要求

2014 年 10 月 23 日，习近平在党的十八届四中全会第二次全体会议上的讲话中指出：“我们党作为马克思主义政党，讲政治是突出的特点和优势。没有强有力的政治保证，党的团结统一就是一句空话。我国曾经有过政治挂帅、搞‘阶级斗争为纲’的时期，那是错误的。但是，我们也不能说政治就不讲了、少讲了，共产党不讲政治还叫共产党吗？‘纪纲一废，何事不生？’”[③]这里的“讲政治”指的是“纪和纲”。如果不讲政治会怎么样呢？一个马克思主义政党，如果不讲政治，就会犯颠覆性的错误，就会失去灵魂，就会丧失政治免疫力和自我革命的勇气，就会弊病丛生、人心涣散、一盘散沙、分崩离析，就会亡党亡国。毛泽东同志曾指出：“有了正确的政治观点，从政治上想通了，政治统帅了业务，迷信破除，胸怀坦荡，势如破竹了。”[④]

---

① 《习近平谈治国理政》第 4 卷，外文出版社 2022 年版，第 39 页。

② 《中共中央关于党的百年奋斗重大成就和历史经验的决议》，人民出版社 2021 年版，第 28 页。

③ 中共中央文献研究室编：《习近平关于全面从严治党论述摘编》，中央文献出版社 2021 年版，第 97～98 页。

④ 中共中央文献研究室编：《毛泽东年谱(1949～1976)》第 3 卷，中央文献出版社 2013 年版，第 340 页。

党的十九大报告指出:“旗帜鲜明讲政治是我们党作为马克思主义政党的根本要求。党的政治建设是党的根本性建设,决定党的建设方向和效果。”[①]2017 年 10 月 25 日,习近平总书记在党的十九届一中全会上的讲话中指出:“中央委员会的每一位同志都要旗帜鲜明讲政治,自觉以马克思主义政治家的标准严格要求自己,找准政治站位,增强政治意识,强化政治担当。要注重提高政治能力,特别是把握方向、把握大势、把握全局的能力和保持政治定力、驾驭政治局面、防范政治风险的能力。”[②]“讲政治,最根本的就是要全面、正确、积极地贯彻执行党的基本路线,无论遇到什么困难,出现什么干扰,都不能有丝毫动摇。”[③]

旗帜鲜明讲政治,加强党的政治建设,关键是要提高各级领导干部的政治能力。在领导干部干好工作所需要的各种能力中,政治能力是第一位的。讲政治不是抽象的,提高政治能力也不是抽象的。2020 年 12 月,习近平总书记在中共中央政治局民主生活会上强调,讲政治必须提高政治判断力、政治领悟力、政治执行力。这就为新时代领导干部旗帜鲜明讲政治、提高政治能力指明了努力方向,提出了具体要求。

(二)这是党和人民事业发展的时代需要

政治路线确定之后,干部就是决定的因素。党的十九届六中全会通过的《中共中央关于党的百年奋斗重大成就和历史经验的决议》指出:“党和人民事业发展需要一代代中国共产党人接续奋斗,必须抓好后继有人这个根本大计。”[④]实现中华民族伟大复兴,坚持和发展中国特色社会主义,关键在党,关键在人,归根到底在培养造就一代又一代可靠的接班人。这是我们党百年奋斗经验得出的规律性认识,我国是中国共产党领导的社会主义国家,这就决定了我们的教育必须把培养社会主义建设者和接班人作为根本任务,培养一代又一代拥护中国共产党领导和我国社会主义制度、立志为中国特色社会主义奋斗终身的有用人才。

选什么样的人?习近平总书记在全国组织工作会议上讲话指出:“选什么样的人?就是要坚持好干部标准,把政治标准放在第一位。政治标准是

---

① 习近平:《决胜全面建成小康社会　夺取新时代中国特色社会主义伟大胜利——在中国共产党第十九次全国代表大会上的报告》,人民出版社 2017 年版,第 62 页。

② 习近平:《在党的十九届一中全会上的讲话》,《求是》2018 年第 1 期。

③ 中共中央文献研究室编:《十四大以来重要文献选编》(下),人民出版社 1999 年版,第 2484 页。

④ 《中共中央关于党的百年奋斗重大成就和历史经验的决议》,人民出版社 2021 年版,第 74 页。

硬杠杠。这一条不过关，其他都不过关。如果政治不合格，能耐再大也不能用。”“政治上有问题的人，能力越强、职位越高，危害就越大。”①

那么，好干部的标准是什么呢？在革命战争时期，毛泽东同志指出：“指导伟大的革命，要有伟大的党，要有许多最好的干部……这些干部和领袖懂得马克思列宁主义，有政治远见，有工作能力，富于牺牲精神，能独立解决问题，在困难中不动摇，忠心耿耿地为民族、为阶级、为党而工作。”②陈云同志在《关于干部工作的若干问题》中指出了挑选干部的标准：第一，忠实于无产阶级事业，忠实于党；第二，与群众有密切联系；第三，能独立决定工作方向并负起责任；第四，守纪律。总之，用干部的标准，概括起来有二：政治，能力。两者不能缺一，以政治为主。③

在领导干部的所有能力中，政治能力是第一位的。提高政治能力，很重要的一条就是要善于从政治上分析问题、解决问题。只有从政治上分析问题才能看清本质，只有从政治上解决问题才能抓住根本。

（三）这是党百年探索的重要经验总结

党在百年历程中虽然没有直接提出“政治能力”这一命题，但始终以高度的历史自觉性不断加强自身的政治能力建设。“我们党历来注重从政治上建设党。从古田会议上毛泽东同志提出思想建党、政治建军原则，到一九四五年党的七大提出‘首先着重在思想上、政治上进行建设，同时也在组织上进行建设’；从新中国成立后毛泽东同志提出‘政治工作是一切经济工作的生命线’，到改革开放后邓小平同志强调‘到什么时候都得讲政治’，都表明注重从政治上建设党是我们党不断发展壮大、从胜利走向胜利的重要保证。”④

早在 1921 年 1 月，针对“现在国中对于社会问题的解决，显然有两派主张：一派主张改造，一派则主张改良”⑤，毛泽东同志在新民学会长沙会员大会上的发言中指出：“中国问题本来是世界的问题，然从事中国改造不着眼及于世界改造，则所改造必为狭义，必妨碍世界。至于方法，启民主用俄式，

---

① 习近平：《在全国组织工作会议上的讲话》，人民出版社 2018 年版，第 19 页。

② 《毛泽东选集》第 1 卷，人民出版社 1991 年版，第 277 页。

③ 参见《陈云文选》第 1 卷，人民出版社 1995 年版，第 212～213 页。

④ 习近平：《论坚持党对一切工作的领导》，中央文献出版社 2019 年版，第 251 页。

⑤ 《毛泽东文集》第 1 卷，人民出版社 1993 年版，第 1 页。

我极赞成。”①毛泽东同志以高超的政治能力与独具的政治眼光找到了彻底解决中国社会问题的办法。1925年，针对党内存在的两种倾向，毛泽东同志指出：“谁是我们的敌人？谁是我们的朋友？这个问题是革命的首要问题。中国过去一切革命斗争成效甚少，其基本原因就是因为不能团结真正的朋友，以攻击真正的敌人。”②1938年，根据战局的走向，邓小平同志在对战争进程的判断上明确指出：“当前的战局，是处于暂时的局部的失利的境况，决不是抗日自卫战争的最后失败。战争的最后胜败，要在持久抗战中去解决。”③直到改革开放时期，邓小平同志指出：“改革，现代化科学技术，加上我们讲政治，威力就大多了。到什么时候都得讲政治，外国人就是不理解后面这一条。”④

1989年，江泽民同志针对所谓的“三个反思”明确指出：“现在，有人提出要进行三个所谓‘反思’：反思七十年前五四运动时期把马克思主义传播到中国来对不对，反思四十年前即建国后确定中国走社会主义道路对不对，反思十年前党的十一届三中全会确定中国走改革开放的道路对不对。对这些大的是非问题，共产党员要看清实质，旗帜鲜明地作出回答……”⑤党和政府依靠人民，捍卫社会主义国家政权，维护人民根本利益。在扶贫工作中，时任中共贵州省委书记的胡锦涛同志曾指出：“实践告诉我们，在同样的政策条件下，贫困地区与发达地区在经济社会发展上存在着效益上的差距，其结果将是地区差距扩大，如果不清醒看到这一点，并相应采取有力措施，贫困地区将会更加落后。”⑥“要少说多做，说了就做，做就做好，不搞花架子，不做表面文章，不图虚名。要勇于探索、奋力进取、知难而进、坚韧不拔，不要遇到一点风吹草动就犹豫迟疑，发生动摇。”⑦

三、领导干部提高政治能力的现实路径

习近平总书记在省部级主要领导干部学习贯彻党的十八届六中全会精

---

① 《毛泽东文集》第1卷，人民出版社1993年版，第1页。
② 《毛泽东选集》第1卷，人民出版社1991年版，第3页。
③ 《邓小平文选》第1卷，人民出版社1994年版，第1页。
④ 《邓小平文选》第3卷，人民出版社1993年版，第166页。
⑤ 《江泽民文选》第1卷，人民出版社2006年版，第43页。
⑥ 《胡锦涛文选》第1卷，人民出版社2016年版，第1页。
⑦ 《胡锦涛文选》第1卷，人民出版社2016年版，第7页。

神专题研讨班开班式上的讲话为我们党员领导干部提高政治能力提供了根本遵循。习近平总书记讲话指出:"党的高级干部要注重提高政治能力,牢固树立政治理想,正确把握政治方向,坚定站稳政治立场,严格遵守政治纪律,加强政治历练,积累政治经验,自觉把讲政治贯穿于党性锻炼全过程,使自己的政治能力与担任的领导职责相匹配。"[①]

(一)把握正确的政治方向

"提高政治能力,首先要把握正确政治方向,坚持中国共产党领导和我国社会主义制度。在这个问题上,决不能有任何迷糊和动摇!"[②]这是习近平总书记对党的干部特别是年轻干部如何提升政治能力提出的具体而明确的要求。在党的历史上,毛泽东同志亲手制定的抗大教育方针,第一就是"坚定正确的政治方向"。他还要求,要有"富贵不能淫,贫贱不能移,威武不能屈"的骨气来坚持这个方向。具体从三个方面努力:一是要坚持党的领导不动摇。"中国共产党是领导我们事业的核心力量。中国人民和中华民族之所以能够扭转近代以后的历史命运、取得今天的伟大成就,最根本的是有中国共产党的坚强领导。历史和现实都证明,没有中国共产党,就没有新中国,就没有中华民族伟大复兴。"[③]二是坚持社会主义制度不动摇。中国特色社会主义制度是当代中国发展进步的根本制度保障,是具有鲜明中国特色、明显制度优势、强大自我完善能力的先进制度。三是坚持远大理想和共同理想不动摇。党的最高理想和最终目标是实现共产主义。中国共产党人追求的共产主义最高理想只有在社会主义社会充分发展和高度发达的基础上才能实现。

(二)恪守对党的政治忠诚

《中国共产党章程》中的入党誓词明确指出:"我志愿加入中国共产党,拥护党的纲领,遵守党的章程,履行党员义务,执行党的决定,严守党的纪律,保守党的秘密,对党忠诚,积极工作,为共产主义奋斗终身,随时准备为

---

① 《习近平在省部级主要领导干部学习贯彻十八届六中全会精神专题研讨班开班式上发表重要讲话强调　以解决突出问题为突破口和主抓手　推动党的十八届六中全会精神落到实处》,《人民日报》2017 年 2 月 14 日。

② 《习近平在中央党校(国家行政学院)中青年干部培训班开班式上发表重要讲话强调　年轻干部要提高解决实际问题能力　想干事能干事干成事》,《人民日报》2020 年 10 月 11 日。

③ 《中共中央关于党的百年奋斗重大成就和历史经验的决议》,人民出版社 2021 版,第 65 页。

党和人民牺牲一切,永不叛党。”①

坚定对党的政治忠诚,是习近平总书记对党员领导干部最首要、最核心、最基本的要求,是新时代条件下每一位党员领导干部应该具备的最重要的政治道德。坚定对党的政治忠诚,是每一名中国共产党党员的庄严承诺和应尽义务。新时代领导干部要提高政治能力,一是要弘扬伟大建党精神。习近平总书记指出:“我们党一路走来,经历了无数艰险和磨难,但任何困难都没有压垮我们,任何敌人都没能打倒我们,靠的就是千千万万党员的忠诚。”②二是捍卫“两个确立”,做到“两个维护”。党的十九届六中全会指出:“党确立习近平同志党中央的核心、全党的核心地位,确立习近平新时代中国特色社会主义思想的指导地位,反映了全党全军全国各族人民共同心愿,对新时代党和国家事业发展、对推进中华民族伟大复兴历史进程具有决定性意义。”③领导干部要深刻理解“两个确立”的决定性意义,做到坚决维护习近平总书记党中央的核心、全党的核心地位,坚决维护党中央权威和集中统一领导。

(三)站稳人民的政治立场

《中共中央关于党的百年奋斗重大成就和历史经验的决议》指出:“党的根基在人民、血脉在人民、力量在人民,人民是党执政兴国的最大底气。民心是最大的政治,正义是最强的力量。党的最大政治优势是密切联系群众,党执政后的最大危险是脱离群众。”④中国共产党人的初心和使命,就是为中国人民谋幸福,为中华民族谋复兴。

一是要始终坚持人民至上。党的百年奋斗得出的十条历史经验之一,就是坚持人民至上。始终坚持人民至上,是无产阶级政党对待人民群众的根本立场,是马克思主义的本质要求,对于不断夺取中国特色社会主义新胜利、实现中华民族伟大复兴的中国梦具有重要的理论和实践意义。二是要胸怀“国之大者”。“要自觉讲政治,对国之大者要心中有数,关注党中央在关心什么、强调什么,深刻领会什么是党和国家最重要的利益、什么是最需

① 《中国共产党章程》,人民出版社 2022 年版,第 16 页。

② 《习近平在中央党校(国家行政学院)中青年干部培训班开班式上发表重要讲话强调 立志做党光荣传统和优良作风的忠实传人 在新时代新征程中奋勇争先建功立业》,《人民日报》2021 年 3 月 2 日。

③ 《中共中央关于党的百年奋斗重大成就和历史经验的决议》,人民出版社 2021 年版,第 26 页。

④ 《中共中央关于党的百年奋斗重大成就和历史经验的决议》,人民出版社 2021 年版,第 66 页。

要坚定维护的立场，切实把增强‘四个意识’、坚定‘四个自信’、做到‘两个维护’落到行动上，不能只停留在口号上。”①

(四)涵养“为官有为”的政治担当

习近平总书记在党的十九大上强调，要不断提高政治觉悟和政治能力，把对党忠诚、为党分忧、为党尽职、为民造福作为根本政治担当，永葆共产党人政治本色。

一是要不折不扣地落实中央决策部署。“一分部署，九分落实。各地区各部门各方面对‘国之大者’要心中有数，强化责任担当，不折不扣抓好中共中央决策部署和政策措施落实。”②习近平总书记深刻指出：“形式主义、官僚主义是目前党内存在的突出矛盾和问题，是阻碍党的路线方针政策和党中央重大决策部署贯彻落实的大敌。”③这些问题必须从讲政治的高度来审视，从思想和利益根源上来破解。这些思想和行为都会使党的路线方针政策难以贯彻，使群众热切期待落空，使党的执政基础受到侵蚀。二是贯彻落实习近平总书记对山东工作的重要指示精神。要锚定“走在前列、全面开创”“三个走在前”，铆足干劲抓落实，汇聚起新时代现代化强省建设的强大合力。习近平总书记对山东发展提出的“三个走在前”，是做好山东工作的总遵循、总定位、总航标，全省广大党员干部要埋头苦干、勇毅前行。

(五)把准防范政治风险的着力点

党的十九大以来，围绕加强党的政治建设的问题，习近平总书记明确提出了“防范政治风险”的重大命题和重大任务。“防范政治风险”命题的提出，抓住了关系党和国家长治久安的重大问题。政治风险是关系政党的政治统治，关系党和国家长治久安的重大问题。防范政治风险，是政治建设的重要内容。强化忧患意识、风险意识，必须切实防范政治风险，这是确保党的政权稳定，使党始终成为中国特色社会主义领导核心的政治前提。

一是严守意识形态阵地。对于这个问题，习近平总书记早在 2013 年 1 月党的十八大召开后不久就给予了明确回答。习近平总书记旗帜鲜明、一

---

① 《习近平谈治国理政》第 4 卷，外文出版社 2022 年版，第 39 页。

② 习近平：《论把握新发展阶段、贯彻新发展理念、构建新发展格局》，中央文献出版社 2021 年版，第 354 页。

③ 中共中央党史和文献研究院编：《习近平关于力戒形式主义官僚主义重要论述选编》，中央文献出版社 2020 年版，第 44 页。

针见血地指出："苏联为什么解体？苏共为什么垮台？一个重要原因就是意识形态领域的斗争十分激烈，全面否定苏联历史、苏共历史，否定列宁，否定斯大林，搞历史虚无主义，思想搞乱了，各级党组织几乎没任何作用了，军队都不在党的领导之下了。最后，苏联共产党偌大一个党就作鸟兽散了，苏联偌大一个社会主义国家就分崩离析了。"[①]二是提高应对各种风险挑战能力。《中共中央关于党的百年奋斗重大成就和历史经验的决议》指出："必须警惕和防范西方所谓'宪政'、多党轮流执政、'三权鼎立'等政治思潮的侵蚀影响。"[②]

(六)严守政治纪律和政治规矩

"政治纪律和政治规矩是党最根本、最重要的纪律，遵守政治纪律和政治规矩是遵守党的全部纪律的基础。"[③]严明党的纪律，首要就是严明政治纪律。严明政治纪律就是要从遵守和维护党章入手。遵守党的政治纪律，最核心的就是坚持党的领导，坚持党的基本理论、基本路线、基本方略，同中央保持高度一致，坚决维护以习近平同志为核心的党中央，坚决维护党中央权威和集中统一领导。

一是要严守党纪国法。党章是全党必须遵循的总章程，也是总规矩。党的纪律是刚性约束，政治纪律更是全党在政治方向、政治立场、政治言论、政治行动方面必须遵守的刚性约束。国家法律是党员、干部必须遵守的规矩。党在长期实践中形成的优良传统和工作惯例也是重要的党内规矩。2015年12月11日，习近平总书记在全国党校工作会议上讲话指出："很多领导干部犯错误，最后在忏悔书中都说对党章和党规党纪不了解、不熟悉，出了事重新学习后幡然醒悟，惊出一身汗。如果把党章和党规党纪学好了、掌握了，又自觉遵守了，防患于未然，就可以防止一些干部今天是'好干部'、明天是'阶下囚'的现象。"[④]

二是要"一切听从党安排"。"听党指挥"不是一句空洞的口号，而是有很强的实践性，必须落实到行动上。对于这句话最朴素、最实在的理解就是"党叫干啥就干啥"。共产党员是块砖，东西南北任党搬。一切听从党安排，

---

① 中共中央文献研究室编：《十八大以来重要文献选编》(上)，中央文献出版社2014年版，第113页。

② 《中共中央关于党的百年奋斗重大成就和历史经验的决议》，人民出版社2021年版，第39页。

③ 《习近平谈治国理政》第2卷，外文出版社2017年版，第181页。

④ 习近平：《在全国党校工作会议上的讲话》，人民出版社2016年版，第17页。

对每一名党员来说，最现实的就是正确对待岗位调整和职务变动。被提拔不是党员的权利，不可以让渡或者放弃。拒绝提拔的党员，尤其是领导干部，必须追究责任。

“领导干部加强修养、提升境界，不是一蹴而就的，也不是一劳永逸的，需要坚持不懈地持续努力。”[①]政治能力的提升也是如此。“提高政治能力”不是一句空泛的口号，更不是一朝一夕之功，而是一个不断锤炼的过程。年轻干部在实践中要自觉加强政治历练，适应党和人民提出新的要求，不断把政治能力提高到新水平，自觉把讲政治贯穿于党性锻炼全过程，使自己的政治能力与担负的领导职责相匹配，在伟大事业的实践中担负起历史使命。

---

① 习近平:《领导干部要认认真真学习　老老实实做人　干干净净干事》,《学习时报》2008 年 5 月 26 日。

3.领导干部提高政治能力的内涵、意义与路径

王艳军*

习近平总书记明确提出:“党的政治建设是党的根本性建设,决定党的建设方向和效果。”[①]《中共中央关于加强党的政治建设的意见》进一步强调:“加强党的政治建设,关键是要提高各级各类组织和党员干部的政治能力。”[②]这一方面指出了政治能力对党的政治建设的重要意义,另一方面指明了“政治能力”概念的两类主体,即各级各类组织和党员干部。本文对政治能力的分析,仅是就党员干部特别是领导干部而言的。

一、领导干部政治能力的内涵

2017年2月13日,在省部级主要领导干部学习贯彻党的十八届六中全会精神专题研讨班开班式上,习近平总书记首次提出领导干部要注重“提高政治能力”这一命题。目前,关于这次讲话的公开资料并未显示习近平总书记对“政治能力”本身进行了阐释和界定。在习近平总书记公开的讲话资料中,相关论述最早可追溯到党的十九届一中全会。

(一)习近平总书记对政治能力概念的初步阐释

在党的十九届一中全会上,习近平总书记强调:“要注重提高政治能力,特别是把握方向、把握大势、把握全局的能力和保持政治定力、驾驭政治局

* 王艳军,中共山东省委党校(山东行政学院)政治和法律教研部讲师。

① 《习近平谈治国理政》第3卷,外文出版社2020年版,第48页。

② 《中共中央关于加强党的政治建设的意见》,人民出版社2019版,第11页。

面、防范政治风险的能力。”[①]这是从六种能力要素的角度对“政治能力”概念所作的一个列举式解释。这个列举式解释还不足以成为列举式定义，因为它既未能穷尽概念包含的全部能力要素，又未能揭示诸要素的共同本质，因而不能满足一个定义应当具有的“内涵明确、外延周延”的特征。而习近平总书记在十九届中央政治局第六次集体学习时的讲话则很好地解决了这两个方面的问题。

（二）习近平总书记对“政治能力”概念的系统阐释

在十九届中央政治局第六次集体学习时，习近平总书记强调：“党的政治建设落实到干部队伍建设上，就要不断提高各级领导干部特别是高级干部把握方向、把握大势、把握全局的能力，辨别政治是非、保持政治定力、驾驭政治局面、防范政治风险的能力。提高政治能力，很重要的一条就是要善于从政治上分析问题、解决问题。”[②]相较于之前的列举式解释，习近平总书记在这里增加了第七种能力要素，即辨别政治是非，并给出了政治能力的概括式定义，即善于在政治上分析问题、解决问题。

1.把握方向能力的具体内涵和时代纲领

关于把握方向的具体内涵，习近平总书记指出：“我们所要坚守的政治方向，就是共产主义远大理想和中国特色社会主义共同理想、‘两个一百年’奋斗目标，就是党的基本理论、基本路线、基本方略。”[③]应当说，这样一种界定适用于党的奋斗的整个过程。而具体到新时代，把握方向的时代纲领应当作何理解呢？这当然要回到新时代本身去认识和把握。

党的十九届六中全会指出了关系新时代党和国家事业发展的三个重大时代课题，即“新时代坚持和发展什么样的中国特色社会主义、怎样坚持和发展中国特色社会主义，建设什么样的社会主义现代化强国、怎样建设社会主义现代化强国，建设什么样的长期执政的马克思主义政党、怎样建设长期

---

① 习近平：《在党的十九届一中全会上的讲话》，《求是》2018 年第 1 期。

② 中共中央党史和文献研究院编：《十九大以来重要文献选编》（上），中央文献出版社 2019 年版，第 541 页。

③ 中共中央党史和文献研究院编：《十九大以来重要文献选编》（上），中央文献出版社 2019 年版，第 537 页。

执政的马克思主义政党等重大时代课题”①。其中，后两个课题从属于并服务于第一个课题，因而可视作第一个课题的“子课题”，而第一个课题才是新时代的“元问题”。由此，可作第一个推论：把握方向能力的时代纲领就是在新时代坚持和发展中国特色社会主义。

习近平新时代中国特色社会主义思想即党对“元问题”的系统回答。它首先明确中国共产党的领导是中国特色社会主义最本质的特征。由此，我们可以作第二个推论：把握正确的政治方向，首先是坚持和加强党的领导。习近平总书记曾明确表示：“提高政治能力，首先要把握正确政治方向，坚持中国共产党领导和我国社会主义制度。”②《中共中央关于加强党的政治建设的意见》进一步指出：“坚持和加强党的全面领导，最重要的是坚决维护党中央权威和集中统一领导；坚决维护党中央权威和集中统一领导，最关键的是坚决维护习近平总书记党中央的核心、全党的核心地位。”③由此，我们可以作第三个推论：把握正确的政治方向，关键在于做到“两个维护”。因此，把握正确政治方向的时代纲领，就是把握中国特色社会主义发展方向，首先是坚持和加强党的领导，关键是做到“两个维护”。

2.把握大势与把握全局能力的时代内涵

把握大势和把握全局的能力实际上是领导干部分析和把握保证正确政治方向的根本性约束条件的能力。在新时代把握大势、把握全局，意味着要胸怀“两个大局”，“从历史和现实相贯通、国际和国内相关联、理论和实际相结合的宽广视角，对一些重大理论和实践问题进行思考和把握”④。党中央作出的重大决策部署无不是这般把握大势、把握全局的结果。比如，党的十九届五中全会提出的“十四五”规划和2035年远景目标，就是建立在“深入分析国内国际形势”的前提和基础上。而深入分析国内国际形势的过程，就是“统筹中华民族伟大复兴战略全局和世界百年未有之大变局，深刻认识我国社会主要矛盾变化带来的新特征新要求，深刻认识错综复杂的国际环境带

---

① 《中共中央关于党的百年奋斗重大成就和历史经验的决议》，人民出版社2021年版，第25～26页。

② 《习近平在中央党校(国家行政学院)中青年干部培训班开班式上发表重要讲话强调　年轻干部要提高解决实际问题能力　想干事能干事干成事》，《人民日报》2020年10月11日。

③ 《中共中央关于加强党的政治建设的意见》，人民出版社2019年版，第8页。

④ 《习近平在学习贯彻党的十九大精神研讨班开班式上发表重要讲话强调　以时不我待只争朝夕的精神投入工作　开创新时代中国特色社会主义事业新局面》，《人民日报》2018年1月6日。

来的新矛盾新挑战”[①]的过程。其结果，就是作出了“当前和今后一个时期，我国发展仍然处于重要战略机遇期，但机遇和挑战都有新的发展变化”[②]这个重大判断。“十四五”规划和2035年远景目标便是在这个重大判断的基础上谋划和部署的。

3.辨别政治是非、保持政治定力、驾驭政治局面、防范政治风险四种能力的内在逻辑

辨别政治是非、保持政治定力、驾驭政治局面、防范政治风险四种能力构成了领导干部在政治风险考验面前应当具备的前后衔接的能力，即领导干部在政治风险考验面前首先要辨得清是非，知道什么是对的、什么是错的；然后守得住自己，坚定地站在政治正确的一方；继而稳得住局面，抵御得住不利因素的进攻；最后化解得了风险，化解不利因素，使形势转危为安。这组能力要素，也是领导干部个人避免犯颠覆性错误的保证。

习近平总书记对避免犯颠覆性错误的深切关注源自其对苏共亡党亡国历史教训的深刻反思。习近平总书记曾经讲道：“苏共拥有二十万党员时夺取了政权，拥有二百万党员时打败了希特勒，而拥有近二千万党员时却失去了政权。我说过，在那场动荡中，竟无一人是男儿，没什么人出来抗争。什么原因？就是理想信念已经荡然无存了。”[③]没有了理想信念，就无法辨别政治是非，因而也就谈不上保持政治定力、驾驭政治局面、防范政治风险。所以，辨别是非的能力是领导干部底线思维能力的前提性和关键性要素，这也是习近平总书记特地增加这一能力要素的道理所在。

虽然从七种能力要素的角度对领导干部政治能力进行认识和把握已经较为系统，但仍有两个方面的问题：一是能力要素太多不便于表述，二是各种能力要素之间的逻辑关系不易得到直观呈现。习近平总书记于2020年中共中央政治局民主生活会上提出的“政治三力”概念进一步解决了这两个方面的问题。

---

① 《中华人民共和国国民经济和社会发展第十四个五年规划和2035年远景目标纲要》，人民出版社2021年版，第4页。

② 《中华人民共和国国民经济和社会发展第十四个五年规划和2035年远景目标纲要》，人民出版社2021年版，第3～4页。

③ 中共中央党史和文献研究院编：《习近平关于防范风险挑战、应对突发事件论述摘编》，中央文献出版社2020年版，第130页。

(三)习近平总书记对政治能力概念的成熟阐释

在2020年中共中央政治局民主生活会上,习近平总书记强调:“党领导人民治国理政,最重要的就是坚持正确政治方向,始终保持我们党的政治本色,始终沿着中国特色社会主义道路前进。中央政治局的同志要找准坐标、选准方位、瞄准靶心,善于从政治上观察和处理问题,使讲政治的要求从外部要求转化为内在主动。”①

首先,讲政治必须提高政治判断力。所谓“判断力”,就是判断形势变化、现象本质、行为是非、风险挑战的能力。所谓“政治”,则有三个方面的指向:一是国家政治安全,其核心是政治制度安全和政党执政安全;二是人民根本利益;三是中国特色社会主义。这三个方面的交汇点,就是中国共产党领导。正如习近平总书记所说:“中国共产党领导是中国特色社会主义最本质的特征,是中国特色社会主义制度的最大优势,是党和国家的根本所在、命脉所在,是全国各族人民的利益所系、命运所系。”②因而,政治判断力的核心要义乃是判断同坚持和加强党的领导有关的形势变化、现象本质、行为是非、风险挑战的能力。

领导干部政治判断力的高低是有衡量标准的,其标准即“四个善于”:一是“善于思考涉及党和国家工作大局的根本性、全局性、长远性问题,加强战略性、系统性、前瞻性研究谋划,做到在重大问题和关键环节上头脑特别清醒、眼睛特别明亮”;二是“善于从一般事务中发现政治问题”;三是“善于从倾向性、苗头性问题中发现政治端倪”;四是“善于从错综复杂的矛盾关系中把握政治逻辑”。③ 第一个“善于”是对领导干部提高政治站位、增强战略思维能力的要求,后三个“善于”是对领导干部提高政治意识、增强底线思维能力的要求。“四个善于”概括起来就是“善于从政治上分析问题”。

其次,讲政治必须提高政治领悟力。所谓“政治领悟力”,就是对党中央精神深入学习、融会贯通,并坚持用党中央精神分析形势、推动工作,始终同党中央保持高度一致的能力。简而言之,就是领悟党中央精神的能力。

最后,讲政治必须提高政治执行力。所谓“政治执行力”,就是切实做到党中央提倡的坚决响应、党中央决定的坚决执行、党中央禁止的坚决不做,

---

① 《习近平谈治国理政》第4卷,外文出版社2022年版,第43页。

② 《习近平谈治国理政》第4卷,外文出版社2022年版,第8页。

③ 《习近平谈治国理政》第4卷,外文出版社2022年版,第44页。

坚决维护党中央权威和集中统一领导，做到不掉队、不走偏，不折不扣抓好党中央精神贯彻落实。简而言之，就是领导干部善于运用党中央精神解决问题、把党中央精神落到实处的能力，这也是“善于从政治上解决问题”的精髓。

至此，我们可以对领导干部政治能力的概念作出重新阐释：领导干部的政治能力，就是善于在政治上分析问题、解决问题的能力，就是政治判断力、政治领悟力、政治执行力的统一。正如习近平总书记所讲：“（年轻干部）要自觉加强政治历练，接受严格的党内政治生活淬炼，不断提高政治判断力、政治领悟力、政治执行力，使自己的政治能力同担任的工作职责相匹配。”① 这里将“政治三力”和政治能力的对应关系表达得直接而明确。这也意味着，“政治三力”正式替代前述的“七种能力要素”，成为概括政治能力构成要素的专有概念，标志着政治能力概念的成熟。

二、领导干部提高政治能力的意义

领导干部政治能力的内在属性可作双重性的划分：政治属性和能力属性。对事物和概念的内在属性作双重性的划分，是马克思主义分析方法的一大特色。我们知道，马克思主义在哲学上揭示了对立统一规律，在经济学上提出了著名的“劳动二重性”（即人类劳动是抽象劳动和具体劳动的统一）和“商品二重性”（即商品是使用价值和价值的统一）。类似的，我们也可以提出领导干部政治能力的二重性，即政治属性和能力属性的统一。其中，政治属性彰显了提高政治能力的政治价值，能力属性决定了提高政治能力的实践意义。

（一）政治能力的政治属性及其政治价值

如何理解领导干部政治能力的政治属性呢？党的十九大报告强调：“旗帜鲜明讲政治是我们党作为马克思主义政党的根本要求。”②“全党同志特别是高级干部要加强党性锻炼，不断提高政治觉悟和政治能力，把对党忠诚、

---

① 《习近平在中央党校（国家行政学院）中青年干部培训班开班式上发表重要讲话强调　立志做党光荣传统和优良作风的忠实传人　在新时代新征程中奋勇争先建功立业》，《人民日报》2021年3月2日。

② 《习近平谈治国理政》第3卷，外文出版社2020年版，第48页。

为党分忧、为党尽职、为民造福作为根本政治担当,永葆共产党人政治本色。”[①]据此可知,党中央对领导干部“旗帜鲜明讲政治”的要求具体表现为两个方面:一是要不断提高政治觉悟,二是要不断提高政治能力。前者针对的是领导干部“愿不愿讲政治”“敢不敢讲政治”的问题,后者针对的是领导干部“会不会讲政治”“能不能讲好政治”的问题,二者缺一不可。因此,提高政治能力是旗帜鲜明讲政治的题中之义,这便内在地规定了领导干部政治能力的政治属性。由此,为什么提高政治能力的问题,首先是为什么要旗帜鲜明讲政治的问题。党在新时代强调旗帜鲜明讲政治有以下三个原因。

1.理论原因:旗帜鲜明讲政治是马克思主义政党的鲜明特征和本质要求

习近平总书记指出:“先进性和纯洁性是马克思主义政党的本质属性。”[②]一般而言,言说一事物的本质属性,便等同于揭示该事物同其他事物的根本区别。而在其先进性的多方面体现中,政治先进性又是最根本的方面。“如果马克思主义政党政治上的先进性丧失了,党的先进性和纯洁性就无从谈起”[③],进而马克思主义政党就将丧失本质属性而变质。因此,提高政治能力是保持党的马克思主义政党本质的题中之义,此即提高领导干部政治能力的第一个政治价值。

2.历史依据:旗帜鲜明讲政治是我们党在长期历史实践中形成的宝贵政治经验和一以贯之的政治优势

习近平总书记指出:“我们党历来注重从政治上建设党。”[④]回顾党史,我们深刻地认识到“政治上的主动是最有利的主动,政治上的被动是最危险的被动”[⑤]。而判断政治上主动与被动的标准,就是要看在党内是不是有权威,在党外是不是得民心。长征路上张国焘挑战中央权威、搞分裂中央的行为就使党陷入了最危险的政治被动;而长征路上提出的“北上抗日”口号同国

---

① 《习近平谈治国理政》第3卷,外文出版社2020年版,第49页。

② 习近平:《论中国共产党历史》,中央文献出版社2021年版,第133页。

③ 中共中央党史和文献研究院编:《十九大以来重要文献选编》(上),中央文献出版社2019年版,第535页。

④ 中共中央党史和文献研究院编:《十九大以来重要文献选编》(上),中央文献出版社2019年版,第535～536页。

⑤ 《习近平谈治国理政》第4卷,外文出版社2022年版,第44页。

民党的“不抗日”形成鲜明对比，从而使党深得民心，赢得最有利的政治主动。西安事变的发生，实际上便是这种政治主动的效力。因此，提高政治能力是保证党始终赢得政治主动的重要举措，此即提高领导干部政治能力的第二个政治价值。

3.现实考量：旗帜鲜明讲政治是在新时代推进党的建设新的伟大工程的根本需要

“党的十八大以来，在全面从严治党实践中，我们深刻认识到，党内存在的很多问题都同政治问题相关联，都是因为党的政治建设没有抓紧、没有抓实。”“不从政治上认识问题、解决问题，就会陷入头痛医头、脚痛医脚的被动局面，就无法从根本上解决问题。”①

党的十九届六中全会在回顾总结新时代全面从严治党方面的工作时，首先讲的就是党内存在的政治问题：“改革开放以后，党坚持党要管党、从严治党，推进党的建设取得明显成效。同时，由于一度出现管党不力、治党不严问题，有些党员、干部政治信仰出现严重危机，一些地方和部门选人用人风气不正，形式主义、官僚主义、享乐主义和奢靡之风盛行，特权思想和特权现象较为普遍存在。”②特别是“七个有之”，《中共中央关于党的百年奋斗重大成就和历史经验的决议》指出“七个有之”的实质就是“政治问题和经济问题相互交织，贪腐程度触目惊心”③。

经过全面从严治党，党的政治建设取得了很多成绩，党在革命性锻造中变得更加坚强。但我们还要清醒地认识到：党内存在的政治问题还没有得到根本解决，“一些同志忽视政治、淡化政治的问题还比较突出，有的‘四个意识’不强，有的将党的领导仅仅停留在口头上，有的对错误言行缺乏政治敏锐性、政治鉴别力和斗争精神，有的依然我行我素、无视党的政治纪律和政治规矩，有的仍然奉行潜规则、把商品交换原则运用到党内，等等”④。因此，提高政治能力仍然是新时代党的建设新的伟大工程成效的重要保证，此即提高领导干部政治能力的第三个政治价值。

---

① 中共中央党史和文献研究院编：《十九大以来重要文献选编》(上)，中央文献出版社2019年版，第536页。

② 《中共中央关于党的百年奋斗重大成就和历史经验的决议》，人民出版社2021年版，第29页。

③ 《中共中央关于党的百年奋斗重大成就和历史经验的决议》，人民出版社2021年版，第29页。

④ 中共中央党史和文献研究院编：《十九大以来重要文献选编》(上)，中央文献出版社2019年版，第536～537页。

(二)政治能力的能力属性及其实践意义

如何理解领导干部政治能力的能力属性？早在延安时期，毛泽东同志就提出了“本领恐慌”的问题。新时代，党依然强调“能力不足危险”的尖锐性和严峻性。

1.克服能力不足危险：“八大本领”与“七种能力”

能力不足的危险，一方面源于时代任务对各级党组织执政本领的新要求，另一方面也源自时代任务对党的各级领导干部解决实际问题能力的新期待。针对第一个方面，党的十九大报告提出了新时代各级党组织应当增强的八个方面的执政本领①；针对第二个方面，习近平总书记强调了新时代各级领导干部应当提高的七种解决实际问题的能力②。“八大本领”和“七种能力”从不同的角度阐述了党不断增强领导能力的具体路径，二者之间虽有差异，但主体内容是相同的。其中，党组织的政治领导本领，就对应着领导干部的政治能力。因此，政治能力归根结底是一种解决问题、干好工作的能力，此即其能力属性。

2.政治能力在领导干部能力体系中的地位：“第一位的能力”

政治能力在领导干部能力体系中又居于不一般的地位，习近平总书记强调：“在干部干好工作所需的各种能力中，政治能力是第一位的。”③正是因为政治能力是领导干部第一位的能力，所以提高政治能力具有重要的实践意义。

为什么政治能力是第一位的能力呢？习近平总书记提出七种能力所针对的是领导干部要提高解决实际问题的能力。而解决实际问题的过程又具体表现为三个环节，即想干事、能干事、干成事。在“七种能力”当中，只有政

---

① 八个方面的执政本领分别是学习本领、政治领导本领、改革创新本领、科学发展本领、依法执政本领、群众工作本领、狠抓落实本领、驾驭风险本领。参见《习近平谈治国理政》第3卷，外文出版社2020年版，第53～54页。

② 七种解决实际问题的能力分别是政治能力、调查研究能力、科学决策能力、改革攻坚能力、应急处突能力、群众工作能力、抓落实能力。参见《习近平在中央党校(国家行政学院)中青年干部培训班开班式上发表重要讲话强调 年轻干部要提高解决实际问题能力 想干事能干事干成事》，《人民日报》2020年10月11日。

③ 《习近平在中央党校(国家行政学院)中青年干部培训班开班式上发表重要讲话强调 年轻干部要提高解决实际问题能力 想干事能干事干成事》，《人民日报》2020年10月11日。

治能力可以解决“想干事”的问题，也只有政治能力贯穿于三个环节的全过程。一般来说，“想干事”包括“想不想干点事”和“想干点什么事”两个层面的问题，前者反映的是领导干部有没有干事创业的热情，后者决定领导干部的热情朝着哪个方向施展。换言之，政治能力对于领导干部履职担责而言，既是动力，又是方向。因此，政治能力对其他能力的统领地位和决定作用，可概括为以下三个方面：第一，政治能力是其他六种能力的动力之源，没有过硬的政治能力，其他六种能力就无从谈起；第二，政治能力是其他六种能力的方向引领，没有过硬的政治能力，其他六种能力就无所趋附，就无法形成解决问题的整体能力；第三，政治能力是其他六种能力的根本保证，政治能力不过硬，其他六种能力就无法过硬。

三、领导干部提高政治能力的着力点与现实路径

2017 年 2 月 13 日，习近平总书记在首次提出“提高政治能力”这一命题时即强调指出：“党的高级干部要注重提高政治能力，牢固树立政治理想，正确把握政治方向，坚定站稳政治立场，严格遵守政治纪律，加强政治历练，积累政治经验，自觉把讲政治贯穿于党性锻炼全过程，使自己的政治能力与担任的领导职责相匹配。”[①]这为领导干部提高政治能力提供了着力点和现实路径方面的重要遵循。首先，把握正确政治方向是领导干部政治能力的根本构成要素，即政治能力的题中之义。其次，牢固树立政治理想、坚定站稳政治立场、严格遵守政治纪律等三个方面，虽然不是政治能力的构成要素，但却与政治能力紧密相关。它们都是领导干部政治能力的坚实基点——政治理想是高线引领，政治立场是中坚支撑，政治纪律是底线保障。因而，它们构成了领导干部提高政治能力的三个着力点。最后，自觉加强政治学习、主动加强政治历练是领导干部在知行合一中提高政治能力的现实路径。

① 《习近平在省部级主要领导干部学习贯彻十八届六中全会精神专题研讨班开班式上发表重要讲话强调 以解决突出问题为突破口和主抓手 推动党的十八届六中全会精神落到实处》，《人民日报》2017 年 2 月 14 日。

(一)提高政治能力的着力点

1.牢固树立政治理想

习近平总书记指出:“理想信念是中国共产党人的精神支柱和政治灵魂,也是保持党的团结统一的思想基础。党员干部有了坚定理想信念,才能经得住各种考验,走得稳、走得远;没有理想信念,或者理想信念不坚定,就经不起风吹浪打,关键时刻就会私心杂念丛生,甚至临阵脱逃。”[①]何谓“走得稳、走得远”?“走得稳”,就是不犯严重的尤其是政治上的错误;“走得远”,是走到更高的领导岗位,为党和人民担负更大的责任。之所以说领导干部只有理想信念坚定才能走得稳、走得远,就是因为大量的案例表明“领导干部一旦丧失了理想信念,就会把握不住自己,就会迷失方向,不仅会越过做党员的底线,而且会越过做人的底线”[②]。这是因为,权力是把双刃剑,用好了可以为民造福,用不好就会反噬自身。其之所以会有反噬作用,就是因为权力会给掌权者带来普通人不会遭遇的诱惑,使掌权者成为特定利益集团“围猎”的对象。从这个角度讲,领导干部坚定理想信念、增强党性修养,不仅是为了更好地为人民服务,还是为了更好地进行自我保护,是“为人”和“为己”的统一。

因此,领导干部要时常对照理想信念的客观标准进行自我检验,不断校正偏差、补足差距。而所谓衡量标准,就是习近平总书记所说的“四个能否”,即“能否坚持全心全意为人民服务的根本宗旨,能否吃苦在前、享受在后,能否勤奋工作、廉洁奉公,能否为理想而奋不顾身去拼搏、去奋斗、去献出自己的全部精力乃至生命”[③]。作为这些标准的对立面,“一切迷惘迟疑的观点,一切及时行乐的思想,一切贪图私利的行为,一切无所作为的作风,都是与此格格不入的”[④]。

---

① 《习近平在中央党校(国家行政学院)中青年干部培训班开班式上发表重要讲话强调 信念坚定对党忠诚实事求是担当作为 努力成为可堪大用能担重任的栋梁之才》,《人民日报》2021年9月2日。

② 习近平:《在党的十九届一中全会上的讲话》,《求是》2018年第1期。

③ 《习近平谈治国理政》,外文出版社2014年版,第24页。

④ 《习近平谈治国理政》,外文出版社2014年版,第24页。

2.坚定站稳政治立场

政治立场就是人民立场。习近平总书记指出："人民立场是中国共产党的根本政治立场，是马克思主义政党区别于其他政党的显著标志。"[①]立场问题就是党性问题的实质。习近平总书记强调，"党性说到底就是立场问题"[②]，"衡量党性强弱的根本尺子是公私二字"[③]，"党的干部都要有秉公办事、铁面无私的精神，讲原则不讲面子、讲党性不徇私情"[④]。讲私情和讲党性都源于人趋利避害的自然本性，前者是趋己之利、避己之害，而后者则是趋人民之利、避人民之害。所以，趋谁之利、避谁之害，就是立场问题，就是公私问题。这是领导干部站稳政治立场所要解决的第一个问题，即"为什么人"的问题。

领导干部站稳政治立场，还要解决第二个问题，即"靠什么人"的问题。毛泽东同志指出："谁是我们的敌人？谁是我们的朋友？这个问题是革命的首要问题。中国过去一切革命斗争成效甚少，其基本原因就是因为不能团结真正的朋友，以攻击真正的敌人。"[⑤]这就是在强调"靠什么人"的问题。因此，领导干部站稳政治立场最突出的表现，就是能够把人民群众动员和组织起来同其一道为实现人民的根本利益而奋斗。毛泽东同志在党的七大闭幕式上讲"愚公移山"时提出的"感动上帝（人民大众）"就是这种能力的形象化表达。[⑥]

3.严格遵守政治纪律

邓小平同志曾说："我们这么大一个国家，怎样才能团结起来、组织起来呢？一靠理想，二靠纪律。"[⑦]同样，我们这么大一个党，这么大一个组织体

---

① 习近平：《论中国共产党历史》，中央文献出版社2021年版，第129～130页。

② 中共中央文献研究室编：《十八大以来重要文献选编》（上），中央文献出版社2014年版，第766页。

③ 中共中央纪律检查委员会、中共中央文献研究室编：《习近平关于党风廉政建设和反腐败斗争论述摘编》，中央文献出版社、中国方正出版社2015年版，第79页。

④ 《习近平在中央党校（国家行政学院）中青年干部培训班开班式上发表重要讲话强调 信念坚定对党忠诚实事求是担当作为 努力成为可堪大用能担重任的栋梁之才》，《人民日报》2021年9月2日。

⑤ 《毛泽东选集》第1卷，人民出版社1991年版，第3页。

⑥ 参见《毛泽东选集》第3卷，人民出版社1991年版，第1102页。

⑦ 《邓小平文选》第3卷，人民出版社1993年版，第111页。

系，要想团结起来、组织起来，也要一靠理想、二靠纪律。进入新时代，党在纪律方面突出强调政治纪律。习近平总书记指出："严明党的纪律，首要的就是严明政治纪律。党的纪律是多方面的，但政治纪律是最重要、最根本、最关键的纪律，遵守党的政治纪律是遵守党的全部纪律的重要基础。政治纪律是各级党组织和全体党员在政治方向、政治立场、政治言论、政治行为方面必须遵守的规矩，是维护党的团结统一的根本保证。"①

领导干部是否严格遵守政治纪律，也是有客观标准的，即是否做到"两个坚持""三个坚决"。"两个坚持"是"坚持党的领导，坚持党的基本理论、基本路线、基本纲领、基本经验、基本要求"②，"三个坚决"是"党中央提倡的坚决响应，党中央决定的坚决照办，党中央禁止的坚决杜绝"③，由此"要自觉同党中央保持高度一致，自觉维护党中央权威"④。领导干部要用这些标准时时检验自己，不断提高遵守政治纪律和政治规矩的思想自觉和行动自觉。

(二)提高政治能力的现实路径

1.自觉加强政治学习

领导干部自觉加强政治学习的目的，在于不断提高政治上的认识能力，即不断提高政治判断力和政治领悟力。领导干部政治学习的重点是学理论、学历史、学纪律三个方面。

第一，领导干部要注重学习马克思主义理论，尤其是习近平新时代中国特色社会主义思想。因为，领导干部"政治上的坚定、党性上的坚定都离不开理论上的坚定"⑤。学习理论要特别注意"系统"和"实际"的要求。毛泽东同志曾讲道："如果我们党有一百个至二百个系统地而不是零碎地、实际地而不是空洞地学会了马克思列宁主义的同志，就会大大地提高我们党的战

---

① 中共中央文献研究室编：《十八大以来重要文献选编》(上)，中央文献出版社2014年版，第131～132页。

② 中共中央文献研究室编：《十八大以来重要文献选编》(上)，中央文献出版社2014年版，第132页。

③ 《习近平同中央党校县委书记研修班学员座谈强调　做焦裕禄式的县委书记　心中有党心中有民心中有责心中有戒》，《人民日报》2015年1月13日。

④ 《习近平同中央党校县委书记研修班学员座谈强调　做焦裕禄式的县委书记　心中有党心中有民心中有责心中有戒》，《人民日报》2015年1月13日。

⑤ 《习近平在中央党校(国家行政学院)中青年干部培训班开班式上发表重要讲话强调　在常学常新中加强理论修养　在知行合一中主动担当作为》，《人民日报》2019年3月2日。

斗力量……”[①]习近平强调:“今天,我们仍然应当这样提出和认识问题,并为此作出应有的努力。”[②]因而,新时代的领导干部学习习近平新时代中国特色社会主义思想,要做到“学懂、弄通、做实”,“要联系地而不是孤立地、系统地而不是零散地、全部地而不是局部地理解”[③]。

第二,领导干部要注重学习党史、新中国史、改革开放史、社会主义发展史、中华民族发展史。学习历史要特别注意“明理”“增信”“崇德”“力行”的要求,即从历史中深刻认识中国共产党为什么能、马克思主义为什么行、中国特色社会主义为什么好的道理,从而在历史学习中增强对马克思主义和共产主义的信仰、对中国特色社会主义的信念、对实现中华民族伟大复兴的信心;进而向党的历史中涌现出的革命烈士、英雄人物、先进模范学习对党忠诚的大德、为民服务的公德、严于律己的私德,最后将学习成效转化为锤炼党性、为民服务、推动发展的坚定行动。

第三,领导干部要注重学习党内法规,特别是其中的政治纪律和政治规矩。党章是党的根本大法,党的十九大通过的党章修正案“体现了党的十八大以来党的理论创新、实践创新、制度创新取得的成果,体现了党的十九大报告确立的重大理论观点和重大战略思想,对加强党的全面领导、推进全面从严治党提出了明确要求”[④];而党的十八届六中全会通过的《关于新形势下党内政治生活的若干准则》“针对党内存在的突出矛盾和问题,从12个方面作出规定,既指出了病症,也开出了药方,既有治标举措,也有治本方略”[⑤]。它们集中体现了我们党对党员领导干部在遵守政治纪律和政治规矩方面提出的鲜明要求,因而每名领导干部都要反复学习、反复思考、反复对照、自觉践行。

2.主动加强政治历练

领导干部的政治学习要同政治历练同时并举、相互印证,从而在知行合一中不断提高政治上的认识能力和行为能力,即不断提高政治判断力、政治领悟力、政治执行力。

---

① 《毛泽东选集》第2卷,人民出版社1991年版,第533页。

② 习近平:《领导干部要爱读书读好书善读书——在中央党校2009年春季学期第二批进修班暨专题研讨班开学典礼上的讲话》,《学习时报》2009年5月18日。

③ 《习近平在中共中央政治局第一次集体学习时强调 切实学懂弄通做实党的十九大精神 努力在新时代开启新征程续写新篇章》,《人民日报》2017年10月29日。

④ 习近平:《在党的十九届一中全会上的讲话》,《求是》2018年第1期。

⑤ 《习近平谈治国理政》第2卷,外文出版社2017年版,第180页。

领导干部的政治历练不是一般地参加政治工作，而是“要经受严格的思想淬炼、政治历练、实践锻炼，在复杂严峻的斗争中经风雨、见世面、壮筋骨，真正锻造成为烈火真金”[①]。毛泽东同志早年就曾要求：“我们共产党员应该经风雨，见世面；这个风雨，就是群众斗争的大风雨，这个世面，就是群众斗争的大世面。”[②]共产党员“经风雨、见世面”的目的，就是使自己同人民群众结合在一起。只有和人民群众结合在一起，才能够真切地解决“为了谁、依靠谁”的问题，才能够深刻地洞察人民群众的根本利益所在，才能够透彻地领悟党的基本理论、基本路线、基本方略和党中央精神的价值指向与核心要义，从而才能在根本上增强政治判断力、政治领悟力、政治执行力。

从党组织的角度讲，要有计划地安排那些看得准、有潜力、有发展前途的年轻干部去经受锻炼。“这种锻炼不是做样子的，而应该是多岗位、长时间的，没有预设晋升路线图的，是要让年轻干部在实践中‘大事难事看担当，逆境顺境看襟度’。”[③]也就是说，不能是功利性的。尽管没有预设晋升路线图，但党的十九大报告已明确指出：“注重在基层一线和困难艰苦的地方培养锻炼年轻干部，源源不断选拔使用经过实践考验的优秀年轻干部。”[④]

广大领导干部要提高政治能力，担当时代使命，在新时代奋力实现中华民族的伟大复兴。作为中华民族的百年梦想，伟大复兴已如毛泽东同志在《星星之火，可以燎原》中描述的快要到来的革命高潮那样，“它是站在海岸遥望海中已经看得见桅杆尖头了的一只航船，它是立于高山之巅远看东方已见光芒四射喷薄欲出的一轮朝日，它是躁动于母腹中的快要成熟了的一个婴儿”[⑤]。因此，每名领导干部都要以舍我其谁的责任感和时不我待的紧迫感，不断提高自身的政治能力及其统领的其他工作能力，为中华民族伟大复兴如期实现贡献自己的力量。

---

① 《习近平在中央党校（国家行政学院）中青年干部培训班开班式上发表重要讲话强调　发扬斗争精神增强斗争本领　为实现“两个一百年”奋斗目标而顽强奋斗》，《人民日报》2019 年 9 月 4 日。

② 《毛泽东选集》第 3 卷，人民出版社 1991 年版，第 933 页。

③ 中共中央文献研究室编：《十八大以来重要文献选编》（上），中央文献出版社 2014 年版，第 348 页。

④ 习近平：《决胜全面建成小康社会　夺取新时代中国特色社会主义伟大胜利——在中国共产党第十九次全国代表大会上的报告》，人民出版社 2017 年版，第 64 页。

⑤ 《毛泽东选集》第 1 卷，人民出版社 1991 年版，第 106 页。

4.领导干部要提高调查研究能力

刘 泽*

2020年10月10日，习近平总书记在秋季学期中央党校（国家行政学院）中青年干部培训班开班式上指出："干部特别是年轻干部要提高政治能力、调查研究能力、科学决策能力、改革攻坚能力、应急处突能力、群众工作能力、抓落实能力。"①习近平总书记多次强调调查研究是做好领导工作的一项基本功，殷切期望领导干部特别是年轻干部要学会调查研究，提高调查研究能力，在调查研究中提高工作本领。

一、领导干部提高调查研究能力的重要性

（一）调查研究是中国共产党做好领导工作的传家宝

1.调查研究是贯彻党的思想路线和党的群众路线的重要途径

调查研究是认识世界的根本途径和重要方法，是我们党实现正确领导的基础。"一切从实际出发，理论联系实际，实事求是，在实践中检验真理和发展真理"是党的思想路线、认识路线，是中国共产党认识问题、分析问题、处理问题所遵循的最根本的指导原则和思想基础。离开了调查研究，就不可能了解客观事实及其内在规律，就无法贯彻党的思想路线。"从群众中

* 刘泽，中共山东省委党校（山东行政学院）经济学教研部教授。

① 《习近平在中央党校（国家行政学院）中青年干部培训班开班式上发表重要讲话强调 年轻干部要提高解决实际问题能力 想干事能干事干成事》，《人民日报》2020年10月11日。

来，到群众中去”，既是党的正确认识和正确方针政策的形成过程，也是党的方针、政策转化为群众自觉行动的过程。离开了调查研究，不虚心向人民群众请教，就会背离党的群众路线。

2.调查研究是党一贯的工作方法

毛泽东在《改造我们的学习》中指出："共产党领导机关的基本任务，就在于了解情况和掌握政策两件大事。"[①]了解情况、制定政策、推动政策落地，都离不开调查研究。中国共产党正是在对中国国情深入调查研究的基础上，成功探索出了具有中国特色的革命、建设、改革道路，使调查研究成为党在各个历史时期做好领导工作的重要传家宝。党的历届领导人都非常重视调查研究，在党内大力倡导调查研究，调查研究既是他们个人的工作习惯，也是我们党一贯的工作方法。毛泽东是党内调查研究的光辉典范，一生做了大量的调查研究，撰写了大量的调查报告和调查研究的理论著作，如《中国社会各阶级的分析》《湖南农民运动考察报告》《寻乌调查》《兴国调查》《反对本本主义》《论十大关系》等。在《反对本本主义》一文中，毛泽东从认识论高度第一次鲜明地提出了"没有调查，没有发言权"[②]的科学论断，新中国成立后仍号召全党"要做系统的由历史到现状的调查研究"[③]。"实事求是"是邓小平一生最鲜明的思想特点，邓小平指出："按照实际情况决定工作方针，这是一切共产党员所必须牢牢记住的最基本的思想方法、工作方法。"[④]对改革开放过程中有争议的问题，邓小平坚持亲自到实践中去调研，了解清楚情况后再下结论、作决断。1984 年，邓小平先后来到深圳、珠海、上海，以自己调研的所见所闻和深入思考，给予经济特区充分的肯定。调查研究也是习近平总书记一直坚持的优良工作作风，习近平总书记多次强调，"调查研究是谋事之基、成事之道"，"正确的决策离不开调查研究，正确的贯彻落实同样也离不开调查研究"。[⑤] 习近平总书记向来有跑遍所属工作地区的习惯，认为"当县委书记一定要跑遍所有的村，当市委书记一定要跑遍所有的

① 《毛泽东选集》第 3 卷，人民出版社 1991 年版，第 802 页。

② 《毛泽东选集》第 1 卷，人民出版社 1991 年版，第 109 页。

③ 《毛泽东文集》第 8 卷，人民出版社 1999 年版，第 252 页。

④ 《邓小平文选》第 2 卷，人民出版社 1994 年版，第 114 页。

⑤ 中共中央党史和文献研究院编：《习近平关于力戒形式主义官僚主义重要论述选编》，中央文献出版社 2020 年版，第 89 页。

乡镇，当省委书记一定要跑遍所有的县市区”[①]，强调这是领导干部了解情况的重要方式之一。在到浙江工作后一年多的时间里，习近平就跑遍了浙江省所有的县市区，还跑了50多个省级机关和单位，在广泛调研的基础上提出了浙江发展的“八八战略”。

3.调查研究关系到党的事业兴衰成败

回顾我们党百年奋斗历史可以清楚地看到，什么时候全党上下重视并坚持和加强调查研究，党的工作决策和指导方针符合客观实际，什么时候党的事业就顺利发展。忽视调查研究或者调查研究不够，往往导致主观认识脱离客观实际、领导意志脱离群众愿望，造成决策失误，使党的事业蒙受损失。在前四次反“围剿”中，红军贯彻执行毛泽东关于红军作战的正确战略战术，成功粉碎了国民党的“围剿”；而在第五次反“围剿”时，党内“左”倾教条主义者和共产国际军事顾问李德不考虑中国的实际情况，作出一系列错误军事指挥，导致第五次反“围剿”失败，红军被迫实行战略转移，开始长征。新中国成立初期，由于对社会主义建设规律的认识不足，在实践中背离了我们党从实际出发、实事求是的思想路线，没有制定出符合客观实际的方针政策，经济工作走了弯路，导致了“大跃进”的发生。在深刻反思的同时，中共中央和毛泽东重提调查研究，再次强调全党“要大兴调查研究之风”。

（二）调查研究是马克思主义认识论的内在要求

1.调查研究是实现认识“两次飞跃”的重要桥梁

马克思主义认识论即辩证唯物主义认识论，是研究认识的起源、本质和发展规律的科学。马克思主义认识论第一次把实践引入认识论，认为人的认识是客观世界在人的头脑中的反映，但客观世界本身不能产生认识，只有在实践中，客观事物才可能成为认识的对象并被人们所认识。由实践到认识，即由感性认识上升到理性认识，这是认识的第一次飞跃。感性认识上升到理性认识需要两个条件：一是感觉的材料十分丰富和合于实际，二是必须将丰富的感觉材料进行去粗取精、去伪存真、由此及彼、由表及里的改造。前者是调查，后者是研究。由认识到实践，即理性认识反过来指导实践，在实践中检验和发展理论，这是认识的第二次飞跃。理论要指导实践，就必须

---

① 《习近平谈治国理政》第2卷，外文出版社2017年版，第144～145页。

从客观实际出发,使理论符合客观实际的需要,做到理论与实际相结合,结合的过程就是调查研究的过程。"实践、认识、再实践、再认识,这种形式,循环往复以至无穷。"[①]认识的无限性,决定了调查研究永无止境。

2.调查研究是马克思主义中国化的重要保证

马克思主义中国化的核心命题是实事求是。毛泽东运用马克思主义的立场、观点、方法,系统地、全面地、历史地调查研究中国国情,创立了党实事求是的思想路线,给予实事求是新的解释,"'实事'就是客观存在着的一切事物,'是'就是客观事物的内部联系,即规律性,'求'就是我们去研究"[②]。毛泽东认为,这种实事求是的态度就是党性的表现,就是理论和实际相统一的马克思列宁主义的作风。马克思主义认为,人民群众是认识世界和改造世界的主体,是社会历史发展的决定性力量。毛泽东根据马克思主义唯物史观,创立了党的群众工作路线,认为凡属正确的领导必须是从群众中来、到群众中去。"从群众中来"就是深入群众调查研究,把群众分散的不系统的意见转化为领导者和领导部门集中的指导意见;"到群众中去"就是到群众中去宣传解释,化指导意见为群众的意见并见之于行动,在群众行动中检验这些指导意见是否正确,再从群众中集中上来,再到群众中坚持下去,"如此无限循环,一次比一次地更正确、更生动、更丰富"[③]。中国共产党对中国土地问题的认识就是螺旋上升的,土地政策的不断调整就是认识不断深化的体现。

(三)新时代对领导干部调查研究能力提出的新要求

1.提高调查研究能力是新时代增强党执政能力的应有之义

党的十八大以来,以习近平同志为核心的党中央高度重视调查研究工作。中央八项规定的第一条,就是要改进调查研究。党的十九届四中全会更是将调查研究上升到健全提高党的执政能力和领导水平制度层面,强调要完善重大决策调查研究、科学论证、风险评估制度。在"七种能力"中,习近平总书记把"提高调查研究能力"摆在解决实际问题必备能力的重要位

① 《毛泽东选集》第 1 卷,人民出版社 1991 年版,第 296 页。
② 《毛泽东选集》第 3 卷,人民出版社 1991 年版,第 801 页。
③ 《毛泽东选集》第 3 卷,人民出版社 1991 年版,第 899 页。

置，强调调查研究是做好领导工作的一项基本功，调查研究能力是领导干部整体素质和能力的一个组成部分。当前，中华民族伟大复兴的战略全局与世界百年未有之大变局同步交织，国内改革发展稳定任务繁重艰巨，国际环境复杂多变，这些对中国共产党的执政能力提出了更高的要求。面对复杂严峻的国内外形势，各级领导干部要苦练基本功，使调查研究的过程成为加深领悟党的创新理论、保持党同人民群众的血肉联系、推动党的事业发展和巩固党的执政之基的过程。

2.调查研究是纠正不良作风的有力武器

党的十八大以来，党中央三令五申，习近平总书记也反复强调，调查研究要察实情、获真知、求实效，但现实中，形式主义、官僚主义等背离实事求是和群众路线的行为仍层出不穷。满足于看材料、听汇报、上网络，“处处留痕”打造网上新秀场，作关门决策；调研走过场，只看“盆景式”典型，走经典路线，或走马观花，“隔着玻璃看，坐着轮子转”，蜻蜓点水、浅尝辄止。结果是，看不到真情、听不到真话、出不了实招。领导干部只有力戒形式主义、官僚主义，才能提升调查研究本领，增强调查研究实效，才能真正化解能力不足带来的“本领恐慌”。

二、领导干部调查研究能力的构成

（一）领导干部调查研究的特点

调查研究是指运用科学的方法，有计划、有目的地了解客观事物的真相和全貌，并通过对资料的分析研究，准确把握客观事物本质和规律的一项认识活动。领导干部是建设中国特色社会主义伟大事业的骨干力量，是调查研究工作的主力军。尽管目前已经建立了较为完善的统计调查制度和研究机构及各类智库机构，但仍然不能代替领导干部的调查研究。领导干部的调查研究，除了具有一般调查研究的客观性、科学性外，还具有鲜明的政治性、人民性和实践性。

1.政治性

政治性是领导干部调查研究的鲜明特征，能够确保调查研究保持正确的政治方向。政治性主要体现在：一要有出色的政治判断力。通过调查研究，能观大势、谋全局、抓关键，在纷繁复杂的现象面前，能科学分析把握形势变化，精准识别现象本质。二要有较强的政治领悟力。通过调查研究，领导干部要深刻领悟党和国家的大政方针，要全面掌握工作领域的情况，既要吃透“上头”，也要吃透“下头”，结合实际，实事求是，创造性地贯彻党中央决策部署。三要有政治执行力。通过调查研究，领导干部要善于发现问题，敢于正视问题，政治上与党中央保持一致，真抓实干，创造性地解决问题。

2.人民性

调查研究的人民性，体现了党“以人民为中心”的理念和“从群众中来，到群众中去”的群众路线。具体到调研态度上，要能“放下臭架子，甘当小学生”，拜人民为师，从群众中获取智慧和力量；调研作风上，要亲力亲为，深入基层、深入实际、深入群众，真正了解群众在想什么、盼什么，最需要各级党委和政府干什么；调研目的上，要联系群众、为民办事。

3.实践性

领导干部调查研究，既不是纯粹的理论调研，也有别于具体的工作部署，是一种理论与实践相结合的对策性应用研究，应强调“研以致用”。调查研究提出的政策建议，不能笼统含糊和空发议论，要符合实际，具有可操作性。多数调研成果的应用，时机因素极为重要，要把握时效性。实际情况是不断变化的，政策需要根据实际情况的变化及时作出调整，所以调查研究要反复进行、持续进行。

4.客观性

调查研究的客观性，要求领导干部调查研究不能掺杂个人的主观因素。要从客观实际出发，尤其要从自己的实际工作出发发现问题。要如实地反映实际情况，避免主观因素对调研资料和调研结论的影响。尤其是当调研结论与书本理论、上级指示精神、重要领导人意图、大多数人想法及个人经验不一致时，要坚持调查研究的客观性，做到不唯书、不唯上、不唯众、不唯己，只唯实。

5.科学性

调查研究的科学性，体现在以科学的理论为指导，运用科学的方法，得出科学的结论。一是以科学的理论为指导。马克思主义唯物辩证法，是指导认识社会现象的根本方法，是社会调查研究方法的核心，概括了人类思维发展的一般规律。二是运用科学的调研方法，包括运用科学的调查方法去收集资料和运用科学的研究方法去抽象和概括事物的本质及规律。调查研究的相关理论对调查研究的开展具有具体的指导作用。三是要得出科学的结论。科学的调查研究一定是定性与定量分析相结合，根据充分的数据和事实得出结论。

(二)调查研究能力的构成

调查研究能力是指能够顺利完成调查研究任务并直接影响调查研究成效的各种能力的总和。一项调查研究活动大体包含四个阶段：准备阶段、调查阶段、研究阶段、总结阶段。准备阶段，需要明确调研任务，并制定完善的调研方案；调查阶段，是利用各种科学的调查方法收集研究对象全面、准确的信息；研究阶段，是对调查获得的各种资料进行思维加工，把握研究对象的本质和规律；总结阶段，是将调研成果形成文字报告，提出解决问题的对策建议，推动调研成果的应用。根据调查研究的工作过程，可以把调查研究能力分解为四种：发现问题的能力、收集资料的能力、分析研究的能力、解决问题的能力。提高领导干部调查研究能力，还应提高政治能力、科学决策能力、群众工作能力和抓落实能力等延展能力。

1.发现问题的能力

一切调查研究都从发现问题开始。问题是调查研究的出发点和立足点，那什么是“问题”呢？“问题就是事物的矛盾。”[①]矛盾无处不在，问题无时不有。发现问题需要有一双善于发现问题的眼睛和一颗敏于思考的头脑。一方面要善于发现习以为常的问题。相对于很明显的问题，那些习以为常的问题看起来不那么明显，一时也没有明显的负面效应，很容易被人们忽略，但时间长了，就有可能酿成大祸。另一方面要善于预见可能发生的问题。预见性地发现问题，需要时刻保持危机意识，收集和分析动态变化信息，多作系统性思考，多作规律性认识。

2.收集资料的能力

收集资料的途径和方法很多，目的是获取全面、准确的资料。领导干部

① 《毛泽东选集》第3卷，人民出版社1991年版，第839页。

要掌握科学的收集数据和事实资料的方式方法，提高正确使用科学方法收集资料的能力。

根据收集资料的范围，调查研究方法可分为普遍调查、抽样调查和典型调查。普遍调查是对调研对象的全部个体进行调查，以获取研究对象总体资料的方法；抽样调查是从研究对象中随机抽取一定数量的样本进行观察，用样本数据推算研究对象总体数据的方法；典型调查是从调研对象中选取具有典型意义的代表性个体进行深入的“解剖麻雀”式的调查，从中把握同类现象一般特征的方法。毛泽东利用典型调查方法作了很多调查，给予这种方法高度评价，并从理论上指出典型调查包含“由特殊到一般”和“由一般到特殊”的两个过程①，即首先从不同事物的特殊性概括出事物的共同本质，再以这种共同的认识为指导研究其他具体事物并找出其特殊性，并以这种特殊性丰富对共同本质的认识。《寻乌调查》《兴国调查》《才溪乡调查》等就是毛泽东成功运用典型调查的例子。

根据资料来源，调查研究方法可分为直接调查和间接调查方法。直接调查获得的资料属于一手资料；间接调查获得的是二手资料，如查阅学术文献、查阅历史资料、调阅其他部门资料、看下级报送材料、听汇报等。二手资料是他人的认识，是他人主观世界的反映。二手资料再丰富也不能替代领导干部自己调查所获得的认识，因为即使基本立场、基本观点相同，但由于观察事物的时间和地点不同、站位不同、着眼点不同、观察能力的高低不同等原因，对同一客观事物的认识也会有很大不同，所以我们党历来强调领导干部调查研究要“亲自出马”。

获取一手资料的具体方法有座谈会、访谈法、观察法、问卷法、网络调查等。开座谈会是领导干部调查研究常用的方法。毛泽东对开座谈会情有独钟，曾指出：“开调查会，是最简单易行又最忠实可靠的方法，我用这个方法得了很大的益处，这是比较什么大学还要高明的学校。”②在《反对本本主义》一文中，毛泽东详细介绍了开座谈会的技术。围绕“十四五”规划编制，习近平总书记在2020年主持召开了七场座谈会，开门问策。除了传统的收集资料的方法，随着网络和大数据技术的广泛应用，现代信息技术为数据收集提供了新的途径和方法。领导干部要顺应时代发展要求，进一步拓展调研渠道，丰富调研手段，创新调研方式，提升获取资料的能力。

---

① 参见《毛泽东选集》第1卷，人民出版社1991年版，第310页。

② 《毛泽东选集》第3卷，人民出版社1991年版，第790页。

3.分析研究的能力

在长期的调查研究过程中，毛泽东概括出了分析研究的“十六字诀”，即“去粗取精，去伪存真，由此及彼，由表及里”，这是对毛泽东对感性材料进行思维加工根本方法的深刻揭示。“十六字诀”包含了两层意思：一是“去粗取精，去伪存真”，即对感性材料进行鉴别和选择，具体来说，就是通过审查、汇总、分类、统计计算及绘制图表等工作，使调查获得的原始资料系统化、条理化；二是“由此及彼，由表及里”，即对感性材料进行对比和分析，将其上升到理性认识，获得事物本质和规律的认识。提高分析研究能力，既需要具备“去粗取精，去伪存真”的技术方法和基本鉴别能力，又需要具备“由此及彼，由表及里”的分析能力，后者是更为复杂的思维过程。

4.解决问题的能力

解决问题的能力是指在深入分析研究的基础上，能够有针对性地提出问题解决方案的能力。毛泽东曾指出：“调查就像‘十月怀胎’，解决问题就像‘一朝分娩’。调查就是解决问题。”[①]领导干部调查研究的最终目的是解决实际工作中的问题，发现问题是一种重要的能力，解决问题更是一种重要的能力。提高解决问题的能力，一要有强烈的参与决策的意识。只有从决策需要出发进行调研，站在决策者的角度去思考问题、提出建议，才有可能避免调研与决策脱节的问题。二要有推动调研成果转化的决策力。作为决策者，领导干部要善于将研究充分、比较成熟的调研成果及时上升为决策部署，转化为具体措施。三要有推动决策转化为实践活动的执行力。

三、领导干部提高调查研究能力的路径

调查研究能力只能在调查研究的实践中得到提升。“调查研究的过程，是领导干部提高认识能力、判断能力和工作能力的过程。”[②]习近平曾深有体会地说：“调查研究多了，基层跑遍、跑深、跑透了，我们的本领就会大起来，我们的认识就会产生飞跃，我们的工作就会做得更好。”[③]

---

① 《毛泽东选集》第1卷，人民出版社1991年版，第110～111页。

② 习近平：《谈谈调查研究》，《学习时报》2011年11月21日。

③ 习近平：《干在实处　走在前列——推进浙江新发展的思路和实践》，中共中央党校出版社2006年版，第534页。

(一)增强问题意识

1.要胸怀"国之大者"

"国之大者"是关乎党和国家前途、命运的大使命、大方向、大格局、大利益、大战略,是党和政府关注的最核心、最关键、最迫切的问题。"双循环"新发展格局,就是党中央在对国内外新形势新环境进行充分调查研究的基础上作出的重大决策。立足新发展阶段、贯彻新发展理念、构建新发展格局,各级领导干部要用马克思主义的立场观点方法深入、系统地调查了解国情、社情、民情,在调查研究中发现问题并找到解决问题的思路和办法。从价值层面上来看,"国之大者"就是"以人民为中心"。习近平总书记时刻牵挂着贫困群众,"精准扶贫战略"就是他在深入调研的基础上提出来的。各级领导干部只有胸怀"国之大者",牢固树立为民情怀,才能不断增强关注问题和发现问题的内在自觉性。

2.要带着问题调研

调研首先要对调研问题有一个清晰的认识,调研目的明确才能做到有的放矢。调研目的不明,整个调研活动就容易陷入"盲人骑瞎马"的尴尬境地,不仅摸不到真实情况,抓不住关键,还会让基层疲于应对。毛泽东曾批评那些没有明确目的的调查结果"就像挂了一篇狗肉账,像乡下人上街听了许多新奇故事,又像站在高山顶上观察人民城郭。这种调查用处不大,不能达到我们的主要目的"①。调研要靶向解决问题,要能在深入分析研究的基础上提出问题解决方案,不能为了调研而调研,不能把调研作为应付交差的事情来对待,要"把调查研究与履职尽责、完成党中央部署的任务和当前正在做的事情结合起来"②。"既要'身入'基层,更要'心到'基层,听真话、察真情,真研究问题、研究真问题,不能搞作秀式调研、盆景式调研、蜻蜓点水式调研。"③

① 《毛泽东选集》第1卷,人民出版社1991年版,第113页。

② 《抓好第一批主题教育学习教育、调查研究、检视问题、整改落实工作》,《人民日报》2019年6月25日。

③ 《习近平在中央党校(国家行政学院)中青年干部培训班开班式上发表重要讲话强调 信念坚定对党忠诚实事求是担当作为 努力成为可堪大用能担重任的栋梁之才》,《人民日报》2021年9月2日。

（二）改进调研作风

1.端正态度，“亲”字当头

领导干部调查研究，若“没有满腔的热忱，没有眼睛向下的决心，没有求知的渴望，没有放下臭架子、甘当小学生的精神，是一定不能做，也一定做不好的”[①]。一定要“放下架子、扑下身子，接地气、通下情，‘身入’更要‘心至’”[②]。亲自做调查研究，是历届领导人的良好作风，也是现有调查研究制度对领导干部的要求，即领导干部要亲自确定调研题目，亲自提出调研方案，亲自深入基层、深入群众了解实情，亲自分析研究调查材料，亲自梳理各方面意见和建议，亲自撰写调研报告。

2.下足功夫，“实”字为本

调查研究，要“真正把功夫下到察实情、出实招、办实事、求实效上”[③]。要鼓励群众讲真话、道实情。要善于用群众听得懂的通俗语言与群众进行有效的沟通和交流，这样才能拉近与群众的距离，听到群众的真实心声。不能先入为主、以偏概全，不能断章取义、各取所需，不能避实就虚、回避矛盾，不能提前定调找实证，更不能默许、暗示、纵容调研对象编假造假。多开展随机调研、蹲点调研、解剖麻雀式调研，察实情、听真话、取真经。真正把各方面情况摸清吃透，真正了解基层干部群众所想所急所盼，这样才能作出符合实际的正确决策，才能真正解决实际问题。

（三）与时俱进改进调研方法

1.用好传统的调研方法

我们党在长期的实践中形成的许多行之有效的调查研究方法，如召开

---

① 《毛泽东选集》第3卷，人民出版社1991年版，第790页。

② 中共中央党史和文献研究院、中央“不忘初心、牢记使命”主题教育领导小组办公室编：《习近平关于“不忘初心、牢记使命”论述摘编》，党建读物出版社、中央文献出版社2019年版，第220页。

③ 中共中央党史和文献研究院、中央“不忘初心、牢记使命”主题教育领导小组办公室编：《习近平关于“不忘初心、牢记使命”论述摘编》，党建读物出版社、中央文献出版社2019年版，第220页。

调查会、召开研讨会、走访调查、蹲点调查、典型调查、实地考察等，在新时期仍需加以继承。借助互联网，领导干部有了“千里眼”“顺风耳”，但网络再发达，通信再便利，渠道再多元，仍然代替不了领导干部调研。

2.学习现代调研方法

随着网络和大数据技术的广泛应用，获取信息的渠道和方式等发生了革命性改变，全数据采集、可视化分析、预测性分析等大数据技术能够更有效显示数据间关系，揭示事物发展规律与趋势，大大提高了调研工作的效率，增强了调研工作的科学性。这就要求领导干部要与时俱进学习现代调研方法，充分利用网络技术和大数据分析技术，实现调查研究过程质的突破。要“学网、懂网、用网”，积极回应网民关切，充分利用网络听民声、察民情、集民智、聚民力、问民计，使用网络语言与调查对象积极互动，采用网络问卷、在线访谈、潜水观察等方式进行调查，利用网络收集的信息和数据与线下调查所得的信息和数据进行比对、核对、校对，增强研究的可靠性、科学性和有效性。

(四)强化研究与应用

1.加强分析研究

调查研究包括调查和研究两个方面，做好调查研究工作，基础在调查，关键在研究。提高分析研究能力，要善于抓主要矛盾和矛盾的主要方面。十样事物，“如果你调查的九样都是一些次要的东西，把主要的东西都丢掉了，那末，仍旧是没有发言权”[①]，要在详细占有材料的基础上抓住要点。要用好分析与综合的方法，即把整体分解为部分，把复杂的事物分解为简单的要素，分别研究然后再综合的一种思维方法。要用好“交换、比较与反复”方法。“交换”就是要互相交换正反两面的意见，以求了解事物的全面情况；“比较”就是上下、左右进行比较，更好地判断事物的本质和性质；“反复”就是决定问题不要太匆忙，要留一个反复考虑的时间。

2.提高调研成果的转化应用

调研成果的转化是整个调研活动的“最后一公里”。“对经过充分研究、

① 《毛泽东农村调查文集》，人民出版社1982年版，第25页。

比较成熟的调研成果，要及时上升为决策部署，转化为具体措施；对尚未研究透彻的调研成果，要更深入地听取意见，完善后再付诸实施；对已经形成举措、落实落地的，要及时跟踪评估，视情况调整优化。”[①]领导干部提高调研成果的转化能力，要能写好调研报告。作为调研成果的载体，高质量的调研报告，对认识、分析和解决问题有着重要的参考作用，将直接影响到相关的决策和施策行为。要能识别出高质量调研报告。领导干部需要拥有一双慧眼，及时发现日常工作中接触到的优秀调研报告，将其作为解决问题、推动工作的重要借鉴和参考。

（五）完善和落实调研制度

使调查研究真正成为各级领导干部的经常性活动，既需要领导干部的“内在自觉”，也需要调查研究制度的“外部约束”。关于坚持和加强调查研究，我们党相继制定了一系列行之有效的制度，在实践中需要不断完善制度、抓好制度落实。

1.完善和落实先调研后决策的制度

正确的决策离不开调查研究，正确的执行也离不开调查研究。要把调查研究贯穿于决策和执行全过程，并确保决策科学、执行有效。防止和克服决策中的随意性及其造成的失误，“要用百分之九十以上的时间研究情况，用不到百分之十的时间决定政策”[②]，尤其对涉及群众切身利益的重要政策措施，要严格执行相关调研程序，广泛听取群众意见，做到凡是该掌握的情况就掌握清楚，凡是该研究的问题就研究透彻，充分地调研。

2.完善和落实领导干部调研工作制度

把调查研究工作当作领导机关和领导干部的一项常态性工作来抓，领导干部要带头调查研究，每年要拿出一定时间和精力，坚持到群众中去、到实践中去，倾听基层干部、群众的所想所急所盼，把调查研究同访贤问计结合起来，同解决实际问题结合起来。领导干部到联系点调查研究，要真心实意地与群众交朋友、拉家常，通过面对面交流，了解和掌握真实情况。领导

① 《习近平在中央党校（国家行政学院）中青年干部培训班开班式上发表重要讲话强调　年轻干部要提高解决实际问题能力　想干事能干事干成事》，《人民日报》2020年10月11日。

② 《陈云文选》第3卷，人民出版社1995年版，第34页。

干部在调研中的共同感受和体验，有助于领导集体在决策时形成统一认识和一致意见。不管信息技术多么发达，不管有多少了解情况的渠道，都不能替代领导干部的实地调查研究。

3.完善和落实调查研究成果转化制度

习近平指出："衡量调查研究搞得好不好，不是看调查研究的规模有多大、时间有多长，也不是光看调研报告写得怎么样，关键要看调查研究的实效，看调研成果的运用，看能不能把问题解决好。"[①]要建立调研成果落实台账，追踪考核督促调研成果转化落实情况。通过互联网、专题会议等渠道进行广泛宣介，建立转化和推广制度，充分发挥调研成果在实践中的指导作用。完善调研成果应用的评估制度，为科学决策提供全过程、全方位的制度化保障。

① 习近平：《谈谈调查研究》，《学习时报》2011年11月21日。

5.提高调查研究的能力

满新英[*]

调查研究是我们党的传家宝，也是领导干部做好各项工作的基本功，没有调查，就没有发言权，更没有决策权。2020年10月10日，习近平总书记在中央党校（国家行政学院）中青年干部培训班开班式上发表重要讲话，强调："面对复杂形势和艰巨任务，我们要在危机中育先机、于变局中开新局，干部特别是年轻干部要提高政治能力、调查研究能力、科学决策能力、改革攻坚能力、应急处突能力、群众工作能力、抓落实能力，勇于直面问题，想干事、能干事、干成事，不断解决问题、破解难题。"①在这里，习近平总书记强调了七种能力，其中排第二位的就是调查研究能力。

一、深刻领悟提高调查研究能力的重要意义

（一）这是坚持辩证唯物主义和历史唯物主义的基本要求

调查研究，是对客观实际情况的调查了解和分析研究，目的是把事情的真相和全貌调查清楚，把问题的本质和规律把握准确，把解决问题的思路和对策研究透彻。唯物主义世界观认为，物质第一性，意识第二性，物质决定意识，意识具有客观能动性，对物质具有反作用。一切从实际出发，是我们正确认识客观世界、改造客观世界的根本立足点。调查研究是人们有目的、

* 满新英，中共山东省委党校（山东行政学院）马克思主义学院副教授。

① 《习近平在中央党校（国家行政学院）中青年干部培训班开班式上发表重要讲话强调 年轻干部要提高解决实际问题能力 想干事能干事干成事》，《人民日报》2020年10月11日。

有意识地进行的一种自觉认识活动，目的是获得对客观事物本质和规律的认识。调查研究包括调查与研究两个环节。其中，“调查”是一种感性认识活动，是带着问题和目的搜集材料并调查清楚事物真相和全貌的过程，是了解“是什么”“怎么样”的阶段，表现为对客观事实的描述。感性认识需要上升为理性认识，“调查”之后必须要有“研究”。而“研究”主要是指对调查材料进行细致的分析，回答“为什么”“怎么办”，找解决方法、对策的过程，是一种理性认识活动。没有研究，只有调查，就会“只见树木，不见森林”；没有调查，只有研究，则是纸上谈兵。毛泽东曾对两者作过形象的比喻：“调查就像‘十月怀胎’，解决问题就像‘一朝分娩’。”①

探究事物内容的本质和规律，必须经过从实践到认识、再从认识到实践的多次反复才能完成。调查研究体现了“实践—认识—再实践—再认识”的认识路线。毛泽东在《实践论》中指出，对任何事物的认识，都要经历“从感性认识而能动地发展到理性认识，又从理性认识而能动地指导革命实践”②的过程，即实践基础上认识的“两次飞跃”。其中，实践是第一次飞跃的基础，这就要求我们必须深入群众、深入实际，提高调查研究能力。调查研究还是我们党践行“从群众中来，到群众中去”群众路线的基本途径，是问政于民、问计于民、问需于民的有效方法。

(二)这是始终坚持并不断加强党的优良作风的必然需要

从历史维度看，重视调查研究，是我们党在革命、建设、改革各个历史时期做好领导工作的重要传家宝。马克思主义的辩证唯物主义、历史唯物主义世界观和方法论，党的实事求是的思想路线，党的“从群众中来，到群众中去”的根本工作路线，都要求我们的领导工作和领导干部必须始终坚持和不断加强调查研究。毛泽东是调查研究的倡导者、践行者和行家里手。在国家博物馆《复兴之路》展览中，有一件珍贵的石印本——《寻乌调查》，它是毛泽东早期“最大规模”调查研究的成果。1930 年 5 月，红四军到达江西、广东、福建三省交界的地方——寻乌，毛泽东用 20 多天时间在寻乌进行了一次调研。1931 年 2 月，在第一次反“围剿”的间隙，毛泽东整理出《寻乌调查》。毛泽东在《反对本本主义》一文中从认识论的高度讲述了调查研究的重要意

① 《毛泽东选集》第 1 卷，人民出版社 1991 年版，第 110 页。

② 《毛泽东选集》第 1 卷，人民出版社 1991 年版，第 296 页。

义，提出“没有调查，没有发言权”[①]的著名论断。毛泽东在《总政治部关于调查人口和土地状况的通知》中进一步提出：“不做正确的调查同样没有发言权。”[②]

抗日战争时期，党在农村的政策不再是土地革命政策，而是抗日民族统一战线政策。但很多同志还保留着粗枝大叶、不求甚解的作风，甚至全然不了解下情却担负指导工作，这是异常危险的现象。为了帮助同志们找到研究问题的方法，1941 年毛泽东编印了《农村调查》一书。他在《〈农村调查〉的序言和跋》中强调，调查研究“没有满腔的热忱，没有眼睛向下的决心，没有求知的渴望，没有放下臭架子、甘当小学生的精神，是一定不能做，也一定做不好的”[③]。1941 年 8 月，中共中央设立中央调查研究局，调查研究作为党的一项重要工作制度被确立起来。在中共中央的倡导下，从中央到地方，各级党政领导干部进行了广泛的社会调查，撰写了一批具有很高价值的调研报告，形成了全党范围内重视调查研究、解决实际问题的良好风气，对党的成长和革命事业的成功发挥了重要作用。

新中国成立后，中国共产党从局部执政走向全国执政，面对的是一个全新的局面和更为复杂的世界。就全党来说，怎样搞社会主义革命和建设，是一个崭新的课题。因此，毛泽东多次号召全党，要继续保持和发扬革命战争年代的优良传统，进行系统周密的调查研究。1955 年底至 1956 年春，为了召开党的八大以及迎接大规模的经济建设，毛泽东等中央领导人进行了一系列周密的调查研究。特别是 1956 年 2 月至 4 月，毛泽东听取了国务院 35 个经济部门的工作汇报，逐渐形成了对中国社会主义建设的一系列看法，这是新中国成立后毛泽东对经济工作进行的一次规模最大、时间最长的系统调查，成为我们党全面探索适合中国情况的社会主义建设道路的重要开端。

1958 年开始的“大跃进”和人民公社化运动及自然灾害等，导致我国国民经济出现了前所未有的严重困难。在严峻的形势面前，毛泽东等中央领导人很快就意识到，不明了情况是很危险的，原来的许多认识并不符合客观实际。当务之急是正确认识客观实际并对国民经济进行调整。怎样才能做到“情况明，决心大，方法对”呢？毛泽东认为，首要的甚至唯一的方法，是全党同志特别是党的领导干部下去搞调查研究。毛泽东提出了“大兴调查研

---

① 《毛泽东选集》第 1 卷，人民出版社 1991 年版，第 109 页。

② 《毛泽东农村调查文集》，人民出版社 1982 年版，第 13 页。

③ 《毛泽东选集》第 3 卷，人民出版社 1991 年版，第 790 页。

究之风”的要求，还提出1961年要成为“实事求是年”“调查研究年”。中央领导同志带头深入基层搞调查，这对于摸清经济社会各方面实情、作出实事求是的正确调整、克服严重困难起到了非常重要的作用。“回顾我们党的发展历程可以清楚地看到，什么时候全党从上到下重视并坚持和加强调查研究，党的工作决策和指导方针符合客观实际，党的事业就顺利发展；而忽视调查研究或者调查研究不够，往往导致主观认识脱离客观实际、领导意志脱离群众愿望，从而造成决策失误，使党的事业蒙受损失。”①

(三)这是领导干部科学决策和正确贯彻落实的坚实基础

调查研究是科学决策的前提和开展各项工作的重要一环。调查研究的过程就是科学决策的过程，无论是制定决策还是实施决策，都离不开调查研究。只有通过调查研究，才能了解实际情况、总结基层经验，为作出正确决策创造条件，为检查决策的偏差和解决实施过程中的问题提供第一手材料。党的十八大以来，以习近平同志为核心的党中央高度重视调查研究工作。2017年10月25日，党的十九届一中全会召开，这次中央全会选举产生了新一届中央领导集体，全面贯彻落实党的十九大精神、为实现党的十九大确定的目标任务而奋斗是新一届中央领导集体的重大政治任务和工作主题。在大会讲话中，习近平总书记明确提出“正确的贯彻落实同样也离不开调查研究”②的论断，标志着我们党关于正确决策与调查研究之间具有密不可分的内在关系的思想不但在理论表达形式上已经成熟，而且为全党所广泛认同。一般而言，科学决策是由许多步骤构成的，决策程序主要包括诊断和确定问题、提出决策目标，拟定备选方案，评价和选择方案，实施方案，评估决策效果和反馈调节等重要环节。在诊断和确定问题时，要了解问题的背景、性质、状况、原因、症结；在拟定备选方案时，要对客观环境的变化进行预测，对方案的执行效果进行估计；在评价和选择方案时，要征求有关方面、有关人员对解决问题的想法和对策；在决策评估时，要清楚决策实施情况、已经取得的效果、存在的问题。调查研究的作用主要体现在为决策的各个环节提供准确、可靠的信息。如果离开调查研究，制定实施的方案就容易脱离实际，党中央的决策部署在实践中就会难以贯彻落实，党和国家的事业也会受

① 习近平：《谈谈调查研究》，《学习时报》2011年11月21日。

② 中共中央党史和文献研究院、中央“不忘初心、牢记使命”主题教育领导小组办公室编：《习近平关于“不忘初心、牢记使命”论述摘编》，党建读物出版社、中央文献出版社2019年版，第218页。

到影响。

结论产生在调查研究之后，建立在科学论证基础之上。习近平总书记身体力行、亲力亲为，为全党重视调研、深入调研、善于调研树立了光辉典范。习近平总书记强调："当县委书记一定要跑遍所有的村，当市委书记一定要跑遍所有的乡镇，当省委书记一定要跑遍所有的县市区。"①在正定工作期间，习近平骑着一辆老式凤凰牌"二八"自行车，走遍了全县每一个村。习近平还把桌子支在大街上，坐在那里听取群众意见。1984 年 3 月 28 日，习近平写给正定四大机关一封"共勉信"，号召大家"着眼于基层，着眼于实际"，兴起调查研究的新作风。1988 年 6 月，习近平到福建宁德工作的第一件事就是扑下身子到基层调研，不到三个月习近平就走遍了宁德的九个县，后来又基本跑遍了所有乡镇。特别是 1989 年 7 月 19 日，习近平到寿宁县下党乡调研，下党乡距离县城 40 多公里，处于山区，是个不通公路的省定特困乡。1989 年 7 月 26 日和 1996 年 8 月 7 日，习近平两次来到下党乡，协调解决下党乡建设发展难题。习近平在福建宁德时创造了"四下基层"工作法，下党乡的徒步调研正是习近平所倡导的"现场办公下基层"的起点。随后，习近平逐步建立起以"信访接待下基层、现场办公下基层、调查研究下基层、宣传党的方针政策下基层"为主要内容的"四下基层"工作制度，并对宁德全体党员尤其是领导干部明确提出践行"四下基层"的要求。2002 年 10 月，习近平到浙江工作后展开了密集调研，只用了一年多时间，就跑遍了全省 11 个市和 90 个县(市、区)，制定了"八八战略"，开启了进一步改善民生、实现省域内共享发展的顶层设计和系统谋划。

(四)这是领导干部克服能力恐慌、增强自身本领的有效手段

当前，党面临"四大考验""四大危险"，其中能力不足的危险最为突出。而调查研究是加强领导干部各方面能力，提高个人素质和决策能力、执政本领的最有效、最直接的途径。领导干部在基层调查民情、走访群众的过程，也是不断提升认识能力、判断能力和工作能力的过程。脚上有多少泥土，心中就沉淀多少真情，调查研究多了，基层跑遍、跑深、跑透了，我们的认识就会产生飞跃，相应的工作就会做得更好。当今世界正面临百年未有之大变局，我国发展的内部条件和外部环境正在发生深刻复杂变化，新情况新问题层出不穷，新做法新经验不断涌现，我们要想保持经济社会持续健康发展，

① 《习近平谈治国理政》第 2 卷，外文出版社 2017 年版，第 144～145 页。

就必须深入研判、深入调查、科学决策。我们必须清醒地认识到，党中央的大政方针能否得到贯彻落实，能否达到预期目标，很大程度上取决于广大党员干部能否带头推动。贯彻落实党的方针政策，领导干部必须深入调查研究，正确领会、把握其实质核心。

毛泽东在总结自己的调查研究经验时说："我的经验历来如此，凡是忧愁没有办法的时候，就去调查研究，一经调查研究，办法就出来了，问题就解决了。"[①]领导干部要切实改进调查研究作风，深入基层调查研究，及时掌握第一手情况。要多采用不发通知、不打招呼、不听汇报、不用陪同接待和直奔基层、直插现场的"四不两直"方式，深入了解真实情况，总结经验、研究问题、解决困难、指导工作。

二、准确理解提高调查研究能力的基本内涵

做好调查研究，必须切实提高调查研究能力。调查研究能力是调查能力和研究能力的统称，是从事调查研究活动所需具备的本领和技能。具体来看，调查研究可以分为准备阶段、调查阶段、分析阶段和总结阶段。相应地，提高调查研究能力，就要提高发现问题的能力、收集资料的能力、分析资料的能力、解决问题的能力。

(一)提高发现问题的能力

发现问题是开展调查研究的前提。问题是时代的声音和工作的导向，提高调查研究能力的过程，就是发现问题、解决问题的过程。因此，决策和执行以调查研究为先，而调查研究则以问题为先。有效的调查研究应该是带着问题进行的，把普遍问题找出来、把真实情况摸上来、把基层创新经验总结好，不断完善推动工作的思路和办法。能不能及时发现问题，能不能抓住矛盾的主要方面，考验着各级干部观察、发现、辨别问题的眼力。

提高发现问题的能力，关键要抓准"问题"。各级党委和政府工作千头万绪，有数不清的问题等待探讨研究，调查研究要围绕中心工作，聚焦决策需要，关注重点问题，做到有的放矢。实践表明，问题抓得准不准，直接影响调查研究的最终价值。怎么才能抓准问题？这要求领导干部在调查研究选题时做到"顶天立地"。所谓"顶天"，就是必须把握国情、省情、市情、县情，

① 《毛泽东文集》第 8 卷，人民出版社 1999 年版，第 261 页。

聚焦党中央的重大决策，聚焦党委和政府的工作部署，聚焦实践工作中的突出问题，聚焦社会上的热点、难点问题，以确定选题。所谓“立地”，就是要结合具体工作和群众生活，立足发现和解决问题，把群众普遍关心而又亟待解决的问题反映上来，为决策提供启发或借鉴。因此，调查研究要领会领导的意图，知道领导关注什么；重视群众所需，了解群众疾苦；把握时代脉搏，增强敏锐性。

提高发现问题的能力，要善于抓重点、难点、热点、焦点、弱点和亮点。首先，围绕中央及省市区重大部署和发展战略展开调研，跟踪决策执行情况，反馈实情并提出有效的对策建议。中央及省市区重大部署和发展战略，就是调查研究的重点。要着重在谋全局、抓大事、管方向上下功夫，为决策的制定和落实打好基础。其次，围绕具有前瞻性的重大问题展开调研，提出思路性研究成果。党委和政府的许多决策与未来发展趋势密切相关，调查研究必须具有战略眼光，既要有预见性，又要能看到苗头性和倾向性问题，提出正确的建议。再次，围绕当前热点难点展开调研，关注群众呼声，解决群众最迫切的问题。群众利益无小事，发掘群众最关心、亟待解决的真问题始终是调查研究的一个重大课题。要及时发现群众关注的热点、难点、痛点和堵点，及早找出对策。最后，围绕新生事物和新做法进行调研，及时总结经验，提出政策建议。

（二）提高收集资料的能力

资料的客观性、准确性是调查研究成功的基本保证，是科学决策的“源头活水”。必须提高收集资料的能力，获取系统、客观、准确的第一手资料。这样才能真实准确地弄清事物的真相和全貌，透过现象抓住本质，正确判断问题的性质。

提高收集资料的能力，关键是“资料真实”。只有收集的资料真实可靠，才能找到有规律性的东西，得出符合实际的调查结论。怎样才能保证资料准确？这就要求领导干部在调查研究方法方面要与时俱进，运用科学方法，最大限度排除假象，收集真实可靠的资料，寻求事物的真相。在调研方法上，要在正确运用普遍调查、典型调查、开座谈会、蹲点调查、实地调查等传统方法的同时，进一步拓展调查渠道，丰富调查手段，创新调查方式。特别是适应当今社会信息网络化的特点，把手机、互联网等现代信息设备和技术引入调查研究领域，开展问卷调查、统计调查、抽样调查、网络调查等。要善于运用大数据等现代技术手段采集调研信息，推进传统调查研究向现代调查研究转型，从而提高调查研究的效率和科学性。在调研方式上，可采取解剖麻雀式调查、系统性调查、专题调查、研究总结典型经验、宏观把握与微观分析相结合、静态与动态相结合等方式。在调研力量组成上，必要时可辅以大专院校、科研院所等专业机构为调查研究和科学决策提供更加全面、快捷、翔实的信息资料。

（三）提高分析资料的能力

调查研究不仅是反映问题、收集材料，更是要从丰富的素材中找到事物联系和矛盾的关节点，透过现象看本质、透过特性看共性。在调查研究中，调查是研究的基础，研究是调查的深化，二者相辅相成。

提高分析资料的能力，关键是“分析到位”。资料收集完成后所获得的真实可靠的材料数量庞大、内容繁乱，要对它们进行综合分析，去粗取精、去伪存真，由此及彼、由表及里，把零散的认识系统化，把粗浅的认识深刻化，发现事物的内在规律，找到解决问题的正确办法。去粗取精，就是要甄别出有用资料。要把收集的资料分为“粗”和“精”两类，根据调查研究的主题，淘汰没有价值的材料，保留与调研主题密切相关的材料以及典型材料。去伪存真，就是甄别出真实资料。材料真实可靠是从感性认识上升到理性认识的根本前提，调查研究必须坚持实事求是的原则，不能凭借个人爱好取舍材料，更不能被假象所迷惑。由此及彼，就是甄别出相互联系的材料，是对事物进行横向比较和综合判断。事物总是处于普遍的联系中，只有由此及彼地把握材料内部的种种联系，才能了解事物内部的规律。由表及里，就是甄别出最能反映事物本质的材料，是对事物进行纵向比较和综合判断。

提高分析资料的能力，还要善于采取定性分析和定量分析相结合的方法，运用归纳和演绎、分析与综合以及抽象与概括等方法，依据统计数据、数学模型，对获得的各种材料进行思维加工。使调研能够真正发现问题所在，使调研报告能真正产生有价值的成果。

（四）提高解决问题的能力

调查研究的落脚点是解决问题。调查研究不能是形式主义，要善于在调查研究中找准问题本源、寻求解决途径、增进群众感情，也要善于在调查研究中总结提炼经验，复制推广。

提高解决问题的能力，关键是“措施可行”。从实际出发，进行深入的调查和认真的研究，形成有分量、有见解的调研报告，标志着该项调查研究工作完成了一半。运用调研成果促进问题解决才是调查研究的最终目的，而且是关键一环。“对经过充分研究、比较成熟的调研成果，要及时上升为决策部署，转化为具体措施；对尚未研究透彻的调研成果，要更深入地听取意见，完善后再付诸实施；对已经形成举措、落实落地的，要及时跟踪评估，视情况调整优化。”①

三、科学把握提高调查研究能力的方法途径

（一）强化“三种意识”

思想是行动的先导，提高调查研究能力，首先要从思想上重视调查研究，增强宗旨意识和问题意识。

1.要增强政治意识，心怀大局

目标决定工作方向，开展调查研究首先要坚定正确政治方向，始终与党中央保持高度一致。站高望远，才能有大局观，才能明确解决问题的难点所在，为开展调查研究找准方向。增强政治意识，还要注意到调查研究中存在的普遍问题。一是认为没有必要进行调查研究。认为上级在制定重大政策前已进行了周密调查研究，在执行政策阶段，没必要调查研究；认为通过看材料、听汇报、上网络已经充分了解了情况，没必要深入基层调查研究；认为自己对基本情况非常了解，没必要再专门去做调查研究。二是认为没有时间进行调查研究。认为本职工作太忙，没有时间下基层调查研究；认为下级工作任务太重，接受不了上级的调查研究；认为任务急迫，来不及实施调查研究。三是认为调查研究没有用。有的领导干部认为自己权力小，了解不了什么大问题，知道实际情况又怎样；还有人认为，实际问题早就存在，人人清楚，现在是解决问题，而不是调查研究。

2.要践行宗旨意识，潜心基层

深厚的人民情怀既是我们党全心全意为人民服务根本宗旨的现实要求，也是以人民为中心发展理念的具体体现。缺乏真心实意的调查研究，必

① 《习近平在中央党校（国家行政学院）中青年干部培训班开班式上发表重要讲话强调　年轻干部要提高解决实际问题能力　想干事能干事干成事》，《人民日报》2020 年 10 月 11 日。

然会引发群众的反感，得出来的结论也必然“假、大、空”，依靠如此结论作出的决策更无助于问题的解决。必须身到基层，心也要到基层。放低姿态到群众中去，拉近与群众的空间距离；以诚心打动群众，用诚心换真心，拉近与群众的心理距离。让群众多说话，认真听取群众意见，做好群众的“听众”；拜人民为师，虚心向人民学习。

3.要树立问题意识，有的放矢

必须坚持问题导向，选准选好调研题目，制定详细调研计划，做到带着问题下去、揣着答案回来、推着工作前进。首先，充分认识到调查研究是解决问题的前提、基础。要敢于面对现实中存在的诸多难点、堵点和痛点，直击问题深层机理，以调研结果为依据，科学制定解决问题的方案。其次，把解决问题寓于调查研究过程中，调查研究的过程就是解决问题的过程。最后，充分认识到解决问题是调查研究的目的和落脚点。

(二)念好“五字口诀”

调查研究工作要发扬求真务实的作风，在求“深”、求“实”、求“细”、求“准”、求“效”上下功夫。

1.调查研究要求“深”

“深”就是要深入实际、深入基层、深入群众，到田间、厂矿、群众和社会各层面中去解决问题。强调调查研究必须着眼基层，谨防“走秀”式调研。真实有用的情况、深层次问题往往被浮在表面的现象覆盖，只有“扎”下去，才能“捞”上来。要善于与工人、农民、知识分子和社会各界人士交朋友；要放下架子、扑下身子，深入田间地头和厂矿车间，多同群众座谈，多同干部交流，倾听他们的呼声，体察他们的情绪，感受他们的疾苦，总结他们的经验，吸取他们的智慧。既要听群众的顺耳话，也要听群众的逆耳言；既要让群众反映情况，也要请群众提出意见。尤其对群众最盼、最急、最忧、最怨的问题，更要主动调研，抓住不放。调查研究不能让现场变秀场，不能搞形式、走过场，不能像打造旅游线路一样打造“经典调研线路”。不能无论什么调研主题都去同一条路线，访同一批对象，听同一套说辞，搞“大伙演、领导看”的“走秀”式调研。

2.调查研究要求“实”

“实”就是作风要实,听实话、摸实情、办实事。强调调查研究必须联系群众,谨防“钦差”式调研。2012 年 12 月 4 日,中共中央政治局会议审议通过的《十八届中央政治局关于改进工作作风、密切联系群众的八项规定》,第一项就明确要求改进调查研究,切忌走过场、搞形式主义;要轻车简从、减少陪同、简化接待。这就要求我们在做调查研究时作风要实,真正做到听实话、摸实情、办实事。要紧紧围绕调研主题,实事求是地安排考察内容;既要到工作开展好的地方去总结经验,又要到困难较多、情况复杂、矛盾尖锐的地方调研解决问题。

3.调查研究要求“细”

“细”就是细心听取各方面的意见,深入分析问题,全面掌握情况。强调调查研究要全面细致,慎防“蜻蜓点水”式调研。坚决摒弃“看盆景、出镜头、露露脸”的形式主义调研,善于从群众的“后院”和“角落”里发现问题、找准对策。既摸清综合情况又了解典型案例,既听干部意见又听群众意见,既了解成绩经验又发现问题不足,多层次、多方位、多渠道反映问题。

4.调查研究要求“准”

“准”就是结论要科学准确,善于分析矛盾、发现问题,透过现象看本质,把握规律性的东西。强调调查研究注重运用科学方法,慎防“稀里糊涂”式调研。调查研究包括调查与研究两个环节,调查之后必须要有研究,把感性认识上升到理性认识,找到决定事物发展变化的本质规律。调查研究的结论要科学、准确,必须遵循调查研究的特点和规律,掌握科学的调研方法。领导干部应提高在调查研究中获取、分析和运用数据的意识和能力,以拓展调研渠道、丰富调研手段、创新调研方式。

5.调查研究要求“效”

“效”就是提出解决问题的办法要切实可行,制定的政策措施要有较强的操作性,做到出实招、见实效。强调调查研究要注重实效,慎防“烂尾”式调研。习近平强调:“衡量调查研究搞得好不好,不是看调查研究的规模有多大、时间有多长,也不是光看调研报告写得怎么样,关键要看调查研究的实效,看调研成果的运用,看能不能把问题解决好。”[①]调查研究就是解决问题,调查结束后一定要进行深入细致的思考,把零散的认识系统化,把粗浅的认识深刻化,直至找到事物的本质规律,找到解决问题的正确办法,并把调研成果用于科学决策,切实解决群众关注的问题,提高为民谋福利的实效。

(三)落实“三项制度”

在坚持和加强调查研究方面,我们党相继制定了一系列行之有效的制度,要在实践中不断健全和完善制度,并抓好制度的贯彻落实,使调查研究真正成为各级领导干部自觉的经常性活动。

1.坚持和完善“先调研后决策”的重要决策调研论证制度

2015 年 6 月 12 日,习近平总书记在纪念陈云同志诞辰 110 周年座谈会上指出:“依靠调查研究作决策,是陈云同志坚持实事求是的思想方法和工作方法。每逢重大决策之前,陈云同志总要做大量调查研究,听取多方面意见。他脚踏实地,反对虚夸浮躁、急功近利。他常说:‘领导机关制定政策,要用百分之九十以上的时间作调查研究工作,最后讨论作决定用不到百分之十的时间就够了。’”[②]这是非常有道理的,必须把调查研究贯穿于决策全过程,使之真正成为决策的必经程序,不断提高决策的科学化水平。“对本地区、本部门事关改革发展稳定全局的问题,应坚持做到不调研不决策、先调研后决策。提交讨论的重要决策方案,应该是经过深入调查研究形成的,有的要有不同决策方案作比较。特别是涉及群众切身利益的重要政策措施出台,要采取听证会、论证会等形式,广泛听取群众意见。”[③]要建立和完善调研、决策、执行、监督体系,促进决策制度的落实。

2.坚持和完善领导机关、领导干部的调研工作制度

一方面,建立重大决策主要领导干部亲自调研制度。各种问题特别是重大问题的决策,最后都需要主要负责人去集中各方面的意见并由领导集体决断,而如果主要负责人亲自做了调查研究,同大家有着共同的深切感受

---

① 习近平:《谈谈调查研究》,《学习时报》2011 年 11 月 21 日。
② 习近平:《在纪念陈云同志诞辰 110 周年座谈会上的讲话》,《人民日报》2015 年 6 月 13 日。
③ 习近平:《谈谈调查研究》,《学习时报》2011 年 11 月 21 日。

和体验，那么就更容易在领导集体中形成统一认识和一致意见，更容易作出决定。另一方面，健全全体班子成员调研制度。班子成员都参加调研，有利于各项决策和重大工作的部署落实。2010年2月，中共中央办公厅印发《关于推进学习型党组织建设的意见》，明确要求省部级领导干部到基层调研每年不少于30天，市、县级领导干部不少于60天，领导干部要每年撰写1～2篇调研报告。进入新时代，我们应该继续坚持这些制度，使调查研究真正成为各级领导干部自觉的经常性活动。

3.建立领导干部常规调查制度

调查研究是领导干部的一项基本功。习近平总书记强调，领导干部应当始终坚持和不断加强调查研究。毛泽东一生对调查研究都极其重视，认为没有调查就没有发言权。1958年1月，《工作方法六十条（草案）》中强调："中央和省、直属市、自治区两级党委的委员，除了生病的和年老的以外，一年一定要有四个月的时间轮流离开办公室，到下面去作调查研究，开会，到处跑。"[①]地、县两级的领导人员也应该这样办。中共山东省委决定，省委常委和副省级以上领导干部每年在基层调研不少于两个月。要建立健全领导干部调查研究的长效机制，切实转变工作作风，深入基层，深入调查，科学决策。

---

① 《毛泽东文集》第7卷，人民出版社1999年版，第354页。

6.领导干部要做好调查研究基本功

李国江*

习近平高度重视调查研究能力，指出："调查研究是做好领导工作的一项基本功，调查研究能力是领导干部整体素质和能力的一个组成部分。"①在2020年秋季学期中央党校中青年干部培训班开班式的重要讲话中，习近平总书记明确将"提高调查研究能力"列入年轻干部的能力清单，并将其摆在解决实际问题必备能力的重要位置。这不仅是对年轻干部提高调查研究能力的要求，而且是对全体干部的要求。党的十八大以来，习近平总书记躬行调查研究，在调研实践中不断丰富和发展提高调查研究能力的理论和方法，这为领导干部提高调查研究能力提供了科学的理论和方法指引。

一、科学认识领导干部调查研究能力的内涵

一般来讲，调查研究能力是调研者开展调查研究活动所具有的素质。调查研究是通过各种途径，运用各种方式方法，有计划、有目的地了解事物真实情况，并进行分析加工，从而获得对客观事物本质和规律的认识活动。一方面，调查研究实践是调查研究能力发展的基础和条件，脱离调查研究实践的调查研究能力是纸上谈兵、无源之水、无本之木；另一方面，调查研究能力指导运用于调查研究实践，离开调查研究能力指导的调查研究是盲目实践、无效实践。可见，调查研究是实践，是"体"；调查研究能力是实践中体现

* 李国江，中共山东省委党校（山东行政学院）文史教研部副教授。

① 《习近平在中央党校秋季学期第二批入学学员开学典礼上强调　贯彻六中全会精神　加强调查研究工作》，《人民日报》2011年11月17日。

的素质,是“用”。调查研究和调查研究能力之间的体用关系为理解和把握调查研究能力内涵提供了基本视角。

调查研究是一个由调查和研究两个环节构成的实践活动,其过程一般可以分为四个阶段:第一阶段,准备阶段,根据拟调查问题设计调查方案,进行计划性准备;第二阶段,实施阶段,主要任务是利用各种方法,系统、客观、准确地搜集资料;第三阶段,分析阶段,对搜集到的资料进行审查、整理、统计分析和思维加工,通过资料分析发现问题本质;第四阶段,总结阶段,对整个调查研究工作的质量和成果进行总结,撰写调研报告,提供决策依据。鉴于此,从体用关系角度来看,调查研究能力形成并体现于上述调查研究整个过程之中,其基本内涵体现在四个方面:第一,调查研究能力是发现问题的能力。发现问题是开展调研的前提。爱因斯坦指出:“提出一个问题往往比解决一个问题更重要。”[①]在调查研究中,问题是整个调查研究实践的“的”,调查研究为“矢”,准确发现问题就是做到有的放矢,增强调查研究的针对性。因此,准确发现问题的能力就成为调查研究能力的有机组成部分。第二,调查研究能力是资料搜集的能力。客观、准确的资料是调查研究成功的基本保障,是科学决策的“源头活水”。能否运用科学的方法搜集资料,是衡量调查研究者调查研究能力高低的重要标准。第三,调查研究能力是资料分析的能力。调查搜集到的材料一般是不系统的,需要对材料进行梳理分析,从材料中由表及里、层层深入地发掘问题的性质和原因。围绕调研问题,运用科学分析方法对资料进行分析,构成了调查研究能力的又一基本内容。第四,调查研究能力是解决问题的能力。解决问题是调查研究的根本目的。结合对搜集到的资料的科学分析,得出可以解决实际问题的结论或观点,这是调研者是否具备解决问题能力的直接体现。上述四个方面的能力与调查研究实践紧密相连,贯穿于调查研究实践全过程,并指导运用于调查研究实践。它是调研者从事调查研究均需具备的基本调查研究能力。

尽管调查研究是人们认识事物所普遍采用的方法和技术,但是由于调查研究实践的语境不同,致使对调查研究能力的理解和认识不同。这不仅体现在学术话语语境和政治话语语境下的差异,而且单就政治话语语境而言,不同意识形态下所持的哲学观和方法论不同,也会使得对调查研究能力的理解和认识存有差异,从而产生特定内涵。就中国共产党人所使用的领

---

① [德]A.爱因斯坦、[波兰]L.英费尔德:《物理学的进化》,周肇威译,上海科学技术出版社1962年版,第66页。

导干部“调查研究能力”概念而言，它是在马克思主义即历史唯物主义和唯物辩证法的世界观和方法论的指导下所形成的特定概念，具有特定的含义。领导干部调查研究能力是指领导干部在工作特别是领导工作中通过走群众路线，科学运用调查研究方法，认识和把握客观事物的真实状况和发展变化规律，反映群众的利益、愿望、诉求，为制定和执行政策提供真实信息的本领。领导干部调查研究能力在具备基本内涵的同时，又特别注重三个方面的特定内涵：一是调查研究能力是走群众路线的能力。考察我党历史上对调查研究的强调可以发现，群众路线指引深入基层既是标准要求，也是特色体现。在强调全渠道、多层次、多向度调查研究的同时，走群众路线、“眼睛向下”的调研始终是最根本的向度。总之，缺少“眼睛向下”向度的调查研究，往往被视为不成功的调研。习近平总书记指出：“要拜人民为师、向人民学习，放下架子、扑下身子，接地气、通下情，深入开展调查研究，解剖麻雀，发现典型，真正把群众面临的问题发现出来，把群众的意见反映上来，把群众创造的经验总结出来。”[①]因此，走群众路线，“眼睛向下”开展调查研究，是领导干部调查研究能力的基本素质，也是领导干部提高调查研究能力的价值取向和检验标准。领导干部只有具备调查研究能力才能走好党的群众路线。同时，也只有走好党的群众路线，始终保持“眼睛向下”，才能提高调查研究能力，做好调查研究。二是调查研究能力是为民服务能力。全面认识和把握客观规律是调查研究能力的一项基本内容。就领导干部调查研究能力而言，领导干部调查研究的直接目标是在全面认识和把握客观规律的基础上，实现和维护好人民群众的根本利益。以人为本、以人民为中心是领导干部调查研究能力的核心所在。为此，领导干部通过调查研究把握和认识客观规律，服务于人民群众的利益、愿望和要求。可见，领导干部调查研究能力集中地体现了维护和实现人民利益的价值立场，是做到服务于民与追求价值有机统一的能力。三是调查研究能力是面向实践的指导能力。能够发现问题，并围绕问题进行调研，进而认识问题和解决问题，是调查研究者具备的基本能力。就领导干部调查研究能力而言，它不能仅仅停留在对问题的理论认识或理论总结层面，而是要做到从实践中来，再回到实践中去。也就是说，不论是找寻的思路还是总结的经验，也不论是提出的理论见解还是作出的科学决策，总是要运用并指导群众实践，接受实践的检验。因此，

① 《习近平在中央党校(国家行政学院)中青年干部培训班开班式上发表重要讲话强调　在常学常新中加强理论修养　在知行合一中主动担当作为》，《人民日报》2019年3月2日。

指导实践是领导干部开展调查研究的最终归宿。面向实践的指导能力集中体现了领导干部调查研究能力的价值追求。

总的来说，调查研究能力是一种基本工作本领。从一般意义上讲，调查研究能力体现了调查研究主体的调查研究实践素质，贯穿于调查研究实践全过程，并指导调查研究实践。就我国领导干部调查研究能力而言，在马克思主义指导下它所蕴含的特定内涵，更应成为提高领导干部调查研究能力的重点和方向。

二、正确理解领导干部提高调查研究能力的价值

习近平指出："调查研究不仅是一种工作方法，而且是关系党和人民事业得失成败的大问题。"[①]在新时代新征程上，领导干部的调查研究能力不仅关乎调查研究的成效，更关乎新时代党和国家事业发展的大问题。因此，领导干部在持续做好调查研究工作的过程中不断提高调查研究能力也就具有了重要价值。

（一）理论价值：提高调查研究能力是坚持马克思主义认识论的必然要求

马克思主义认识论首先是可知论，认为客观物质世界是可知的，人们不仅能够认识物质世界的现象，而且可以透过现象认识其本质；其次是实践论，认为实践是认识的基础、认识的来源、认识发展的动力、认识的目的和检验认识真理性的唯一标准。马克思主义认识论把辩证法运用于认识论之中，强调认识是一个不断深化的能动的辩证发展过程，表现在认识和实践的关系上，强调认识来自实践，又反过来指导实践，为实践服务，是从实践到理论、理论到实践、实践再到理论的深刻现实运动，不是从理论到理论的简单逻辑推演。

实践的观点是马克思主义认识论的基本观点，实践性是马克思主义理论区别于其他理论的显著特征。毛泽东同志指出："一切结论产生于调查情况的末尾，而不是在它的先头。"[②]调查研究要坚持实事求是的原则。要树立

① 《习近平在中央党校秋季学期第二批入学学员开学典礼上强调　贯彻六中全会精神　加强调查研究工作》，《人民日报》2011 年 11 月 17 日。

② 《毛泽东选集》第 1 卷，人民出版社 1991 年版，第 110 页。

求真务实的作风，坚持追求真理、修正错误的勇气，从客观实际出发，坚持结论产生在调查研究之后，建立在科学论证的基础上。深入基层、深入实际，面向干部群众了解情况、商量问题，对领导干部实际感受和思想认识所起的作用是听汇报、看材料所无法比拟的。只有经常地、深入细致地调查研究，坚持发展地而不是静止地、全面地而不是片面地、系统地而不是零散地、普遍联系地而不是单一孤立地观察事物，才能掌握真实情况、把握客观规律，使自己的认识符合实际情况，使工作的思路、点子、举措符合基层和群众意愿，使发展中面临的各种难题得到有效解决。中国共产党是以马克思主义为指导思想的政党，总结党的历史经验，习近平指出："回顾我们党的发展历程可以清楚地看到，什么时候全党从上到下重视并坚持和加强调查研究，党的工作决策和指导方针符合客观实际，党的事业就顺利发展；而忽视调查研究或者调查研究不够，往往导致主观认识脱离客观实际、领导意志脱离群众愿望，从而造成决策失误，使党的事业蒙受损失。"①调查研究正是对客观物质世界进行科学认识，并将认识转化成理论以指导、推进实践的过程。不断提高调查研究能力，可以在调查研究中更有效地指导马克思主义认识论的实践，从而实现对客观物质世界的科学认识。在此意义上，提高调查研究能力是坚持马克思主义认识论的必然要求。

（二）历史价值：提高调查研究能力是继承发扬党的优良传统的必然要求

调查研究是中国共产党人的重要思想方法和工作方法。习近平指出："重视调查研究，是我们党在革命、建设、改革各个历史时期做好领导工作的重要传家宝。"②回望中国共产党的百年历程，在马克思主义与中国实际相结合的过程中，中国共产党人始终把调查研究放在重要位置。在土地革命时期，毛泽东从中国革命实际出发，做了大量的调查研究。1927 年 1 月 4 日至 2 月 5 日，毛泽东深入湖南湘潭、湘乡、衡山、醴陵、长沙五县实地考察，写成了《湖南农民运动考察报告》，有力地答复了当时党内外对于农民革命的责难，推动了农村革命运动的发展。1927 年 10 月中旬，毛泽东经过江西永新调研，作出了上井冈山的决定。1927 年 11 月，在对江西宁冈调研的基础上，

---

① 《习近平在中央党校秋季学期第二批入学学员开学典礼上强调　贯彻六中全会精神　加强调查研究工作》，《人民日报》2011 年 11 月 17 日。

② 《习近平在中央党校秋季学期第二批入学学员开学典礼上强调　贯彻六中全会精神　加强调查研究工作》，《人民日报》2011 年 11 月 17 日。

毛泽东作出了建立井冈山根据地的重大决定。正是通过这些调查研究活动，毛泽东等老一辈革命家才正确了解了中国社会，认识到了农民问题就是中国革命的重要问题，认识到了农民是中国革命的主力军，成功找到了中国革命的坚实基础，走出了一条工农武装割据、农村包围城市的符合中国国情的革命道路。抗日战争时期，党中央经过认真的实地调研，全面开展了大生产运动，成功解决了当时没饭吃、没衣穿的困难。解放战争时期，党中央经过全面而具体的考察，作出了转战陕北的正确决策，成功甩开了国民党部队的追击，最终取得了革命胜利。新中国成立后的建设时期，面对“大跃进”造成的困难局面，毛泽东向全党发出了“大兴调查研究之风”的号召，中央领导人身体力行，深入实际调查研究，使得全党对“大跃进”以来形成的困难局面有了比较客观清楚的认识，推动了经济调整工作的进行。进入改革时期，邓小平指出：“县以上领导机关要把调查研究恢复起来，作为永远的、根本的工作方法。”①“离开群众经验和群众意见的调查研究，那末，任何天才的领导者也不可能进行正确的领导。”②1992 年 1 月 18 日至 2 月 21 日，邓小平先后赴武昌、深圳、珠海和上海视察，并发表了重要的“南方谈话”，回答了一系列关于中国改革发展的重大认识问题，把改革开放和现代化建设推向了新的发展阶段。习近平始终坚持调查研究的工作作风，指出：“我牢记毛泽东同志的至理名言，坚持调研开局、调研开路，凡事眼睛向下，先当学生，不耻下问，问计于基层、问计于群众，每年至少用三分之一以上时间深入基层和部门调查研究。”③党的十八大以来，习近平总书记提倡大兴调查研究之风，并身体力行，体察实际，深入社会实践的足迹遍布祖国大江南北。习近平总书记注重从调查研究中发现问题、认识国情、寻求规律，在调查研究中孕育符合实际、揭示规律的理论思考、战略思考，提出切实可行、有效管用的方针政策，着力完成了中国共产党既定的战略目标。总起来看，在中国共产党领导中国发展的历程中，中国共产党人始终把调查研究放在重要位置，利用调查研究解决问题，化解矛盾，赢得发展。调查研究成为中国发展历程中的谋事之基、成事之道，是中国共产党的优良传统。继承和发扬党的这一优良传统，需要领导干部具备高水平的调查研究能力。只有具备和保持高水平的调查研究能力，才能确保调查研究有效有序开展，才能保证调查研究这一“传家

---

① 《邓小平文集（1949～1974 年）》下卷，人民出版社 2014 年版，第 82 页。

② 《邓小平文选》第 1 卷，人民出版社 1994 年版，第 219 页。

③ 习近平：《干在实处　走在前列——推进浙江新发展的思考与实践》，中共中央党校出版社 2006 年版，“自序”，第 2～3 页。

宝”不会丢，才能使我党这一优良传统不断得到赓续传承。因此，在新时代，不断提高调查研究能力成为继承和发扬调查研究这一优良传统的必然要求。

（三）现实价值：提高调查研究能力是实现新时代目标任务的必然要求

客观事物是不断发展变化的，新矛盾新问题时时刻刻都在出现，我们所肩负的任务是不断变化的。习近平总书记指出：“经过长期努力，中国特色社会主义进入了新时代，这是我国发展新的历史方位。”①中国特色社会主义新时代，是接续实现“两个一百年”奋斗目标，全面建设社会主义现代化强国的时代。实现新时代奋斗目标所面临的内外部环境变化带来的各种风险和挑战，需要通过不断提高调查研究能力来应对挑战。

1.调查研究能力是领导干部克服本领恐慌的法宝

“本领恐慌”是毛泽东在延安学习运动中提出的。1939 年 5 月 20 日，毛泽东在延安在职干部教育动员大会上说：“现在我们的队伍里面发生了这样一个矛盾，就是我们的干部不学习便不能够领导工作。”“我们队伍里边有一种恐慌，不是经济恐慌，也不是政治恐慌，而是本领恐慌。”②2013 年 3 月 1 日，习近平总书记在中央党校建校 80 周年庆祝大会暨 2013 年春季学期开学典礼上的讲话中重申，“本领恐慌”在党内相当一个范围、相当一个时期都是存在的，并告诫“全党同志特别是各级领导干部，都要有本领不够的危机感，都要努力增强本领，都要一刻不停地增强本领”③。这就是说，过去积累的知识和本领，今天用一些，明天用一些，总有用光的时候，如果不抓紧增强本领，久而久之，就难以胜任日益繁重的任务和工作岗位上的更高要求。新时代，知识更新速度加快、更新周期缩短，再加之现实中缺乏“本领恐慌”意识，导致各级领导干部知识储备不够和能力不足，难以应对专业问题。本领恐慌成为党在新时代面临的新课题。如何解决本领恐慌的问题？习近平总书记告诫我们增强本领就要加强学习，并强调指出：“要努力学习各方面知识，努力在实践中增加才干，加快知识更新，优化知识结构，拓宽眼界和视野，着

① 习近平：《决胜全面建成小康社会　夺取新时代中国特色社会主义伟大胜利——在中国共产党第十九次全国代表大会上的报告》，人民出版社 2017 年版，第 10 页。

② 《毛泽东文集》第 2 卷，人民出版社 1993 年版，第 177、178 页。

③ 《习近平谈治国理政》第 1 卷，外文出版社 2018 年版，第 403 页。

力避免陷入少知而迷、不知而盲、无知而乱的困境，着力克服本领不足、本领恐慌、本领落后的问题。”①调查研究是以解决重大现实问题为根本出发点的，在这一意义上，调查研究就是一种学习过程。通过调查研究，领导干部既能向书本学习也能向实践学习，既能向人民群众学习也能向专家学者学习，既能借鉴国内外经验也能汲取其中的教训。毛泽东曾在总结自己的领导工作经验时说：“凡是忧愁没有办法的时候，就去调查研究，一经调查研究，办法就出来了，问题就解决了。”②可见，调查研究是增强本领、克服本领恐慌的法宝。习近平总书记在党的十九大报告中指出：“我们党既要政治过硬，也要本领高强。”③这对新时代各级领导干部不断鞭策自己、克服“本领恐慌”提出了更高要求。为此，新时代各级领导干部更需要不断提高调查研究能力，以此提高工作本领，来适应不同地方、部门、岗位所赋予的责任。

2.调查研究能力是作出正确决策的基本前提

作出科学决策的根本前提是对客观情况的准确把握。1930 年 5 月，毛泽东在《反对本本主义》中提出了“没有调查，没有发言权”④的著名论断。该论断让广大党员干部深刻理解了调查研究对于做好一切工作的重要意义，同时也深刻地揭示了一个道理，即在没有真正了解问题的情况下不应该对问题指手画脚，否则会延误或错误地解决问题。习近平总书记进一步强调：“调查研究是谋事之基、成事之道。没有调查，就没有发言权，更没有决策权。”⑤可见，调查研究是正确决策的基本功。但是，科学调查研究的开展需要调查研究能力做支撑。缺乏调查研究能力，做不好调查研究，就搜集不到客观真实的第一手资料，就作不出正确决策。新时代面临的新情况新问题，靠闭门造车不行，靠老经验不行，唯一的办法就是不断提高调查研究能力，指导开展科学调查研究，掌握真实情况，把握客观规律。领导干部提高调查研究能力成为作出科学决策的必然要求。

---

① 习近平：《序言》，全国干部培训教材编审指导委员会组织编写：《全面建成小康社会与中国梦》，人民出版社、党建读物出版社 2015 年版，第 2 页。

② 《毛泽东文集》第 8 卷，人民出版社 1999 年版，第 261 页。

③ 习近平：《决胜全面建成小康社会　夺取新时代中国特色社会主义伟大胜利——在中国共产党第十九次全国代表大会上的报告》，人民出版社 2017 年版，第 68 页。

④ 《毛泽东选集》第 1 卷，人民出版社 1991 年版，第 109 页。

⑤ 《习近平在武汉召开部分省市负责人座谈会时强调　加强对改革重大问题调查研究　提高全面深化改革决策科学性》，《人民日报》2013 年 7 月 25 日。

3.提高调查研究能力是改进工作作风的有效途径

习近平总书记强调:“工作作风上的问题绝对不是小事,如果不坚决纠正不良风气,任其发展下去,就会像一座无形的墙把我们党和人民群众隔开,我们党就会失去根基、失去血脉、失去力量。”①一段时间以来,官僚主义、形式主义、享乐主义和奢靡之风依然不同程度地存在,这严重违背了我们党的性质和宗旨,也为人民群众所深恶痛绝。改进工作作风,从根本上讲是密切联系群众,走群众路线。在此改进方向上,坚持马克思主义的科学调查研究是一条有效的改进途径。从性质上讲,调查研究是一种工作内容,也是一种工作方法,更是一种工作态度和工作作风。马克思主义指导下的科学调查研究内含群众路线、实事求是的标准要求。简而言之,开展马克思主义指导下的科学调查研究,是有效的工作方法、端正的工作态度和优良的工作作风的展现;同时,也是对上述方面存在的不良现象的规避和抵制。在此意义上,坚持倡导马克思主义指导下的科学调查研究能够更好地加强与人民群众的联系,了解群众的困难和意见,解决人民群众的实际问题,维护人民群众的利益,从根本上破除党和人民群众之间的无形之墙。因此,领导干部调查研究能力的提高有助于推动马克思主义指导下的科学调查研究的开展,有利于推动当前工作作风的改进。

三、精准把握提高领导干部调查研究能力的要求

从调查研究和调查研究能力的体用关系来看,调查研究能力的提高离不开调查研究实践,否则,提高调查研究能力将成为纸上谈兵。习近平总书记指出:“一定要学会调查研究,在调查研究中提高工作本领。”②调查研究能力作为一种本领,需要在调查研究实践中加以训练提高。

(一)坚持实事求是调研原则

“实事求是”是马克思主义的根本观点,是中国共产党人认识世界、改造世界的根本要求,是党的基本思想方法、工作方法、领导方法。调查研究能

① 《习近平谈治国理政》,外文出版社2014年版,第387页。

② 《习近平在中央党校(国家行政学院)中青年干部培训班开班仪式上发表重要讲话强调 年轻干部要提高解决实际问题能力 想干事能干事干成事》,《人民日报》2020年10月11日。

力是在调查了解和分析研究客观实际情况基础上，提出解决问题的方法和对策的能力。其本质是一种科学认识世界、改造世界的能力。因此，提高调查研究能力必须坚持“实事求是”的原则要求。

1.提高调查研究能力要做到“求实”

习近平指出：“坚持实事求是，最基础的工作在于搞清楚‘实事’，就是了解实际、掌握实情。”[①]“求实”就是调查了解清楚客观事物的实际情况，做到情况明。如何做到“求实”？一是要深入实际。客观事物的实际情况存在于人民群众的社会实践之中，不深入社会实践，就不会了解掌握客观事物的本来面貌。二是要细致全面。细致全面是指在深入实际的基础上，认真听取各方面的意见，掌握全面情况，做到细致全面调研，同时避免错误的调查做法。一方面，要避免偏听偏看的片面调查，即只看典型的“盆景式调研”，只走规定路线的“准备式调研”；另一方面，要避免先入为主的主观调查，即只搜集符合自己想法和意见的“主观式调研”。三是要作风务实，即调研者对调研工作所持的脚踏实地、不脱离实际的态度。深入实际调研是“求实”的基础，细致全面调研是“求实”的关键，而作风务实调研是“求是”的保障。

2.坚持实事求是调研原则要做到“求是”

习近平指出调查研究要“准”。“‘准’，就是不仅要全面深入细致地了解实际情况，更要善于分析矛盾、发现问题，透过现象看本质，把握规律性的东西。”[②]看到本质、把握规律就是调查研究的“求是”。如何做到“求是”？一是要重视调查研究，正确处理调查与研究的关系。首先，调查是“求实”，是搞清楚“实事”，是一种感性认识；研究是“求是”，是找到事物本质规律，是一种理性认识。其次，调查是研究的前提和基础，研究是调查的发展和深化。最后，调查的是问题的真相，研究的是问题的本质。二者紧密相联、有机结合，共同构成调查研究的完整过程。二是要善于研究。习近平强调：“调查结束后一定要进行深入细致的思考，进行一番交换、比较、反复的工作，把零散的认识系统化，把粗浅的认识深刻化，直至找到事物的本质规律，找到解决问题的正确办法。”[③]这指出了调查研究要想做到“求是”需要掌握运用分析研

---

① 习近平：《坚持实事求是的思想路线》，《学习时报》2012 年 5 月 28 日。

② 习近平：《之江新语》，浙江人民出版社 2007 年版，第 1 页。

③ 习近平：《谈谈调查研究》，《学习时报》2011 年 11 月 21 日。

究方法。另外,还需要避免只调查不研究,或者深调查浅研究的错误做法。

(二)坚持问题导向调研意识

坚持问题导向,就是要做到调查研究“有的放矢”,找准问题这个“的”。习近平指出:“领导干部搞调研,要有明确的目的,带着问题下去,尽力掌握调研活动的主动权。”[①]这明确强调,开展调查研究不是为了调查而调查,而是着眼于解决实际问题,要求从调研一开始就要坚持问题导向,不搞漫无目的、走马观花式的调查研究。在开展调查研究之前,必须对调研问题做到心中有数。只有这样才能使调查研究始终紧扣问题,增强调研的针对性,使调研得出的决策更加科学有效,从而提高调查研究的成效。习近平指出:“衡量调查研究搞得好不好,不是看调查研究的规模有多大、时间有多长,也不是光看调研报告写得怎么样,关键要看调查研究的实效,看调研成果的运用,看能不能把问题解决好。”[②]因此,调查研究要始终紧扣问题,针对问题研究治本之策,在努力提高调查研究实效中不断增强调查研究的能力。

(三)坚持运用科学调研方法

调查研究是一项科学性认识实践活动。开展好调查研究,必须学习和掌握正确的调查研究方法。在调查研究的长期实践中,积累形成了较丰富的调查研究方法。调查的方法有多种,最主要、最基本的有实地观察法、访谈调查法、会议调查法、问卷调查法、抽样调查法、典型调查法、统计调查法、文献调查法等。分析研究的基本方法包括定性分析研究方法和定量分析研究方法。其中定性分析研究具体可采用比较法、分析法、综合法、因果分析法、系统分析法、矛盾分析法、分类研究法等,而定量分析研究中最重要和应用最广泛的分析方法是统计分析。以上是调查研究经常采用的传统方法。

习近平指出:“调查研究方法也要与时俱进。在运用我们党在长期实践中积累的有效方法的同时,要适应新形势新情况特别是当今社会信息网络化的特点,进一步拓展调研渠道、丰富调研手段、创新调研方式,学习、掌握和运用现代科学技术的调研方法,如问卷调查、统计调查、抽样调查、专家调查、网络调查等,并逐步把现代信息技术引入调研领域,提高调研的效率和科学性。”[③]新时代科学技术日新月异,新的信息手段层出不穷,这就需要不

---

① 习近平:《谈谈调查研究》,《学习时报》2011 年 11 月 21 日。

② 习近平:《谈谈调查研究》,《学习时报》2011 年 11 月 21 日。

③ 习近平:《谈谈调查研究》,《学习时报》2011 年 11 月 21 日。

断增强调查研究的创新思维，善于将新科技运用于调查研究之中，与传统调查研究方法相结合，最大限度地发挥调查研究的效能。随着现代科技的发展，利用信息工具了解和掌握情况成为不容忽视的调查方法；掌握大数据也是一种很重要的调查和分析研究方法。

（四）坚持建立完善调研制度

调研制度是规范调查研究实践的准则。习近平强调："建立和完善制度，保证调查研究经常化。"[①]行之有效的调研制度，有助于实现调查研究的常态化。只有实现调查研究经常化、常态化，才能在调研实践中不断提高调查研究能力。

1.坚持和完善先调研后决策的重要决策调研论证制度

重要决策调研论证制度，把调查研究贯穿于重大决策的全过程，使调查研究真正成为重大决策的必经程序，确保不调研不决策，先调研后决策。陈云曾强调："领导机关制定政策，要用百分之九十以上的时间作调查研究工作，最后讨论作决定用不到百分之十的时间就够了。"[②]要通过制度机制设计，把调查研究贯穿于重大决策的全过程，使调查研究真正成为重大决策的必经程序。20 世纪 90 年代，时任中共福州市委书记的习近平为解决平潭县贫困问题以实现发展，成立了联合调研组并担任组长，组织开展了广泛深入的调研，在此基础上作出了要从当地实际出发，把扶贫解困同基础设施建设结合起来，把省市支持与自我优势潜力结合起来，把改革开放与加强管理结合起来的发展决策，加速了平潭的发展。

2.坚持和完善领导机关、领导干部带头的调研工作制度

领导干部要带头调查研究，拿出一定时间深入基层，特别是主要负责人要亲自主持重大课题的调研，拿出对工作全局有重要指导作用的调研报告。20 世纪 80 年代，时任中共正定县委书记的习近平写信要求县里"四大班子"领导下基层调研，并提出具体要求，要求领导干部以身作则、带头调研，有效改变了正定县领导干部作风，有力促进了基层问题的解决。

---

① 习近平：《谈谈调查研究》，《学习时报》2011 年 11 月 21 日。

② 《陈云文选》第 3 卷，人民出版社 1995 年版，第 189 页。

3.坚持和完善领导干部联系点制度

建立领导干部联系点，是防止领导干部脱离群众的一种重要手段，是发现和解决基层群众所想、所急、所盼的重要渠道。2014 年，习近平总书记在党的群众路线教育实践活动总结大会上的讲话中强调："必须相信群众、敞开大门。'知屋漏者在宇下，知政失者在草野。'让群众满意是我们党做好一切工作的价值取向和根本标准，群众意见是一把最好的尺子。"①要面向基层群众，在基层群众实践中发现问题、解决问题。而要做到这一点，就要联系基层点进行蹲点调研，始终关心基层联系点，关心联系点的群众。联系点制度是保证调查研究经常化的一种有效途径，有助于在持续的调查研究实践中锻炼提高调查研究能力。

综上所述，从调查研究和调查研究能力的体用关系来看，提高调查研究能力需要把握落实基于调查研究实践的要求。在调研原则上坚持实事求是，在调研意识上坚持问题导向，在调研方法上坚持运用科学方法，在调研制度上坚持完善调查研究实践准则。

结语

调查研究是做好工作的基本功，调查研究能力是做好工作的基本能力。马克思主义指导下的调查研究对领导干部提高调查研究能力提出了更高的标准要求。新时代领导干部提高调查研究能力，不仅有助于坚持马克思主义认识论的指导，更好传承调查研究优良传统，而且对实现新征程上的奋斗目标具有重要意义。当前，实现新时代的目标任务面临诸多新情况、新问题和新矛盾，这对领导干部提高调查研究能力提出了新的要求。为此，要贯彻落实习近平总书记关于提高调查研究能力的指示精神，把握落实好提高调查研究能力的要求，努力提高调查研究能力，以科学研判和决策应对时代挑战。

---

① 习近平：《在党的群众路线教育实践活动总结大会上的讲话》，人民出版社 2014 年版，第 10 页。

7.提高科学决策能力　担负时代职责重任

丁法迎*

决策是领导机关和领导干部的一项基本职能和工作职责。能否实现科学决策,关键在于决策者的思想方法和决策能力。科学决策是科学执政、合理行政的基础,是治国理政的重要方式方法,也是新时代对领导干部特别是年轻干部提出的基本要求。面对当今世界百年未有之大变局,在实现中华民族伟大复兴的新征程上,国内国际形势日益复杂,不确定性不稳定性因素日益增加,党和政府面临的决策环境、决策目标等都发生了深刻复杂的变化,这对领导干部特别是年轻干部的决策素质和决策能力提出了更高要求。习近平总书记在2020年10月10日中央党校(国家行政学院)秋季学期中青年干部培训班开班式上发表重要讲话,将"科学决策能力"作为领导干部特别是年轻干部必须提高的七种能力之一,意义重大,影响深远,为领导干部特别是年轻干部提高解决实际问题能力,想干事、能干事、干成事,更好肩负起新时代的职责和使命指明了方向。

一、自觉担负时代重任的必然要求

我们党历来高度重视领导干部决策能力的培养和提升。毛泽东主席经常在阐述领导方法时,把决策方法、思想方法和工作方法结合在一起谈。邓小平同志作为党的第一代领导集体的重要成员和第二代领导集体的核心,虽然没有专门论述决策能力,但具有丰富的决策实践经验,已经形成了包括决策的基本立场和基本方法在内的决策思想。

---

* 丁法迎,中共山东省委党校(山东行政学院)科学社会主义教研部副主任、教授。

在新时代，提高领导干部特别是年轻干部的科学决策能力是应对世情、国情、党情以及克服本领恐慌、提高解决实际问题能力，使干部想干事、能干事、干成事，从而自觉担负时代重任的必然要求。

（一）应对日趋复杂世界形势的需要

从国际形势来看，当今世界正经历百年未有之大变局，世界形势日趋复杂，不确定性不稳定性因素日益增加。政治多极化、经济全球化、文化多元化和社会信息化不断向纵深发展，保护主义、单边主义、地缘政治风险上升，尤其是近年来世界经济深度衰退，全球产业链供应链面临冲击，使这个大变局加速变化，国际政治、经济、文化、科技、安全格局等发生深刻调整，世界进入动荡变革期，人类面临的全球性风险和挑战更加严峻。当前和今后一个时期，我们都将面临更为复杂的外部环境，必须做好应对一系列新的风险挑战的准备。这对领导干部提出了更高要求，迫切需要领导干部提升科学决策能力以应对和防范化解风险挑战。

（二）适应国内形势发展变化完成党和国家提出的战略任务的必然要求

当前，我国正处在全面建设社会主义现代化国家新征程的关键时期。党的十八大以来，党和国家事业取得了历史性成就，发生了历史性变革，“两个一百年”奋斗目标的第一个百年奋斗目标已经实现，第二个百年奋斗目标正式启动，我国具有多方面优势和条件。面对新征程、新阶段、新矛盾、新任务，习近平总书记在 2022 年 7 月省部级主要领导干部“学习习近平总书记重要讲话精神，迎接党的二十大”专题研讨班上发表重要讲话，强调指出：“10 年来，我们遭遇的风险挑战风高浪急，有时甚至是惊涛骇浪，各种风险挑战接踵而至，其复杂性严峻性前所未有。”[①]目前，进入新发展阶段，贯彻新发展理念，实现高质量发展，构建新发展格局，需要解决的问题会越来越多样、越来越复杂，解决发展上存在的不平衡不充分问题，满足人民群众对美好生活的向往任重道远，创新能力不适应高质量发展要求，农业基础还不稳固，城乡区域发展和收入分配差距较大，生态环保任重道远，民生保障存在短板，社会治理还有弱项。扎实做好“六稳”工作、全面落实“六保”任务，为在本世

① 《习近平在省部级主要领导干部“学习习近平总书记重要讲话精神，迎接党的二十大”专题研讨班上发表重要讲话强调　高举中国特色社会主义伟大旗帜　奋力谱写全面建设社会主义现代化国家崭新篇章》，《人民日报》2022 年 7 月 28 日。

纪中叶把我国建设成为富强民主文明和谐美丽的社会主义现代化强国、实现中华民族伟大复兴提供坚实基础,创造有利条件。习近平总书记指出:“党面临的长期执政考验、改革开放考验、市场经济考验、外部环境考验具有长期性和复杂性,党面临的精神懈怠危险、能力不足危险、脱离群众危险、消极腐败危险具有尖锐性和严峻性,这是根据实际情况作出的大判断。”①所有这些变化,对广大党员干部尤其是年轻干部提出了一系列重大要求。我们必须以更严的标准、更实的措施加强干部队伍建设,不断提高干部队伍素质,培养和造就一支宏大的具有较高科学决策能力的高素质干部队伍。

(三)解决决策本领恐慌的客观要求

面对新时代提出的新任务,广大党员干部尤其是年轻干部肩负职责使命,其能力素质亟待提升。新时代领导干部的决策本领恐慌,主要表现为思想上有束缚、视野上有局限、能力上有短板、知识上有弱项、经验上有不足、作风上有缺陷。正如2013年3月习近平总书记在中央党校建校80周年庆祝大会暨2013年春季学期开学典礼上的讲话中所指出的:“很多同志有做好工作的真诚愿望,也有干劲,但缺乏新形势下做好工作的本领,面对新情况新问题,由于不懂规律、不懂门道、缺乏知识、缺乏本领,还是习惯于用老思路老套路来应对,蛮干盲干,结果是虽然做了工作,有时做得还很辛苦,但不是不对路子,就是事与愿违,甚至搞出一些南辕北辙的事情来。”②对此,习近平总书记告诫我们,本领恐慌问题“在党内相当一个范围、相当一个时期都是存在的”③。决策本领恐慌具体表现在以下几个方面。

一是科学决策水平不够高,主动倾听群众呼声的意识不强。有些决策科学性不强,比较盲目,工作靠拍脑门、凭经验,不切合实际,导致决策不全面、不连贯和不可持续的问题。在科学决策前期,深入基层、调查研究的意识不够,主动入户走访、贴近群众的意识不强,调查不具体、不细致,针对性不强,对数据的分析不透彻,利用不到位,最终导致决策出现偏差。

二是班子协调配合意识有所欠缺,协同推动地区发展的水平不高。工作班子整体把握工作、协调推进工作的能力不足,有本位主义倾向。有的班

---

① 《习近平谈治国理政》第3卷,外文出版社2020年版,第222页。

② 习近平:《在中央党校建校80周年庆祝大会暨2013年春季学期开学典礼上的讲话》,《人民日报》2013年3月3日。

③ 习近平:《在中央党校建校80周年庆祝大会暨2013年春季学期开学典礼上的讲话》,《人民日报》2013年3月3日。

子成员只关注自己的“一亩三分地”，不属于自己工作范围的不愿过多了解、不愿过多发表意见，存在“事不关己，高高挂起”的现象。

三是政绩观错位。有的把职务晋升作为出发点，有的把巩固个人领导权威作为重点，有的把塑造自身优质形象作为落脚点。有的领导干部在主导和开展决策工作时，首要的考量不是如何才能保障科学性与有效性，而是哪种决策方案最亮眼、最好看、最出彩，把决策工作的直观化效应和外在性亮点作为决策考虑的主要因素。这是典型的靠形象工程换取职务晋升资本的表现。这类领导干部把有利于自身职业发展作为一切管理工作的出发点和立足点，以博取上级领导关注为落脚点，表现在决策工作中，就是不看实效看表象、不看长久看眼前、不看全局看局部。在选取和确定决策方案时，这些领导干部一味选取那些拿得出手、摆得上台面的方案。例如，当前某些地方政府兴师动众、耗费巨资大搞形象工程，就是典型的决策自利化的表现，而创造职务晋升资本则是推动领导干部做出这一行为的主导动力。领导干部决策自利化的另一个典型表现是把巩固个人领导权威作为决策行为目标导向之一。在层级严密的科层制行政领导体系之下，“官大一级压死人”成为深入人心且日渐固化的现象，如何维护并不断巩固自身权威则是部分领导干部比较关心的现实问题。这种主观意识导向会诱使领导干部在决策过程中选择那些有利于彰显自我、能够巩固管理权威的决策方案。例如，有的领导干部在衡量和选择决策方案时，首先关注的是自身在执行方案中的角色地位和功能发挥，或者直接选择那些属于自己管辖的方案，以充分彰显和展示自己的管理权威和领导魄力。这类领导干部往往把决策行为等同于权力彰显，竭力通过主导决策来直接或间接巩固自己的领导权威。还有一类领导干部，他们极其爱惜自身羽毛，对自我的外在表征和组织形象十分看重。在推进和主导决策过程中，其直接行为表现就是担惊受怕、不想担责、畏惧风险，一切求稳妥、求安全、求便利。结合决策行为来看，这类领导干部在收集决策信息时会刻意规避和筛掉那些存疑的不确定信息，对于副职或下属提供的备选方案，但凡存在一点风险或意外，一律持否定和排除的态度，甚至不惜直接放弃一部分探索式决策可能带来的模式创新和效率革新。这类领导干部习惯走别人走过的路、做别人做过的事。究其内在逻辑，领导干部无非是为了维护自身优质形象，而追求所谓的“科学管理”。

四是在决策速度上一味求快，忽视程序原则。有的领导干部习惯了传统的风风火火、立竿见影式的工作方法，凡事都讲效率、求速度，全然不顾效率与科学的统一，简单地把干得猛、决定快等同于抓住时机，这是一种片面且孤立的狭隘思维。例如,上级工作部署刚刚下来,有的领导干部就火速开始部署安排、制定决策方案,认为第一时间安排部署就是讲政治、讲大局、讲原则,而全然不考虑决策是要建立在充分调研、摸清情况、广集民意基础上的。这种决策方式不可避免地会造成重要信息遗漏、决策视角片面、决策过程随意等一系列不良后果,最终导致决策成为"一堵四面漏风的墙"。可以说,在决策速度上一味求快是一种典型的决策短视化现象,必然难以制定出严谨周密的科学决策方案。

五是缺乏战略眼光,急功近利。领导干部决策短视化的另一个典型表现是一味强调当下。决策工作本身是一项基于客观现实预测未来、引导未来以达到特定目的的行动,这就决定了决策工作必然存在超前性与务虚性。在决策内容和预定方案的选择上,领导者要具有前瞻性眼光和预测性判断力,以保证决策方案能够充分适应未来工作发展。但随着全面从严治党力度的加大以及监督问责机制的逐步健全,部分领导干部为了避免麻烦,为了降低前瞻性决策可能引发的风险,而一味地强调关注当下,并美其名曰"实事求是"。决策依靠实践当然是正确的,但一味地故步自封、只顾当下必然会限制决策者的视野和眼光,导致其一叶障目而不见泰山。如此一来,就造成决策只管眼前,一旦实际环境发生变化或周期稍微延长,原定方案就成了花架子。

决策作为一种基于特定信息的前置性安排和预判行为,其最终目的是产生一定行为效果和影响力以实现特定目标。由此可见,实践性是决策行为的终极属性。但需要注意的是,任何一项决策的实现与达成都是一个渐进的过程,而且涉及决策执行、资源投入、步骤实施等环节。严格来说,决策方案制定与决策效果达成是两个独立环节。领导干部如果不能清醒认知这一点而随心所欲,就容易陷入急功近利、主观主义的思维误区,特别是一些刚参加工作、管理经验不丰富的年轻干部,急于表现自我、做出成绩,在参与和制定决策方案时,把是否能够快速展现成效作为主要衡量指标,认为那些立竿见影、即时生效的才是好方案。殊不知,过度追求立竿见影会降低决策者对未来发展趋势的把握力和判断力,由此导致决策短视化。

从一定意义上说,努力提高领导干部特别是年轻干部的科学决策能力,既是新时代加强党员干部队伍建设的内在需要,也是完成新时代中国特色社会主义现代化建设任务的迫切要求。

二、科学决策能力的含义要求

(一)能力

能力是指人们为了完成任务、实现目标所体现出来的综合素质。面对当前和今后一个时期的复杂形势和艰巨任务,各级领导干部特别是年轻干部必须自觉提升科学决策能力和解决实际问题的能力,以更好地履职尽责,完成自己肩负的职责使命。

(二)决策

1.含义

决策本意指做出决定,是人类的基本活动之一。“决策”一词作为管理学的一个特定术语,是20世纪四五十年代在美国开始的。1947年,美国学者赫伯特·西蒙首先使用了这一概念,后来“决策”被广泛应用。但对其含义众说纷纭,如将其解释为“定政策、策略”“作决定”“比较、选择”等。决策是人们为实践活动的方向、目标、原则、方法、步骤等重大问题制定和选择行动方案的过程,是领导干部的一项基本职能和工作职责。

领导干部的决策除了具有一般决策的特点,如目标性、预测性、选择性、风险性等,还具备以下特点。

一是公共性,即决策是为公共生活等重大问题制定和选择的行动方案,涉及国家、社会、集体的利益,带有全局性。

二是权威性,指决策制定者具有合法性基础或法律制度赋予的权力,即决策制定者具有权威性,同时决策的结果政策措施也具有权威性,且一经形成必须得到很好的贯彻执行,否则其权威性会受到损害。

三是指导性,即决策涉及的是公共的重大的宏伟蓝图,一经形成对经济社会发展具有指导意义和全局性长远性影响。

四是强制性,即决策一经形成便成为党和政府的路线方针政策或法律制度,以国家强制力为后盾,要求得到广泛执行和服从,不得违背和受到破坏,否则会有相应惩处。

2.分类

根据决策内容,决策可分为政治性决策和非政治性决策。政治性决策是指决策的内容属于纯粹政治问题,如对外关系、公民权利义务等。非政治性决策是指决策的内容属于非政治性问题,如经济、文化、科学等,但从引申意义上也是政治性的问题。

根据决策范围,决策可分为国内决策和国外决策。国内决策是指就一个国家内部的重大经济政治社会问题进行的决策,也称作内政,目的是确保国内稳定协调发展。国内决策又分为国家决策、地域决策。国外决策是指就国家之间、地区之间、全球性双边和多边政治经济关系、问题进行的决策,也称作外交,目的是维护本国主权领土安全和国家利益,维护世界和地区稳定安全。

根据决策的地位作用,决策可分为重大决策和一般决策。重大决策是就事关全局性、长远性、方向性的重大问题进行的决策,也称作战略。一般决策是指就局部的、某一方面的具体问题进行的决策,也称作策略。

根据决策主体,决策可分为政党决策、政府决策、群团决策等。

根据面临的外部环境特征,决策可分为确定性决策和风险性决策。确定性决策是指决策时面临的外部环境特征相对确定,容易把握规律,有章可循,有法可依的决策,也称常规型决策。风险性决策是指决策时面临的外部环境特征复杂多变,不容易把握规律,首次决策或具有突发性、偶然性的决策,也称非常规型决策。

从历史角度看,决策可分为传统经验型决策和现代科学决策。传统经验型决策一般是指在农业社会、自然经济基础下,决策主体单一,决策权力带有集中性、任意性、连带性特征,方法简单落后,人治特征明显,主要靠决策者的个人经验智慧进行的决策。现代科学决策一般是指在工业社会、市场经济下,决策主体复杂,决策权力规范且相对独立,方法科学、先进、多样,法治特征明显,程序严格的决策。

(三)科学决策

1.含义

科学决策是领导工作的重要一环,领导干部科学决策能力直接关系人民群众利益和各项事业发展。从一定程度上说,领导干部决策能力的强弱、高低，体现着执政能力和执政水平，能否做出科学有效的决策是衡量一名领导干部决策水平高低的重要尺度和标准。

科学决策指的是在科学理论指导下，以科学思维方式，用科学分析手段，按照科学决策程序，对实践活动重大问题（包括方向、目标、原则、方法、步骤等）制定和选择符合实际行动方案的过程。科学决策能力是决策者在科学决策理论指导下开展决策活动、制定决策目标、厘清决策内容、依照决策程序、运用决策方法、优选决策方案的技能本领。

2.原则要求

（1）坚持的原则

一是科学性，即决策者在进行决策时要有科学理论作为指导，坚持实事求是。

二是目标合理性，即决策者制定的目标既不能太高也不能太低，无论付出怎样的努力和代价都无法实现的目标是不合理的，不用付出努力就能轻松实现的目标同样不合理。

三是最优化，即以最小的成本实现最理想的目标。

四是利益性，即决策者在进行决策时要兼顾各种群体的利益，兼顾当前利益和长远利益。

五是协调性，即决策者在进行决策时要充分考虑与以前相关问题的决策和其他各领域问题的决策保持相对一致，防止相互冲突矛盾，防止大起大落。

（2）程序要求

科学决策一般程序包括：

第一，分析把握形势，确定目标。决策者在决策前要充分利用各种渠道收集信息情报，获得的信息情报要真实、准确、客观，防止信息情报虚假失真。在此基础上，充分利用各种技术手段分析信息情报，制定拟实现目标。

第二，根据目标制定行动方案。在制定行动方案时，要至少提出两个差异性较大的方案，避免雷同；在进行分析时，选择最佳方案。通过多样化手段方法，充分发扬民主，利用好“外脑”智库，对提出的方案逐一比较分析，从中选择最有可能实现而且成本较小的方案付诸实施。

第三，实施方案，执行决策。方案一经制定，就要以政策的形式付诸实施，要严格落实。

第四，政策评估，反馈效果。行动方案实施完毕，要按照相关要求和程序加以系统评估，分析取得的效果和存在的问题、不足，总结经验教训，并进行通报反馈，为今后相关决策提供借鉴。

(3)总体要求

首先，决策者必须具有科学决策的素质，包括政治素质、业务素质、能力素质。政治素质包括扎实的政治思想理论基础，大公无私、人民至上、光明磊落、谦虚谨慎、对党忠诚、原则坚定、清正廉洁等优秀品质；业务素质包括精深的专业知识，广博的国际、生活、历史知识等；能力素质包括统筹全局的思考能力、勇于开拓的创新能力、权衡利弊的判断能力、科学准确的预见能力等。2013 年 6 月 28 日，习近平总书记在全国组织工作会议上提出的“信念坚定、为民服务、勤政务实、敢于担当、清正廉洁”①的新时代好干部标准，就是对领导干部应当具备的科学决策素质的要求。

其次，决策过程要充分广泛运用各种必要的科学技术手段，特别要重视智囊团、专家智库等在决策中的参谋咨询作用，要善于运用现代科学技术和科学方法，如大数据、云计算及人工智能技术等。

最后，决策结果要可行有效，具有可操作性。决策结果即为政策，要围绕实现的目标任务体现出明晰指向，具有具体量化的甚至是指标性的措施要求规定，要有对现有各种资源要素的整合分工。目标任务以及措施要求符合整体战略要求，符合自身资源、技术、人力、能力水平范围和可支持力度，与以往相关政策不冲突矛盾，对决策实施可能遇到的风险挑战具有应对举措。

三、遵循决策规律，提高科学决策能力

提高新时代领导干部的综合素养和能力是一项系统性工程，也是一项长期任务。学习贯彻习近平总书记重要讲话精神，提高科学决策能力，要在以下几个方面持续用力。

(一)认真学习，加强历练

早在 1939 年，毛泽东同志在延安在职干部教育动员大会上就指出：“我们队伍里边有一种恐慌，不是经济恐慌，也不是政治恐慌，而是本领恐慌。”②

---

① 《习近平在全国组织工作会议上强调 建设一支宏大高素质干部队伍 确保党始终成为坚强领导核心》，《人民日报》2013 年 6 月 30 日。

② 《毛泽东文集》第 2 卷，人民出版社 1993 年版，第 178 页。

毛泽东还打过一个比方，说："有了学问，好比站在山上，可以看到很远很多东西；没有学问，如在暗沟里走路，摸索不着，那会苦煞人。"[①]"活到老，学到老，到老还有三分没学到"，可见学海无边。习近平总书记在 2022 年春季学期中央党校（国家行政学院）中青年干部培训班开班式上指出："年轻干部要胜任领导工作，需要掌握的本领是很多的。最根本的本领是理论素养。"[②]这一重要论述深刻阐明了提高理论素养的重大意义，为广大党员干部特别是年轻干部加强理论学习、提高马克思主义理论水平、提高科学决策能力指明了前进方向，提供了根本遵循。理论素养决定着领导干部的政治信仰和理想信念，决定着领导干部认识和处理问题的立场方法和胸怀格局。中青年干部应发挥自己年富力强、头脑灵活的优势，加强学习，增强工作的科学性、预见性、主动性，使领导和决策体现时代性、规律性、创造性，避免陷入少知而迷、不知而盲、无知而乱的困境，克服本领不足、本领恐慌、本领落后的问题。

第一，要认真学习和掌握马克思主义立场、观点、方法，坚持用马克思主义中国化最新成果——习近平新时代中国特色社会主义思想武装头脑，自觉确立马克思主义世界观、人生观和价值观，注重思想改造，发扬勇于自我革命的精神，经常反思自己的思想言行，深挖思想病灶的根源，时常清扫思想上的灰尘，不断自我修炼、自我净化、自我改造和自我提高。

第二，要着眼于新的实践和发展，强化对现代科技和新兴产业的学习，突破知识瓶颈，消除工作盲点。

第三，要向实践学习，注重调查研究，以实践为基础不断加深对专业知识和经验的理解，以适应科学决策的专业化要求。

第四，要加强政治历练。政治历练是提升干部综合素质和能力的关键环节。领导干部特别是年轻干部的政治素质和能力不是与生俱来的，也不是在朝夕之间就能练就的，必须在长期的政治历练中逐步培养和完善。为了不断提升年轻干部的政治素质和能力，必须把讲政治贯穿党性锻炼全过程，自觉培养从政治上发现问题、分析问题和解决问题的能力，坚持在党性锻炼中坚定政治立场，强化政治担当，保持政治定力，驾驭政治局面，防范政治风险。

---

① 中共中央文献研究室编：《毛泽东传》第 2 册，中央文献出版社 2011 年版，第 500 页。

② 《习近平在中央党校（国家行政学院）中青年干部培训班开班式上发表重要讲话强调　筑牢理想信念根基树立践行正确政绩观　在新时代新征程上留下无悔的奋斗足迹》，《人民日报》2022 年 3 月 2 日。

第五，要加强实践锻炼。实践不仅是人们获取知识和经验的源泉，而且是人们把所学知识和经验内化成职业素质和工作技能的根本途径。年轻干部要想担当重任，就必须深入实践一线，在艰苦的环境中砥砺思想、磨炼意志、增长才干。不经过艰苦环境的历练就经不起风浪考验，就驾驭不了复杂局面。年轻干部只有积极投身我国改革开放的伟大实践，勇于在“急、难、苦、险”的环境中磨炼，才能真正练就一身干事成事的硬功夫、真本领。

第六，要加强专业训练。专业训练是新时代年轻干部干事成事的基础，没有严谨科学的专业训练，不懂与本职工作紧密联系的专业知识，就不可能顺利完成工作任务，更不可能在工作中作出创新性业绩和创造性贡献。尤其是在知识日新月异的今天，要想在本职工作中超越前人，就必须通过经常性的专业训练，不断补充专业知识，培育专业能力，掌握专业方法，不断提高专业素养，使自己成为内行领导，在推进各项事业发展中不断作出新贡献。

（二）坚持人民立场，树立正确政绩观

只有把准方向、站对立场，才能作出科学决策。要始终坚持以人民为中心的发展思想，想问题、作决策、办事情坚定不移站在人民立场上，自觉从人民利益出发，千方百计为群众排忧解难。

新时代，我国社会主要矛盾已经转化为人民日益增长的美好生活需要和不平衡不充分的发展之间的矛盾。我国发展不平衡不充分问题突出，人民对发展的期待、对治理水平的要求也在逐步提高。在涉及人民根本利益、切身利益、身边利益的实际问题上，要敢于迎难而上，出真招、见实策，做好调研、开门问策，多方听取意见，综合评判、科学取舍，使决策符合实际情况，以科学决策赢得人民的满意，切实提升人民群众的获得感、幸福感、安全感，为“十四五”发展奠定坚实的基础。

坚持正确的政绩观。政绩观是涵盖世界观、人生观、价值观以及权力观、利益观的一个综合体。实际工作中，年轻干部在执行上级有关决策、指令等时，只有深入把握这些决策、指令的精神，并结合本地区实际创新性执行，才不会违背这些决策、指令的初衷。树立正确的政绩观归根到底是树立正确的权力观，把立党为公、执政为民作为正确行使决策权的基本要求，真正做到立身不忘做人之本、为政不移公仆之心、用权不谋一己之私。

（三）树立大局意识，坚持科学思维

习近平总书记指出：“做到科学决策，首先要有战略眼光，看得远、想得

深。领导干部想问题、作决策，一定要对国之大者心中有数，多打大算盘、算大账，少打小算盘、算小账，善于把地区和部门的工作融入党和国家事业大棋局，做到既为一域争光、更为全局添彩。”[①]这就是说，科学决策要树立大局观、战略观。“不谋万世者不足谋一时，不谋全局者不足谋一域。”中华民族伟大复兴战略全局与世界百年未有之大变局是当今世界发展的大趋势。要立足中华民族伟大复兴战略全局这个根本目标，从实现第二个百年奋斗目标的视角出发，善于把握和驾驭世界百年未有之大变局带来的各种风险和挑战，善于逆势而为、顺势而动，于危机中育新机，于变局中开新局。要始终在想问题、作决策时树立大局观、战略观，要善于把地区和部门工作融入党和国家大局、把个人发展融入国家发展全局，想问题、作决策既要考虑眼前又要思量长远，既要立足现在又要展望未来，既要谋划局部又要统筹全局。

坚持科学思维。如果缺乏科学思维、大局意识，就难以作出科学决策。要着力提高战略思维、历史思维、辩证思维、创新思维、法治思维、底线思维能力，不断增强工作的科学性、预见性、主动性和创造性。要运用历史眼光认识发展规律，辩证地观察事物、分析问题、解决问题。要增强创新思维和本领，创造性地推动工作。要强化法治观念，切实做到遵法、学法、守法、用法。要坚持底线思维，既要未雨绸缪，制定应对预案，又要及时出手，化解风险挑战。

（四）遵循客观规律，深入调查研究

坚持实事求是、按照客观规律办事，是科学决策的关键所在。一方面，要在搞清楚“实事”上下功夫，做好调查研究，深入基层一线，点面结合、解剖麻雀，了解掌握真实情况，倾听群众所想所急所盼，为科学决策提供客观全面的基础依据；另一方面，要在“求是”上下功夫，准确领会把握新时代经济社会发展规律和工作要求，多从基层和群众关心的实际问题入手，善于抓住主要矛盾和矛盾的主要方面，有的放矢，对症下药，确保各项决策务实管用、切实可行。

要深入调研，提高决策的科学性。深入开展调查研究是我们党在百年发展历程中逐步探索并形成的一项宝贵工作经验。“调查研究是谋事之基、

① 《习近平在中央党校（国家行政学院）中青年干部培训班开班式上发表重要讲话强调　年轻干部要提高解决实际问题能力　想干事能干事干成事》，《人民日报》2020 年 10 月 11 日。

成事之道。没有调查,就没有发言权,更没有决策权。”[1]要作出好的决策,就必须深入调查研究,掌握科学决策的第一手资料。

一是在决策之前领导干部要主动下沉,善于从基层一线取经。在当前推进国家治理体系和治理能力现代化的大背景下,制订科学的决策方案必然要建立在充分掌握信息、全面把握情况、深入了解实际的基础上。要坚持基层导向,真正下到基层、走进群众,原汁原味听取群众声音,深入了解经济、社会、民生等方面的突出问题,了解现行制度机制的不足和政策措施的短板。要坚持问题导向,勇于直面矛盾问题,敢于到问题集中和矛盾尖锐的地方实地察看,虚心接受批评意见和倾听不同声音,了解问题发生的真实原因和潜在风险。要注意调研方法,既用好调查问卷、开座谈会、面对面交流等传统方法,也要充分用好大数据、云服务等新技术,通过大数据比对、网络意见征集等方式广泛征求意见、集中民智、汇集民意。

二是完善畅通群众建言献策渠道,打通基层“最后一公里”。掌握真实信息,领导干部既要主动自上而下地了解情况,也要畅通基层群众自下而上的信息反馈渠道。随着互联网时代的到来以及网络社交平台、新媒体技术的兴起,人民群众参与政治的方式得到了极大拓展与延伸。对于传统的社情民意调查、个人意见反馈、行政首长接待日等工作方式,要继续保持和完善。同时,各级领导干部还要充分适应互联网时代“云端问政”的趋势,如开设“网上问政留言板”、主动公布联系方式、通过舆情分析及时掌握群众意见诉求等,构建“线下+线上”的立体式建言献策渠道,为领导干部科学决策提供最真实全面的“群众呼声”。

三是在调查之后,务必深入研究,总结分析,通过研究把握事物的本质和规律,找到破解难题的办法和路径。

(五)发扬民主,集中智慧

领导干部决策质量直接关系我们党执政治国的效力以及党在人民群众中的形象。为了规避和减少决策工作中“个人主导”造成的主观偏差和潜在失误,还应当在决策工作中注重发扬民主,集中各方智慧。

一是充分发扬民主,保证各方意见能够得到清晰表达。民主集中制是我们党和国家的根本组织制度和领导制度。个别酝酿是民主集中制的核心

---

① 《习近平在武汉召开部分省市负责人座谈会时强调 加强对改革重大问题调查研究 提高全年深化改革决策科学性》,《人民日报》2013 年 7 月 25 日。

原则之一，也是实现民主集中制中民主的关键性环节。长期以来，很多领导干部只是把个别酝酿挂在嘴上，在工作中仍然搞“一言堂”“家长制”。这是造成决策自利化和短视化的重要诱因。鉴于此，要从制度上把个别酝酿规定为决策工作之前的必经环节，真正落实好民主决策。同时，注重发挥“三个群体”的作用。第一，注重征求班子成员的意见。重大政策必须经集体讨论决定，集体讨论是重大行政决策的法定程序，是党的民主集中制原则的明确要求，也是科学决策、民主决策的重要保障。近年来，各地各部门纷纷出台了领导班子集体议事和决策制度，征求意见、集体讨论日益成为决策制定过程的必经程序，年轻干部要特别重视并着力推进集体讨论工作的开展。为此，一方面，要强化对中央有关文件精神的学习，修好共产党人的“心学”，以无私的情怀、担当的精神，依规依纪依法自觉履职尽责；另一方面，要健全相关制度，尤其是监督制度，完善领导班子议事制度，对集体讨论事项，每个班子成员必须亮明态度并记录在案。如果是班子成员，年轻干部应敢于讲党性不讲私情、讲真理不讲面子，积极参与决策，主动尽责、找准位置，在集体决策中贡献自己的智慧。第二，注重发挥专家团队的作用。在当前和今后一个时期，我国发展仍然处于重要战略机遇期，但机遇和挑战都有新的发展变化，各类新情况、新问题层出不穷，新形势、新变化需要快速反应。在这种情况下，仅仅依靠关键少数领导干部的智慧和经验是远远不够的，还必须依靠“外脑”，汇集众智、增强合力。因此，年轻干部应充分利用各层次、各部门、各领域专家的智慧，来弥补自身眼界、理论和经验的不足，以保证决策的科学性和可行性，降低决策风险，尤其是专业性、技术性较强需要进行专家论证的决策事项，应当组织相关专家、专业机构论证其必要性、可行性、科学性等。第三，注重听取群众的意见建议。党的十八大以来，党和政府更加强调要坚持人民群众的主体地位，要增进广大人民的福祉。在决策时听取群众的意见建议，可以清晰定位群众的利益所在，有效增强决策信息的广泛性和决策的科学性。同时，这也有利于更广泛地调动群众的积极性，为下一步落实决策奠定良好的群众基础。在现实中，决策的制定与实施必须达到政治效应、经济效应和社会效应的均衡，在任何时候都必须充分尊重群众的利益诉求。因此，年轻干部在决策过程中，要把维护广大人民群众的根本利益作为决策的出发点和落脚点，注意畅通民意表达渠道，构建民意吸收机制，使公共决策切实反映群众利益，最终以决策公开化、透明化、民主化推动决策科学化。

二是实行正确集中，整合各方诉求寻求最大公约数。各级领导干部不仅要在讨论交流环节广泛听取各方意见诉求，而且要做好集中工作。在充分考量和听取班子成员意见建议的基础上，结合现实工作进度和发展趋势，把握大局、兼顾各方，妥善协调、寻求共利，进而作出既符合现实需要又满足未来需求的决策方案。通过贯彻“个别酝酿，民主集中”的决策原则，能够有效降低各种潜在风险，避免陷入思维误区和出现决策短视化、自利化现象。

（六）规范程序，优化流程

遵循科学的程序观。科学决策不是简单拍脑袋就能够产生和作出的，运用科学手段、规范决策程序是提高决策质量、避免决策失误的有效途径。因此，要深入研究、综合分析，全面权衡、把握时机，科学决断。要做到定性分析和定量分析相结合，综合评判、科学取舍，扎实做好可行性研究、合理性分析、风险防控和决策模拟推演，防止措施相互冲突或负面效应叠加。要完善决策程序，坚持依法决策，严格遵守公众参与、专家论证、风险评估、合法性审查、集体讨论决定等程序，坚持民主集中制，不断提高决策的科学性、民主性。要依托大数据、云计算等智能技术，强化全时空、全方位、全要素数据的汇聚整合，构建多源异构的数据资源池，实现对数据的深度挖掘和分析，揭示隐藏知识，探寻潜在规律，为科学决策提供态势感知和智力支持。追踪决策反馈、加强闭环管理，是提高决策效能的有力保障。科学决策不仅是从决策到执行的单向过程，还包括执行落实、情况反馈、决策调整等一系列环节，是一个优化迭代的动态闭环。一方面，要加强决策落实效果的跟踪评估，做好决策落实情况的反馈收集工作，及时发现问题、解决问题，决策实施效果好的要坚持下去，效果不彰的要找到根源并及时调整优化；另一方面，要根据实际情况的发展变化，准确识变、科学应变、主动求变，调整优化决策组合，适时适度预调微调，力争发挥决策的最大效果。

推荐阅读书目：

[1]中共中央党校（国家行政学院）：《习近平新时代中国特色社会主义思想基本问题》，人民出版社、中共中央党校出版社 2020 年版。

[2]《习近平谈治国理政》第 1 卷，外文出版社 2018 年版。

[3]《习近平谈治国理政》第 2 卷，外文出版社 2017 年版。

[4]《习近平谈治国理政》第 3 卷，外文出版社 2020 年版。

[5]《习近平谈治国理政》第 4 卷，外文出版社 2022 年版。

备课参考书目：

[1]习近平:《决胜全面建成小康社会　夺取新时代中国特色社会主义伟大胜利——在中国共产党第十九次全国代表大会上的报告》,人民出版社2017年版。

[2]《党政领导干部选拔任用工作条例》,人民出版社2019年版。

[3]冯秋婷:《党员干部要提升科学决策能力》,人民日报出版社2021年版。

8.提高决策力的几点思考

苗贵安*

当前，面对复杂多变的领导环境和富有挑战性的工作任务，领导者要做好领导工作，胜任领导岗位，确实面临诸多挑战。提升领导力水平，领导者既要政治过硬，又要本领高强，还要能力出众。在众多领导能力要求中，提高科学决策能力尤其重要。著名管理学家、诺贝尔经济学奖获得者赫伯特·西蒙指出："管理过程就是决策的过程。"①美国前总统理查德·尼克松在《领袖们》一书中指出："对领袖人物来说，重要的不是看他在办公桌上花多少小时，或者看他的办公桌放在哪里，而是看他是否善于作出重大决策。"②毛泽东指出："领导者的责任，归结起来，主要地是出主意、用干部两件事。一切计划、决议、命令、指示等等，都属于'出主意'一类。使这一切主意见之实行，必须团结干部，推动他们去做，属于'用干部'一类。"③在毛泽东看来，衡量领导者领导力高低有两个重要因素，一个是决策，一个是用人，实际上用人也需要决策。由此可见，领导者的决策力是领导力水平高低的最重要标志。提高领导决策力，需要从以下方面努力。

---

* 苗贵安，中共山东省委党校（山东行政学院）科学社会主义教研部讲师。

① ［美］赫伯特·西蒙：《管理行为》，杨砾、韩春立、徐立译，北京经济学院出版社1988年版，第10页。

② ［美］理查德·尼克松：《领袖们》，施燕华、洪雪因、黄钟青等译，海南出版社2012年版，第381页。

③ 《毛泽东选集》第2卷，人民出版社1991年版，第527页。

一、把握科学决策的环节

从具体环节上来看,完整的决策包括“策”的环节和“决”的环节。其中,“策”就是“出主意”,出谋划策;“决”就是“断主意”,科学决断。桥水公司的瑞·达利欧在《原则》一书中指出:“决策过程分两步:先选择作为决策基础的知识,既包括相关事实(是什么),也包括你对事实背后的因果机制的宏观理解;然后根据这些知识来确定行动计划(怎么做),这需要你反复权衡不同的可能性,以设想如何实现符合你愿望的目标。为了做好第二步,你需要综合权衡直接结果、后续结果和再后续结果,而且做决定时不能只看到短期结果,还要看到长远结果。”①把握科学决策的主要环节,主要体现在两个方面:一是提升领导决策力,二是提高领导决断艺术。

(一)提升领导决策力

习近平总书记指出:“作决策一定要开展可行性研究,多方听取意见,综合评判,科学取舍,使决策符合实际情况。”②提升领导决策力,首先需要开展调查研究,搞清楚决策事项的具体信息,全面准确地了解决策情况,研究决策事项的可行性,尽量多方面听取相关意见,对各种方案进行综合评判,科学取舍,使主观决策符合客观实际。

1.调查研究掌握信息

决策的基础在信息。决策是决策主体在对客观事物了解的基础上所作出的主观判断。决策是否科学,取决于主体对客体的认知程度,也就是主体和客体是否一致。毛泽东在《中国革命战争的战略问题》中指出:“为什么主观上会犯错误呢?就是因为战争或战斗的部署和指挥不适合当时当地的情况,主观的指导和客观的实在情况不相符合,不对头,或者叫做没有解决主观和客观之间的矛盾。人办一切事情都难免这种情形,有比较地会办和比较地不会办之分罢了。事情要求比较地会办,军事上就要求比较地多打胜仗,反面地说,要求比较地少打败仗。这里的关键,就在于把主观和客观二

① [美]瑞·达利欧:《原则》,刘波、綦相译,中信出版社2018年版,第232页。

② 《习近平在中央党校(国家行政学院)中青年干部培训班开班式上发表重要讲话强调 年轻干部要提高解决实际问题能力 想干事能干事干成事》,《人民日报》2020年10月11日。

者之间好好地符合起来。"[①]科学决策就是主观和客观相一致的决策。要做到主观和客观相一致，看问题应切忌主观、表面和片面。要真正掌握客观情况，需要进行科学的调查研究。

毛泽东高超的领导决策艺术同他高度重视调查研究密不可分。1930年5月，毛泽东在《反对本本主义》中提出"没有调查，没有发言权"，"调查就像'十月怀胎'，解决问题就像'一朝分娩'。调查就是解决问题"。[②] 延安时期，为解决党内长期存在的教条主义错误，毛泽东把在中央苏区时所做的调查报告集结成册编成《农村调查》，并撰写了《〈农村调查〉的序言和跋》。1931年1月，毛泽东在《〈兴国调查〉前言》中指出："实际政策的决定，一定要根据具体情况，坐在房子里面想像的东西，和看到的粗枝大叶的书面报告上写着的东西，决不是具体的情况。倘若根据'想当然'或不合实际的报告来决定政策，那是危险的。"[③]1961年5月，毛泽东在给张平化的信中说："各级党委，不许不作调查研究工作。绝对禁止党委少数人不作调查，不同群众商量，关在房子里，作出害死人的主观主义的所谓政策。"[④]李瑞环曾经讽刺这种不调查研究乱决策的行为："叫上几个人儿，出上一个题儿，关上窗户门儿，作上一篇文儿，念起来挺顺溜儿，就是不解决问题儿。"[⑤]

习近平总书记也高度重视调查研究，在工作中坚持"调研开局、调研开路"。在浙江工作时，习近平提出了调查研究的"五字决"，即深、实、细、准、效。"'深'，就是要深入群众，深入基层，善于与工人、农民、知识分子和社会各界人士交朋友，到田间、厂矿、群众和社会各层面中去解决问题。'实'，就是作风要实，做到轻车简从，简化公务接待，真正做到听实话、摸实情、办实事。'细'，就是要认真听取各方面的意见，深入分析问题，掌握全面情况。'准'，就是不仅要全面深入细致地了解实际情况，更要善于分析矛盾、发现问题，透过现象看本质，把握规律性的东西。'效'，就是提出解决问题的办法要切实可行，制定的政策措施要有较强操作性，做到出实招、见实效。"[⑥]习近平总书记还说："当县委书记一定要跑遍所有的村，当市委书记一定要

① 《毛泽东选集》第1卷，人民出版社1991年版，第179页。

② 《毛泽东选集》第1卷，人民出版社1991年版，第109、110～111页。

③ 《毛泽东文集》第1卷，人民出版社1993年版，第254页。

④ 中共中央文献研究室编：《毛泽东 周恩来 刘少奇 朱德 邓小平 陈云 思想方法工作方法文选》，中央文献出版社1990年版，第389页。

⑤ 李瑞环：《学哲学，用哲学》，中国人民大学出版社2005年版，第31页。

⑥ 习近平：《之江新语》，浙江人民出版社2007年版，第1页。

跑遍所有的乡镇,当省委书记一定要跑遍所有的县市区。"[①]主要领导干部要带头调查研究,带头拿出一定的时间深入基层,亲自主持重大课题的调研。

调查研究是一种手段而不是目的,目的是解决问题,不能本末倒置。调查研究是手段,用这个手段去发现问题,找到解决问题的办法和目标。做好调查研究工作,需要注意以下几点:一是掌握科学的方法。何谓科学的方法?科学的方法就是能够解决调研问题的方法,什么样的方法有效就采取什么样的方法,不能局限于形式,要善于多层次、多方位、多渠道地调查了解情况。二是解决实际问题。调查研究一定要从客观实际出发,不能带着事先定的调子下去,而要坚持结论产生在调查研究之后,建立在科学论证的基础之上。三是避免"被调研"现象。搞调研就是要查实情、听真话、出实招、办实事、求实效。领导者在调查研究中要掌握主动权,既看"规定路线",又看"自选动作",力求全面、准确地了解情况,避免"被调研"现象,防止调查研究走过场。四是调研制度化、经常化。把调查研究贯穿于决策的全过程,真正成为决策的必经程序。对事关全局的问题,应坚持做到不调研不决策、先调研后决策。

2.打开空间寻求方案

民主集中制是党的根本组织原则和领导制度。坚持民主集中制就是在决策中发扬民主,听取广大群众的意见和建议,扩大决策参与的人员,做到民主决策。1959年4月5日,毛泽东在八届七中全会上指出:"现在有些同志不多谋,也不善断,是少谋武断。""在座同志们,你们也要多谋一点,谋于秘书,谋于省市委书记,谋于地委书记、县委书记、公社书记,谋于个别农民,谋于厂长,谋于车间主任、工段长、小组长,谋于个别的工人,谋于不同意见的同志。这就叫多谋。"[②]多谋就是为了弄清情况,用什么办法来弄清情况呢?陈云提出要做到交换、比较、反复。"交换……用什么办法来弄清情况呢?办法之一,就是多和别人交换意见。这样做,本来是片面的看法,就可以逐渐全面起来;本来不太清楚的事物,就可以逐渐明白起来;本来意见有分歧的问题,就可以逐渐一致起来。""比较。研究问题,制定政策,决定计划,要把各种方案拿来比较。在比较的时候,不但要和现行的作比较,和过去的作比较,还要和外国的作比较。""反复。做了比较以后,不要马上决定

---

① 《习近平谈治国理政》第2卷,外文出版社2017年版,第144～145页。

② 中共中央文献研究室编:《毛泽东传》第5册,中央文献出版社2011年版,第1906、1907页。

问题，还要进行反复考虑。”①

做到科学决策，要多方面听取意见，掌握尽可能全面的信息，把尽可能多的决策方案找出来。这需要解放思想，打开思维的空间，打开选择的空间，打开资源配置的空间。

打开空间，要避免“霍布森选择”。英国剑桥有一个专门做贩马生意的商人霍布森，他承诺：凡是买我的马，只要给出最低价就可以在马圈里随意选。同时，他又附加了一个条件：只允许挑选能牵出马圈的马。他在马圈上只留一个小门，高大强壮的马匹根本就出不去，出去的都是些小马、瘦马。显然，购买霍布森卖的马看似有很多选择其实是没有选择，这种情况被人们称为“霍布森选择”。“霍布森选择”就是一个没有打开空间的选择，实质就是在一个局限的空间里用一个僵硬的标准去选择，实际上是假选择和小选择。

打开决策的空间，重在解放思想，增加选择的可能性，扩大资源配置的半径，要防止决策陷阱。从认知心理学的角度分析，领导者在决策过程中经常会受到内在思维框架和心智模式的干扰。比如，锚的陷阱、固定成规的陷阱、顾惜已支付成本的陷阱、肯定证据的陷阱、框架的陷阱、估计与预测的陷阱、问题陷阱、机会陷阱等。② 此外，合理决策有两大障碍：自我意识和思维盲点。自我意识障碍是指一个人潜意识里的防卫机制，使自己难以接受自己的错误和弱点。每个人都有一些根植于内心最深处的需求和恐惧，比如，需要被爱，害怕失去爱；需要生存，害怕死亡；需要让自己有意义，害怕自己无意义；等等。这些需求来自大脑的杏仁核部分，这些原始部分是大脑颞叶里的构造，颞叶是处理人的情绪的，这些需求是人脑本能的无意识的反应，这些部分渴望赞誉，把别人的批评视为一种攻击。更高级的意识来源于大脑皮层中叫“前额皮层”的部分。在决策中，“杏仁核”和“前额皮层”各自所主导的两种意识都在争夺对自我的控制权。思维盲点障碍是指自己的思维方式会妨碍自己准确看待事物。根据脑科学家斯佩里的研究，人的左脑和右脑分别承担不同的功能，有的人擅长左脑思维，有的人擅长右脑思维。左脑是逻辑脑，擅长语言与逻辑、抽象思维、定量分析；右脑是艺术脑，擅长直觉思维、形象思维和艺术思维。不同思维类型的大脑在决策时看问题的方式方法不同，但是不论以哪种方式看待问题都存在片面性，都存在思维盲

---

① 《陈云文选》第3卷，人民出版社1995年版，第188～189、189、189页。

② 参见王嘉陵：《决策思维》，东方出版社2009年版，第15页。

点。要避免以上两种障碍,需要头脑极度开放。瑞·达利欧指出:“头脑极度开放是一种能力:有效地探析各种不同的观点和不同的可能性,而不是让你的自我意识和思维盲点障碍你。这需要你克服对自己始终正确的渴望,愉悦地探求事实。奉行头脑极度开放的话,较低层次的你就无法控制你,而始终是较高层次的你在观察和考量所有不错的选择,做出最佳决策。”①

要摆脱以上决策陷阱,需要领导者改变自己的思维框架和心智模式。具体说来,打开空间要求领导者要做到“四个关注”:关注“外人”,关注“外脑”,关注外部,关注外行。

一是关注“外人”。所谓“外人”,就是组织以外的人才。对人才,要做到不为我有,但为我用。关注“外人”,就是能够从更大范围以更有效的方式来配置人力资源。习近平同志在担任正定县委书记的时候,提出福建念山海经、青海念草本经、正定要念人才经,通过内用、外招、上请、下挖、近补、远育的方式用好人才,促进了正定县的事业发展。比如,聘请华罗庚、于光远等人组成专家顾问团。张瑞敏说过世界就是他的研发部、人力资源部。华为的任正非提出一杯咖啡吸收宇宙的能量。

二是关注“外脑”。善用“外脑”是一个领导者真正成熟的标志。领导决策要善用“外脑”,最大限度地发挥他们的作用。“外脑”的最大特点是相对独立性和客观性。为保证“外脑”作用的有效发挥,决策者在决策前不能事先给“外脑”定调子、划框框来限制、限定“外脑”的思路,决策者更不能按照已经定下的决策思路让“外脑”去定向论证。

三是关注外部。关注外部就要从外看内,从外部的环境看内部的结构,从外部的变化看内部的发展,从与外部的比较中看内部的长短。要善于运用 SWOT 分析方法,既要关注内部的强项和弱项,又要关注外部的资源和条件、机遇和挑战。实际上,SWOT 分析方法是一种思维方式,其核心在于内外的匹配与契合,体现了一种注重平衡、适度与和谐的内涵和精髓。

四是关注外行。这需要掌握跨界领导艺术。战略机会存在于组织和它的生态系统新的模式当中。正因为如此,战略领导力存在于组织结构图的空白部分:职能部门和团队之间、不同层级领导力之间、组织与其他外部机构之间,关键在于他们之间如何相互协同。② 领导者不仅要关注本部门、本

---

① [美]瑞·达利欧:《原则》,刘波、綦相译,中信出版社 2018 年版,第 187 页。

② 参见[美]理查德·L.休斯、凯瑟琳·科拉雷利·贝蒂、戴维·L.迪恩伍迪:《战略型领导力:战略思考、战略行动与战略影响》,刘旭东、牟立新、沈小滨译,电子工业出版社 2016 年版,第 43 页。

单位的信息，还要善于跨界思维、跨界决策，掌握更多的信息，这样才能适应不断变化的社会环境，从而提高自己的跨界领导力。

3.客观推理综合评判

决策不只是选择最好的可选方案，更是选择可选方案会带来的后果。客观推理就是将各种可选方案转化为在执行时可能会带来的正面价值与负面风险，并对各种可选方案的结果进行评估；评估可选方案正面价值对实现目标的意义，评估实现正面价值所需要的成本和代价；评估可选方案负面风险的影响及相应的解决方案。客观推理就是综合考虑各个方案的结果，然后根据结果选择方案。当面临多个可选方案时，首先要对方案进行分类。针对每个方案的正面价值、负面风险和成本情况，可以分成四类：正面价值高、负面风险低，负面风险高、正面价值低，正面价值高、负面风险和成本也高，正面价值不高、成本低。第一类正面价值高、负面风险低的方案应该作为首选方案，可以马上进行客观推理；第二类负面风险高、正面价值低的方案，暂时不予考虑；第三类正面价值高、负面风险和成本也高的方案，可以考虑先进行创新和试验，取得经验后再做大规模推进；第四类正面价值不高、成本低的方案，可以在资源范围内予以考虑。当然，还是以第一类为首选方案。

在客观推理过程中，应该考虑：实现决策目标需要付出什么样的代价？我们有没有这种资源？有没有能力获取这种资源？如果产生了负面风险，是否愿意承担这个风险？是否愿意动用更多的资源去降低这个风险？一旦风险真的发生，该如何去控制？总之，需要想到实现正面价值并且降低负面风险的办法以及所需要的资源。[①]

(二)提高领导决断艺术

习近平总书记指出："要深入研究、综合分析，看事情是否值得做、是否符合实际等，全面权衡，科学决断。"[②]决策的基础在信息，决策的关键在决断，在科学决断。领导决策水平的高低，尤其体现在决断力方面。提高决断艺术是提升科学决策能力的关键环节。领导决断的环节，也就是及时正确

---

① 参见王嘉陵：《决策思维》，东方出版社2009年版，第66～69页。

② 《习近平在中央党校(国家行政学院)中青年干部培训班开班式上发表重要讲话强调 年轻干部要提高解决实际问题能力 想干事能干事干成事》，《人民日报》2020年10月11日。

地决断，把已经形成的决策方案选择确定下来。决断要“多谋善断”，不要“多断寡谋”和“多谋寡断”。掌握领导决断的艺术，需要做到三点：少断、快断、慎断。

1.领导决断要少断

“大道至简”，领导工作不应越来越复杂，而应越来越简约。《荀子》中指出：“故明主好要而暗主好详。主好要则百事详，主好详则百事荒。”[①]“要”就是善于抓住主要矛盾，“详”就是事无巨细，举轻若重。三国时期的诸葛亮曾被看作智慧的化身，但是他的领导风格却是事无巨细。据《资治通鉴》记载，“诸葛公夙兴夜寐，罚二十以上，皆亲览焉”[②]。诸葛亮这种事无巨细的工作方式，受到后世司马光的批评。领导决断的艺术首先是要减少日常的决策，这样既能提高决策的质量，又能提高决策的权威。正如彼得·德鲁克所言：“一位管理者如果天天要做决策、时时要做决策，那恰恰说明他是个疏懒和无效的人。”[③]因此，领导者要把主要时间和精力放在“决”的方面，提升决断艺术。

领导决断重在简约，其步骤如下：第一步，把握工作的优先级，抓住主要矛盾和重点环节，把一般的事务性工作简约掉，领导者重点做好决策工作；第二步，坚持谋断相对分离，尽量简约掉“谋”的工作，集中主要精力做好“断”的工作，做好“选主意”的工作；第三步，把过去经常由自己“断”的事尽可能地交给合适的人去“断”。[④]

对问题的定义贯穿于整个决策过程。要做到简约决策，关键在于领导者对决策的问题进行定义。彼得·德鲁克指出：“有效的管理者实际上没有做太多决策的必要。他既然已经设计了一套规则和政策来解决经常事件，就可以运用有关的规则来解决绝大多数的问题。”[⑤]决策可以分为程序化决策和非程序化决策，领导者面临的大量决策事项都是程序化决策。程序化决策的主要特点是，面临的问题是结构化的问题，管理层级是低级别的，发生频率是重复性的、常规的，决策信息是易于获得的，决策目标是清晰的、具

---

① 《荀子·王霸》。

② （宋）司马光：《资治通鉴·魏纪四》。

③ [美]彼得·德鲁克：《卓有成效的管理者》，许是祥译，机械工业出版社2012年版，第132页。

④ 参见全国干部培训教材编审指导委员会组织编写：《领导力与领导艺术》，人民出版社、党建读物出版社2015年版，第42页。

⑤ [美]彼得·德鲁克：《卓有成效的管理者》，许是祥译，机械工业出版社2012年版，第125页。

体的，时间限制比较短暂，解决方案依赖于程序、规定和政策。对于这类决策问题，可以设计一套规则和政策来解决。非程序化决策的主要特点是，问题类型是开放式的，管理层级是高级别的，发生频率是不同寻常的、低级别的，相关决策信息模糊不完全，决策目标不清晰，时间限制相对较长，解决方案依赖于个人判断和创造力。这类决策问题需要领导者集中时间、集中精力、集中资源、集中注意力来重点解决。也就是说，领导者应该把决策的重点放在此类问题上面。

2.领导决断要快断

“时来天地皆同力，运去英雄不自由。”[①]时机对领导决策十分重要。管理学者詹姆斯·马奇曾提出决策的“垃圾桶模型”，该模型认为决策的产生取决于问题、解决方案、参与者、决策机会四种流的相互耦合。其中决策机会就是决策的时机，是决策的“机会窗口”，领导决策要善于抓住时机，利用好机会窗口。领导决断是对已经形成的决策方案的最终取舍和选择，是对决策者意志力的考验，决断需要胆识。领导者在决断时要善于抓住时机果断取舍，抓住重点快速决断，敢于试错，勇于创新。

3.领导决断要慎断

领导决断重在抓住机遇当机立断。决断要求决策者一方面要缩短决断的时间，另一方面要缩小决断的空间，缩短时间和缩小空间重在排优先序，避免“布里丹选择”。“布里丹选择”有三大问题：一是问题界定不清，抓不住主要矛盾，找不到问题的优先级，价值标准混乱；二是决策速度太慢，优柔寡断，丧失机遇；三是过于追求完美，寻求最优决策。“布里丹选择”是典型的最优选择，企图寻求最优的决策。管理学家赫伯特·西蒙认为，决策从来没有最优选择，只有次优选择和“满意决策”，也就是有限理性决策。领导决断要基于价值，要明确价值标准，要坚持三个根本原则：超越目标，目的优先；超越效率，效果优先；超越成本，价值优先。在实际决策过程中，四个方面的决策要慎重：一是由利益集团提议的，二是突破现有法律的，三是以纯粹的行政手段实施的，四是领导在情绪化时作出的。

思维有框架，分析有工具。领导决策千头万绪，领导者要善于抓住关键环节和主要矛盾来决策。哈佛大学教授达奇·列奥那多提出的基于价值、

---

① （唐）罗隐：《筹笔驿》。

能力和支持的“三圈理论”，为领导者抓住决策时机、提升决策力、把决策中复杂的因素简约处理，提供了一个很好的分析工具。价值是指我们所做的事情符合公共利益，能创造新的公共价值。能力是指时间、空间、人员、知识、技能、资金、机构职能和架构等，即物质资源和智力资源。支持是利益相关的组织、团体和个人。[①] “三圈理论”认为，决策时应主要考虑决策目标能否实现公共价值、决策方案是否可行和利益相关方是否支持这三大要素，如果把价值、能力和支持分别用一个圆圈表示，该决策方案能够实现价值就落到价值圈内，有能力实施就落到能力圈内，能获得相关方的支持就落到支持圈内，这三圈重叠的部分就是可取的决策区域，因为其同时具备价值、能力和支持三大有利因素。

二、提高决策执行能力

习近平指出：“领导干部在重大决策和部署作出之后，还要研究具体办法，明确具体责任，一环扣一环地去抓，这样才能实现各项决策和部署的全面落实。”[②]完整的公共政策生命周期包括决策问题确认、决策议程设定、决策制定、决策合法化、决策执行、决策评估、决策终结等步骤和环节。决策不仅是对决策方案的制定和选择，还涉及决策的执行，没有执行的决策只是决策方案而已。彼得·德鲁克指出：“一项决策如果没有一条一条的行动步骤，并指派为某人的工作和责任，那便不能算是一项决策，最多只是一种意愿而已。”[③]决策执行是将政策理想转化为政策现实、将政策目标转化为政策效益的唯一途径。决策执行的有效性事关公共政策的成败得失。

实际上，相对于党中央而言，我们各层级的领导者都是在做抓落实的工作，都是在贯彻党中央的大政方针和战略部署。我们的重大决策都要围绕党中央精神做好抓落实的工作，我们所制定的决策方案就是实现党中央决策目标的手段。为此，抓好决策执行，领导者心中要有三条线：架好“天线”，对党中央精神全面领会、准确把握，知其然并知其所以然，真正吃透“上面的”；铺好“地线”，对本地区、本部门、本单位的情况深入调查了解，知其可为并知其不可为，真正摸清“下面的”；接通“连接线”，把党中央精神和本地区、

① 参见刘峰主编：《中国领导科学评论》第2辑，国家行政学院出版社2016年版，第7页。

② 中共中央文献研究室编：《十七大以来重要文献选编》(下)，中央文献出版社2013年版，第203页。

③ [美]彼得·德鲁克：《卓有成效的管理者》，许是祥译，机械工业出版社2012年版，第131页。

本部门、本单位的实际结合起来，增强贯彻党中央精神的坚定性和创造性，切实形成“自己的”工作思路和工作措施。

以战略决策为例，战略决策是领导者最重要的决策活动。很多人认为战略决策就是制定指导方针，这实际上是不正确的。战略学家理查德·鲁梅尔特指出：“战略的核心内容是分析当前形势、制定指导方针来应对重大困难，并采取一系列连贯性的活动。”①战略决策的核心一定要包括行动。战略决策虽然不需要明确指出为应对事态变化而采取的全部措施，但必须足够清楚地指出落实各种理念的行动。

实际上，从决策过程来看，一个完整的决策方案应包括目的、目标、途径和对策四个要素。其中，目的是回答“为什么”的问题，目标是回答“干什么”的问题，途径是回答“怎么干”的问题，对策是回答“怎么变”的问题。其中，目的、目标、途径更多的是决策的方案和指导方针，对策更多的涉及决策的执行。领导决策应该先根据决策的目的来选择目标，然后根据目标选择途径，最后根据途径选择对策。领导决策的目的和目标侧重战略方面；领导决策的对策和途径侧重战术方面，更强调决策方案的执行。

科学的决策是一个渐进决策的过程。决策的执行还包括决策方案的修正。任何决策都不可能一劳永逸，在执行决策方案的过程中，要根据客观环境的变化，不断进行修正完善。修正决策的逻辑与制定决策的逻辑相反，修正决策是从对策开始，即对策→途径→目标→目的。对策保证途径畅通，途径保证目标达成，而目标保证目的实现。对策本身是柔性的，有着很大的灵活性。当决策遇到阻力时，首先修正的应该是对策，或者改变原来的对策，或者制定新的对策，从而使途径畅通和目标达成。

三、提高战略思维能力

习近平总书记指出：“做到科学决策，首先要有战略眼光，看得远、想得深。领导干部想问题、作决策，一定要对国之大者心中有数，多打大算盘、算大账，少打小算盘、算小账，善于把地区和部门的工作融入党和国家事业大棋局，做到既为一域争光、更为全局添彩。”②领导干部要有战略眼光，就是要

---

① ［美］理查德·鲁梅尔特：《好战略坏战略》，蒋宗强译，中信出版社 2017 年版，第 93 页。

② 《习近平在中央党校（国家行政学院）中青年干部培训班开班式上发表重要讲话强调　年轻干部要提高解决实际问题能力　想干事能干事干成事》，《人民日报》2020 年 10 月 11 日。

善于从战略层面思考问题，具有战略思维的能力。战略思维是一种综合性的思维方式和思想方法，是对系统思维、历史思维、辩证思维、法治思维、底线思维、创新思维的综合运用。战略思维需要正确处理全局和局部、短期利益和长期利益的关系，保持战略定力，坚持长期主义。

思维活动的运行是思想方法派生工作方法。科学决策是工作方法，是“表”，战略思维是思想方法，是“里”，二者是表里关系。方法无非就是思想方法和工作方法，思想方法不正确，工作方法也就不可能正确。领导者要提高战略思维能力，尤其要具有哲学思维。李际均指出：“每一种战略思维的背后都有一种哲学基础。戴高乐说，在亚历山大的行动里，我们能够发现亚里士多德。同样，我们在拿破仑的行动里可以发现卢梭和狄德罗的哲学，在希特勒的行动里可以发现尼采和特莱奇克的哲学。”[①]提高战略思维能力，就是要把马克思主义哲学作为看家本领，努力提高哲学素养。坚持唯物辩证的思想方法，对于做好领导工作十分重要。比如，出主意、用干部是领导工作的重要职责，而出好主意的基础和前提是科学认识和正确把握形势。所谓“形”就是事物存在的状态，所谓“势”就是事物发展的趋势。形势是动态的，蕴含事物的发展规律，指示事物的前进方向。正确把握形势，必须学会从全局看“形”，从长远看“势”。正确把握形势历来是作出正确决策的前提，是推动决策实施的基础。只有学会辩证地分析和比较从局部到全局、从眼前到长远的发展形势，学会辩证地认识和比较国内外政治、经济、文化的发展趋势，学会辩证地思考和比较历史的和现实的发展经验，才能善于把本地区、本部门、本单位的工作放到局部与全局、眼前与长远、国内与国外、历史与现实的大形势、大趋势和历史经验中去考虑、去研究，才能正确谋断和决策。

战略是从全局、长远、大势上作出判断和决策。战略思维能力就是高瞻远瞩、统揽全局，善于把握事物发展总体趋势和方向的能力。提高战略思维能力需要遵循战略思维原则。遵循战略思维原则，从空间维度看，要做到把握重点、统筹兼顾、开阔视野；从时间维度看，要做到照应阶段、抓住机遇。

把握决策重点，找到优先级。战略意味着选择，战略的实质不在“战”，而在“略”，有时候选择不做什么比选择做什么更重要。要掌握矛盾分析法，坚持重点论，善于抓住主要矛盾和中心任务，善于抓住重大矛盾和战略布局，善于抓住关键环节和工作着力点。毛泽东指出：“万千的学问家和实行

① 李际均：《新版军事战略思维》，长征出版社2013年版，第12页。

家，不懂得这种方法，结果如堕烟海，找不到中心，也就找不到解决矛盾的方法。”[①]毛泽东强调：“在任何一个地区内，不能同时有许多中心工作，在一定时间内只能有一个中心工作，辅以别的第二位、第三位的工作。”[②]

做到统筹兼顾，学会“弹钢琴”。统筹兼顾就是善于坚持两点论，掌握统筹方法，学会统筹思维，做到主体、客体和环境的统一，做到人、时间和空间的统一。在具体工作中要学会“弹钢琴”。毛泽东指出：“弹钢琴要十个指头都动作，不能有的动，有的不动。但是，十个指头同时都按下去，那也不成调子。要产生好的音乐，十个指头的动作要有节奏，要互相配合。党委要抓紧中心工作，又要围绕中心工作而同时开展其他方面的工作。我们现在管的方面很多，各地、各军、各部门的工作，都要照顾到，不能只注意一部分问题而把别的丢掉。凡是有问题的地方都要点一下，这个方法我们一定要学会。”[③]

坚持系统思维，做到视野开阔。就是要坚持系统观念，善于处理系统和环境的关系，要关注系统以外的要素，能够跳出系统看系统，“站在月球看地球”，要具备“登东山而小鲁”“登泰山而小天下”“不畏浮云遮望眼，只缘身在最高层”的眼界与格局。1989 年 5 月 31 日，邓小平在同两位中央负责同志谈话时强调：“眼界要非常宽阔，胸襟要非常宽阔。”[④]

运用发展眼光，切实照应阶段。从时间维度来讲，要看到事物发展的过去、现在和未来，做到抓特点、看发展、找规律。毛泽东指出：“我们研究在各个不同历史阶段、各个不同性质、不同地域和民族的战争的指导规律，应该着眼其特点和着眼其发展，反对战争问题上的机械论。”[⑤]《论持久战》就是这方面的经典之作。

善于顺势而为，抢抓历史机遇。“虽有智慧，不如乘势”，意思是即使有智慧，也不如利用有利的时势。有利的时势就是机遇和时机。卓越的领导者都善于谋势和造势。“故善战者，求之于势，不责于人，故能择人而任势。任势者，其战人也，如转木石。木石之性，安则静，危则动，方则止，圆则行。故善战人之势，如转圆石于千仞之山者，势也。”[⑥]邓小平多次强调：“机会要

① 《毛泽东选集》第 1 卷，人民出版社 1991 年版，第 322 页。
② 《毛泽东选集》第 3 卷，人民出版社 1991 年版，第 901 页。
③ 《毛泽东选集》第 4 卷，人民出版社 1991 年版，第 1442 页。
④ 《邓小平文选》第 3 卷，人民出版社 1993 年版，第 299 页。
⑤ 《毛泽东选集》第 1 卷，人民出版社 1991 年版，第 173 页。
⑥ 《孙子兵法·势篇》。

抓住，决策要及时。”[①]“要抓住机会，现在就是好机会。我就担心丧失机会。不抓呀，看到的机会就丢掉了，时间一晃就过去了。”[②]

参考阅读书目：

[1]刘峰：《领导力与领导艺术》，人民出版社 2015 年版。

[2][美]瑞·达利欧：《原则》，刘波等译，中信出版社 2018 年版。

[3]李际均：《新版军事战略思维》，长征出版社 2013 年版。

[4][美]理查德·鲁梅尔特：《好战略坏战略》，蒋宗强译，中信出版社 2017 年版。

[5][美]彼得·德鲁克：《卓有成效的管理者》，许是祥译，机械工业出版社 2012 年版。

[6]王嘉陵：《决策思维》，东方出版社 2009 年版。

[7]杨春贵：《中国共产党人的战略思维》，中国社会科学出版社 2018 年版。

① 《邓小平文选》第 3 卷，人民出版社 1993 年版，第 355 页。

② 《邓小平文选》第 3 卷，人民出版社 1993 年版，第 375 页。

9.扛牢责任攻坚突破，推动全面深化改革，走在前开新局

陈迪桂*

改革是新时代现代化强省建设的最鲜明特点。党的十八大以来，习近平总书记三次视察山东，对山东改革工作作出了全面擘划，为推动全面深化改革向纵深发展、开创新时代现代化强省建设新局面提供了根本遵循。在此，就近年来山东全面深化改革取得的巨大成就、“十四五”时期需要深化推进的重大改革、年轻干部如何提高改革攻坚能力，谈一点认识和思考。

一、提高改革攻坚能力，必须深刻把握山东全面深化改革取得的巨大成就

自山东省第十一次党代会召开以来，中共山东省委深入贯彻习近平总书记对山东改革工作的重要指示要求，对全面深化改革作出了顶层设计和全面部署，推动改革全面发力、多点突破、蹄疾步稳、纵深发展，从夯基垒台、立柱架梁到全面推进、积厚成势，再到系统集成、协同高效，各领域基础性制度框架基本确立，多领域实现历史性变革、系统性重塑、整体性重构。

（一）强化战略谋划，推动一批重大改革试点布局山东

中共山东省委着眼开创现代化强省建设新局面，积极谋划涉及全局的重大改革试点。一是深入落实黄河流域生态保护和高质量发展战略，与沿黄省区建立协作机制，建设沿黄达海大通道、现代产业大走廊。争取中央批复建设新旧动能转换综合试验区、济南起步区以及上合示范区、自贸试验区

---

* 陈迪桂，中共山东省委党校（山东行政学院）特聘教授。

等重大改革试点，以首创式改革、集成式创新，在打造改革开放新高地上持续发力。二是深刻把握区域演变的新脉动，重组全省经济地理版图，实施“一群两心三圈”区域布局，着力打造全球有竞争力的山东半岛城市群，提升济南、青岛两个中心城市发展能级，推动省会、胶东、鲁南三大经济圈一体化发展，为塑造山东高质量发展新增长源奠定坚实基础。三是谋划建设菏泽鲁西、德州天衢、临沂沂河、烟台黄渤海等四个省级新区，承担省级重大改革开放试点任务，促进区域协调发展、打造区域发展战略支点取得初步成效。

（二）重塑产业体系，培育一批具有强劲牵引力的重大产业

为加快建设现代化产业体系，中共山东省委坚持腾笼换鸟、凤凰涅槃，规划培育新一代信息技术等“十强”产业。一是构建“十强”产业规划体系、政策体系、统计体系、考核体系、推进体系，形成推动新旧动能转换工作的框架结构。2022年初，实施十强产业行动计划，进一步完善了工作台账、政策清单、督导落实机制。二是围绕“十强”产业开展“双招双引”，推进要素跟着项目走，标准地、亩产效益评价，拿地即开工等改革，建立用能权市场化交易机制、产能总量与污染物总量双平衡机制。三是建立“三个坚决”落实机制，即坚决淘汰落后动能、坚决改造提升传统动能、坚决培育壮大新动能。2017～2020年，关停散乱污企业11万多家；推动钢铁、石化等高耗能行业整合重组，实施500万元以上技改项目6.7万个；2017年以来培育雁阵型产业集群143个，轨道装备等6个产业集群入选国家先进制造业、创新产业集群试点；2021年，“四新”经济占GDP比重达到31.7％，比2017年提高了10.2个百分点。

（三）补短板强弱项，形成一批有效管用的制度创新成果

与南方先进省份相比，山东省的最大差距是有效制度供给不足。为此，中共山东省委把制度创新作为改革的突破口。2018～2021年，中共山东省委召开全面深化改革委员会会议12次，审议通过制度创新方案57个；召开中共山东省委全会12次，聚焦制度创新7次。2018年7月，中共山东省委在考察学习广东、浙江、江苏的基础上，作出了加快制度创新的决定，推进了51项制度创新任务，形成了100多项制度成果；在考察学习北京、上海和雄安新区后，出台了流程再造指导意见“1＋12”文件，形成了若干改革创新成果。2020年，实施九大改革攻坚行动，形成130多项成果。“放管服”改革持续发力，“双全双百”工程深入实施，在全国率先整省推进全行业一业一证改

革,开办企业由 20 天压缩至 1 天,2021 年推出全省通办事项 107 项、跨省通办事项 74 项。这些制度成果进一步释放了改革红利,推动了制度优势不断转化为发展优势、竞争优势和治理优势。

(四)破除藩篱梗阻,攻克一批长期积累的难题顽症

中共山东省委坚持自我革命,敢于冲破既有禁区,敢于打破既有利益格局,敢于在一些历史积弊较多的领域动刀子、挥拳头。比如,一是开发区实施“大手术”。推行“党工委(管委会)+”体制、取消行政级别、全员聘任等举措,截至 2020 年底,管委会内设机构、人员、实际管辖面积分别压减了 58.7%、56.2%和 48%,推动开发区功能全面回归。二是港口机场实施“大整合”。组建全省统一的港口集团、机场管理集团,沿海港口整体联动效应凸显,现代化机场群建设提速推进。2021 年港口货物吞吐量突破 15 亿吨,跃升全球第一位。三是化工企业实施“大重组”。在产能指标、财税分成、土地供给等方面变革创新,上大压小、减量置换,2019 年压减地炼产能 2690 万吨,2020 年新上裕龙岛炼化一体化大项目,一个万亿级高端化工集群呼之欲出。四是国有企业实施“大混改”。国企改革三年行动任务完成 96%,通过资产证券化、员工持股等多种形式,优化公司治理结构,国有企业竞争力明显增强。2022 年一季度,26 家省属企业的营业收入、利润总额分别增长了 6.4%和 10.7%。五是科技教育实施“大融合”。将山东省科学院并入齐鲁工业大学,泰山医学院与山东省医学科学院合并组建山东第一医科大学,极大地激发了创新创造创业活力。

(五)创新资源配置,打破一批阻滞发展的瓶颈约束

中共山东省委创新运用市场化手段,全方位激活土地、能源、人才、科技等资源,打破要素制约的天花板。在土地集约上,建立省级土地指标收储制度,实施重大项目土地要素一对一对接机制。2022 年一季度,全面启动新增建设用地指标预支政策,完善“增存挂钩”核补新增指标办法,累计处置批而未供土地 15.53 万亩、闲置土地 1184 亩。在能耗统筹上,建立省级能耗指标收储和有偿使用制度,除国家和省重大产业布局外,全部用于非“两高”(高耗能、高排放)项目建设;共安排统筹省级能耗指标增量 1500 万吨。在人才放活上,把机构设置权、人才招聘权、职称评审权、薪酬分配权、成果转化收益处置权全面下放给高校、科研单位,并赋予科学家更大技术路线决定权、经费支配权、资源调度权。出台 32 项省级财政科研经费管理创新政策,科研

经费使用更加灵活。在科技优化上，实施科技攻关揭榜制、首席专家组阁制、项目经费包干制，建立省级科技创新资金常态化增长机制，2022年省级科技创新资金达到145亿元，重点支持大科学计划、大科学工程、大科学装置。2021年，省级创新创业共同体达到31家。在财政配置上，深化省以下财政体制改革，2019年省财政直管县扩大到41个；整合财政专项资金，2019～2021年整合涉农资金2621亿元；建立财政资金直达机制，预算绩效管理制度体系基本形成。

（六）再造营商环境，打通一批制约优良发展生态建设的堵点

中共山东省委紧盯堵点、断点、弱点，推动从打造一流营商环境向建设一流综合发展环境转变。一是完善稳增长政策。坚持稳字当头、稳中求进、政策靠前发力，2022年接续出台四批“稳中求进”高质量发展政策清单，实施“十大创新”“十大产业”“十大扩需”行动，促进经济运行保持在合理区间，2022年上半年全省地区生产总值增长3.6%，比全国高出1.1个百分点。二是创新政治生态。建立分工负责推进落实习近平总书记对山东工作重要指示要求机制，出台加强新时代全省党建工作“1+7”实施意见、发现培养选拔优秀年轻干部、领导干部能上能下、激励干部新时代新担当新作为、容错纠错等制度。三是推动文化“两创”（创造性转化、创新性发展）。规划建设曲阜优秀传统文化传承发展示范区，尼山世界文明论坛、尼山世界儒学中心影响力显著提升。新时代文明实践中心实现全覆盖，出台《关于加快构建现代公共文化服务体系的实施意见》，推动136个县全部成立县级融媒体中心。四是发力环保变革。率先建立“三线一单”①“四减四增”②“五个减量替代”③制度，严控新上高耗能高污染项目。持续优化能源结构，建设风电、核电、氢能等大型新能源基地。编制国土空间规划以及黄河、东平湖流域等生态保护规划，完善环境治理和生态修复制度。五是强化社会创新。健全公共就业服务体系，出台高水平大学、高水平学科建设方案，建立企业职工养老保险和工伤保险基金统收统支制度、全省统一的居民基本医疗保险制度。推进收入分配制度改革，城乡居民收入倍差由2016年的2.44缩小至2.26。六

---

① “三线一单”指生态保护红线、环境质量底线、资源利用上线和生态环境准入清单。

② “四减四增”指调整产业结构，减少过剩和落后产业，增加新的增长动能；调整能源结构，减少煤炭消费，增加清洁能源使用；调整运输结构，减少公路运输量，增加铁路运输量；调整农业投入结构，减少化肥农药使用量，增加有机肥使用量。

③ “五个减量替代”即产能、煤炭、能源、碳排放、污染物排放五个减量替代。

是深化法治改革。出台《山东省民营经济发展促进条例》等，建立接诉即办、免罚清单、限时清欠等机制。出台《关于推进综合行政执法体制改革的指导意见》，省、市级行政执法队伍分别压减 50％和38.2％。七是完善基础设施。统筹谋划交通、水利、能源等建设，2021 年高铁通车里程由全国第 13 位跃升至第 3 位，高速公路通车里程重回全国第一方阵。青岛、济南、烟台、潍坊、临沂 4 市在打造国际性、全国性综合交通枢纽城市方面迈出较大步伐。通过一系列改革，山东省营商环境全面优化，整体水平位列全国第一方阵，2021 年底市场主体突破 1360 万户，比 2016 年增长 92.8％。

二、提高改革攻坚能力：深刻把握“十四五”时期山东面临的重大改革问题

当前，我国已进入新发展阶段，发展的外部环境、思路目标、主攻方向、实现路径等都呈现出一系列新变化新特点。在这样的时代背景下，山东到底要破除哪些重大障碍、解决哪些重大问题、攻克哪些重大短板，才能实现更高质量发展，才能在新时代现代化强省建设新征程上大踏步前进？这需要从全局和战略的高度进行深入研究。亟须破解以下几个重大问题。

（一）关于科技与人才发展改革的问题

新时代现代化强省目标能否实现，科技和人才具有根本性和决定性作用。山东省第十二次党代会明确提出，争当国家高水平自立自强排头兵。这既是落实习近平总书记重要指示要求的举措，也是山东赢得未来竞争优势的关键所在。目前，国内科技创新资源战略布局正在深度重构，国家已建设北京、上海、粤港澳大湾区等国际科技创新中心，已设立上海张江、安徽合肥、北京怀柔、粤港澳大湾区四个综合性国家科学中心；各省市深度解放思想，持续加大投入，深化科技体制改革，竞相打造区域科技创新高地，竞争十分激烈。近年来，山东在科技体制改革上下了不少功夫，但与广东、江苏、浙江等省份相比，差距仍很大。从研发投入强度看，2021 年山东仅为 2.39％，尚未达到全国 2.44％的平均水平，而广东为 3.14％、江苏为 2.93％、浙江为 2.88％。从企业研发经费看，山东省规模以上工业企业研发经费约为广东、江苏的 50％，有研发活动的企业数量大幅低于江苏、浙江，分别为江苏的 52.1％、浙江的 49.7％，大量企业不具备研发能力。从科技企业数量看，山东高新技术企业为 2.04 万家，而广东为 6 万多家，江苏为 3.7 万家，浙江为 2.8

万家。这些差距，是山东省建设新时代现代化强省的最大堵点。为此，山东省第十二次党代会从构筑高能级创新平台、提升科技创新效能、引育一流创新人才三个方面作了部署。从山东省现状看，要进一步在以下几个方面实现突破。

一是突破企业研发投入机制。完善政府引导、社会参与的研发投入机制，引导企业持续增加研发经费支出。对研发支出达到一定比例的企业，政府要安排资金给予奖励；同时，大幅提高研发投入强度这一指标在高质量发展考核体系中的权重。

二是突破科研管理体制。按照市场化、“四不像”[①]要求，对现有科研院所进行整合，组建若干机制更加灵活的新型科研机构，对这些机构不定级别、不定编制、不定职称结构、不定薪酬方式、不定成果收益分配方式，一切由首席专家说了算。实践证明，不彻底放活科研体制，就出不来高质量研究成果。

三是突破基础研究体系。基础研究是整个科学研究体系的源头。关键核心技术“卡脖子”，“卡”就卡在基础研究没有跟上，源头和底层的东西没有搞清楚。经过多年积累，山东省在基础研究方面已具备相应条件，要加强总体谋划，制定基础研究十年规划，明确研究方向和重点，特别要着眼培养世界一流基础研究人才队伍，创新基础研究投入机制，变革基础研究选题、评价机制和激励制度，争取用十年或更长时间在局部优势领域实现突破。

四是突破创新创业共同体。充分发挥高校、科研院所和新型研发机构的作用，支持领军企业跨区域、跨行业、跨产业整合创新资源，凝聚“政产学研金服用”创新要素单位，建设更多高层次创新创业共同体，促进产业链、创新链、人才链、教育链有机融合。

五是突破人才发展体制。最近，中央批复山东构建“2＋N”人才集聚雁阵格局方案，这为山东打造区域性吸引和集聚人才平台、增强区域人才竞争力提供了重大机遇。要对标世界人才中心和创新高地，深化人才发展体制综合改革试点，真正给人才松绑、减负、放活，优化领军人才发现机制、项目团队遴选机制。整合各类人才工程，强化人才政策创新集成，培养引进一批战略科技人才、技术领军人才和创新团队。深化高校工程教育改革，创新高校和企业联合培养高素质复合型工科人才机制。创新人才分类评价体系，

① “四不像”指的是一种研发机构既是大学又不像大学，文化不同；既是科研机构又不像科研院所，内容不同；既是企业又不像企业，目标不同；既是事业单位又不像事业单位，机制不同。

充分激发人才创新创业活力。

(二)关于产业生态体系改革的问题

产业生态决定产业体系竞争力。山东省产业分类相对完整,拥有全部41个工业大类,在207个工业中类中有197个,在666个工业小类中有526个,在建设先进制造业强省、塑成高质量发展新优势方面具有良好基础。现在的问题是,山东还没有形成完备的产业生态体系。

从“研发+制造+营销服务”看,主要问题是研发投入偏低、制造业比重下降。从制造业看,2015年山东省制造业占地区生产总值的比重为34.0%,2020年这一比重下降至27.2%。这既是产业结构演进的一般规律,也与山东省加快转变发展方式有直接关系。但也要看到,当前山东省生产性服务业发展滞后,高技术制造业比重偏低,整个制造业处在产业链中低端,在这种情况下,这一比重过早过快下降,有可能导致产业空心化,影响经济增速,威胁产业安全。对此,各级各部门必须有准确判断和把握。

从“原材料+中间品+最终产品”看,主要问题是产业链比较短。长期以来,山东企业依托能源资源优势,擅长初级产品的生产和粗加工,产业链中间产品占比过大,最终产品开发较少,导致产品附加价值较低。现在,这种状况还没有根本改变。

从“大企业+中企业+小企业”看,主要问题是缺少领航型企业。2020年,山东制造业营业收入过千亿的企业有8家,广东有9家,江苏有10家,浙江有12家。就制造业企业营业收入来源看,广东排第一的企业营业收入为8900亿元,山东排第一的只有3048亿元,引领性、支撑性明显不强,而且现有大型企业配套能力不强,没有形成大中小企业、上中下游产品、产学研协同创新的机制。

从“单个产品+产业链条+产业集群”看,主要问题是产业集群效应不强。比如化工产业,2016年底山东化工企业多达4574家,但“小、散、弱”的特点十分突出。2017年以来,山东对化工园区进行全面清理,从199个压缩到84个,但企业之间并没有实现真正意义上的链条化、集群化,也就是说,相关企业只是堆拢在一起,并没有产生“化学反应”。

建设优良产业生态体系,事关产业链、供应链优化升级,事关山东产业发展基础、潜力和后劲。“十四五”期间,必须在纵深推进新旧动能转换的过程中把构建优良产业生态体系放到更加突出的位置。一是加快实施标志性产业链突破工程,帮助企业解决产业链、供应链升级过程中的突出问题,打造一批领航型企业。二是建设制造业高质量发展示范区,布局一批标志性、引领性大项目,培植一批优势主导产业,创建一批国家级先进制造业基地,稳定制造业比重,着力提高制造业竞争力。三是实施战略性新兴产业集群发展工程,创新产业基础再造机制,扩大动力装备、轨道交通装备等产业集群优势,在芯片研发、机器人、智能建造、应急安全与节能环保等领域,建设一批国家先进制造业集群。四是梯次培育一批“专、精、特、新”企业。目前,山东拥有专精特新“小巨人”企业362家,居全国第3位,拥有国家制造业单项冠军企业145个,居全国第2位,但存在的问题是,人才引进难、企业融资难、政策落实难,各级政府应带着感情、责任,帮助中小企业解决实际困难,促进大中小企业协同发展、集约集群发展。

(三)关于数字经济赋能改革的问题

当前,数字经济正以高增值性、高渗透性、外部经济性、边际成本递减性等特点蓬勃发展,成为重组要素资源、重塑产业体系、重构竞争格局的关键力量。可以这样说,未来经济竞争主要是数字经济竞争。

近年,山东省数字经济发展比较快,但与先进省份相比差距明显。国家启动“东数西算”工程,布局建设8个算力枢纽节点、10个数据中心集群,而在这个布局中,山东省不在其列,山东16个市也不在其列。2021年,广东数字经济核心产业增加值占地区生产总值比重为13.2%,江苏为10.3%,浙江为11.4%,山东只有6%。尤其是其电子信息制造业规模太小,2021年其增加值仅占工业增加值的4.5%,比广东、江苏、浙江分别低22.4个、9.8个和3.7个百分点。为什么出现这种情况?一是系统集成滞后。数据部门所有、单位所有的格局没有被彻底打破;在部门内部,不同业务线条信息系统缺少统筹,独立建设、封闭运行的情况非常普遍;数字经济、数字政府、数字社会之间尚未完全贯通,没有形成系统集成效应。二是数据市场发育滞后。一些地方和单位没有把数据作为可再生、可复制的资源,很多领域的数据想用的拿不到,拥有的不会用,没有形成市场化的供需交易机制。三是企业数字化转型滞后。中国信息通信研究院把产业数字化水平划分为四个阶段,分别对应基础建设、单项应用、综合集成和协同创新。调研发现,山东处在第四阶段的工业企业仅占8.4%,其中领航型企业寥寥无几,尤其是中小企业数字化、网络化、智能化基础薄弱,加之缺少支撑数字化转型的云服务,山东企业数字化水平大多处在第一和第二阶段。四是工业互联网平台滞后。海尔卡奥斯、浪潮云洲两大“双跨”(跨行业、跨领域)平台在全国有较高知名度,最近国家又认定了蓝海、橙色云两个“双跨”平台，但总的来看，行业覆盖面不够广、带动作用不够强，其他工业互联网平台仍处于起步阶段。当前，全球正处在2008年国际金融危机后的第二次产业变革浪潮中，其核心就是数字化转型，美、欧、英、日、澳、韩等发达国家纷纷实施人工智能战略，力求在未来产业布局上掌握更多话语权，韩国、日本、芬兰、美国等已在6G方面展开布局，脸书、微软等科技巨头加速布局元宇宙。

面对数字经济迅猛发展的竞争态势，山东省必须紧跟发展大势，坚持立破并举，清除各种障碍，努力实现弯道超车、跨越发展。眼下的主要任务，一是加快建立全省一体、高度权威、系统集成的统筹协调机制，彻底打破数据垄断、数据分割，贯通数字经济、数字政府、数字社会，形成有效的监测体系、统计体系、考核体系。二是实施数字经济“第一工程”。借鉴浙江的做法，把发展数字经济作为“第一工程”，建立重点工作推进机制和专项行动计划，争取每年都有大的突破。三是依托海尔卡奥斯、浪潮云洲等“双跨”平台和省级数字经济园区，积极争取全国数据治理综合试点落地，吸引一批“国字号”数字经济总部入驻，建设全国性行业云中心、区域云中心，为中小企业数字化转型提供云服务。四是创新支持政策。2021年，广东在省级政务信息化建设方面投入财政资金40亿元，浙江投入20亿元，山东仅投入5.5亿元。如何尽快建立政府引导、市场运作、企业为主的政策体系，大力支持数字技术、项目和园区建设，需要各级各部门认真研究。

(四)关于碳达峰、碳中和改革的问题

2020年，中国向世界郑重承诺，力争在2030年前实现碳达峰，努力在2060年前实现碳中和。截至2021年1月，全球有50个国家实现碳达峰，127个国家承诺在21世纪中叶实现碳中和。近年来，山东省在迈向碳达峰、碳中和的进程中做了大量工作，取得了明显成效。但也要看到，由于产业结构偏重，山东省能耗总量、碳排放总量均居全国第一位，煤炭消费占一次能源消费的66.8%，比全国高10个百分点；碳排放总量占全国的10.1%，万元GDP能耗为0.57吨标准煤，远远高于广东、江苏、浙江；加之森林覆盖率偏低、生态碳汇能力偏弱，山东省如期实现碳达峰、碳中和目标的压力很大。碳达峰、碳中和是一场极其广泛而深刻的经济革命，必须深入贯彻习近平生态文明思想，坚定走生态优先、绿色发展之路，协同推进碳达峰、碳中和各项工作。

一是把握协同推进要求。把握协同推进要求有五个要点：实现碳达峰、

碳中和目标要坚定不移,但不可能毕其功于一役,不能搞“碳冲锋”,不能搞“一刀切”、运动式“减碳”;绿色低碳发展是长期任务,能源结构、产业结构调整不能一蹴而就,更不能脱离实际;传统能源要逐步退出,但要建立在新能源安全可靠的基础上;减污降碳是经济结构调整的有机组成部分,要先立后破、通盘谋划;要科学考核,创造条件尽早实现能耗“双控”向碳排放总量和强度“双控”转变。

二是深入推进顶层谋划。按照国家的要求,尽快出台碳达峰碳中和若干措施、碳达峰实施方案,配套制定能源、工业、科技、城乡建设、交通运输等重点领域实施方案,进一步完善省级层面规划体系和政策体系,抓紧建立碳金融、环保金融重点项目库,加大煤电、钢铁、化工等高碳行业转型金融支持力度。

三是深度调整产业结构。实施新一轮“四减四增”三年行动,将低效落后产能行业全部纳入淘汰范围。凡新建“两高”项目,一律实施“五个减量替代”,新增能耗指标全部用于“四新经济”[①]重大项目建设。

四是破解新能源发展堵点。2021 年山东新能源发电装机占总装机的 34%,发电量占比提升到了 17.7%。但由于储能装机配建不足,电力系统消纳能力受限,各地经常发生新能源弃电现象,大量浪费新能源。因此,一定要统筹各类能源有序发展,尤其是分布式光伏发电不能失控。当务之急是加快新能源配套调节电源、新型储能电站建设,提升电网对新能源发电消纳能力。

五是健全政策体系。完善黄河流域县际生态补偿机制,深化生态产品价值可量化、能变现机制改革试点。出台激励碳金融发展政策,支持海洋碳汇创新和固碳技术研推,支持重点城市、重点行业率先实现碳达峰,推动煤炭消费尽早达峰。

(五)关于国有企业改革的问题

如何搞活国有企业、提升治理水平和要素配置效率,一直是山东面临的重大课题。2019 年以来,中共山东省委实施了以混合所有制改革为主要内容的新一轮改革,2021 年底 96%以上的国有企业完成了混改,但与建立现代企业制度目标相比,混改仍然没有从根本上解决公司治理有效制衡、国有资本布局优化、股权结构分散多元、国有民营经营融合等问题。比如,在治理

---

① “四新经济”指新技术、新产业、新业态、新模式的经济形态。

结构上，企业党组织与董事会权责不明，有些企业党组织要么流于形式，要么代替董事会决策，要么在决策上出现分歧导致经营层无所适从。在产权多元上，通过上市、引进战略投资者、入股非公企业、员工持股等多种方式，国有资本和非国有资本交叉持股比例明显提升，但国有资本一股独大的格局依然没有改变，在纳入混改的170家企业中，员工持股试点企业只有10家，而且规定员工持股总量占比和单一员工持股占比不得突破30%和1%，特别是在垄断行业，即使混改了、改制了，民营资本发挥的作用也极为有限。在管理模式上，国有企业在战略目标、经营决策、运行机制等方面，与非国有企业差距明显、难以融合，尤其是国有股权占控制地位的混合所有制企业，大多延续了国有企业管理模式，导致国有和非国有两种模式双轨运行，混改的作用和优势难以真正发挥。在资产布局上，整合组建山东港口集团等一大批省属国有企业，推动国有资产向关键领域、基础领域、“十强”产业集中，但在这个过程中，省属国有企业数量迅速增加，经营行业过多、布局过于分散，不利于民营经济改革发展。在配套改革上，企业人事、劳动、分配三项制度改革没有取得实质性突破，特别是薪酬分配差异化改革滞后，正向激励机制尚未真正构建，企业融资、资产评估、产权交易、监管追责等制度体系没有全面建立，导致改革效果打折扣、改革成色降低。国有企业改革的方向是建立现代企业制度，目的是增强竞争力、创新力、控制力、影响力和抗风险能力。在新发展阶段，如果国有企业改革不能取得大的突破，不能改出“国企资源＋民企机制”的新优势新活力，那么山东高质量发展就不会有出路。

（六）关于金融体系改革的问题

金融是现代经济的核心，如果金融体系存在堵点，国内国际双循环就会受阻，就不可能形成相互促进的新发展格局。这些年，山东深化金融改革取得了很大成绩，但与广东、江苏、浙江相比，金融规模明显偏小，2021年山东金融机构贷款余额为11.8万亿元，而广东为23万亿元，江苏为19万亿元，浙江为17万亿元；山东金融业增加值占地区生产总值比重为5.9%，比全国低2个百分点，尤其是乡村振兴、中小微企业融资难、融资贵问题长期得不到有效解决。主要原因，一是资本市场发育滞后。2021年山东境内上市公司269家，分别比广东、江苏、浙江少493家、337家和301家。创投风投机构数量少、实力弱，难以满足科创企业融资需求，截至2021年，山东在中国证券投资基金业协会备案基金2532只，不及广东的1/10、浙江的1/5，占全国比重仅为2.16%，低于广东21.67个百分点、浙江10.14个百分点。二是产业结构改革不深。山东是传统工业大省,资源型、重化型产业占比偏高,2021年营业收入排前两位的行业仍然是炼油炼焦业、化工业。这些年,国家持续加大"两高"行业调控,山东相关企业信贷融资受到很大制约。三是普惠金融创新不足。金融机构产品创新跟进不够,抵押、质押、担保品种偏少,中小微企业、"三农"领域获得金融支持的难度很大。2021年,山东省市场监督管理局调查显示,62.9%的小微企业认为"融资难融资贵问题没有解决"。四是地方金融改革迟缓。五是风险防控体系偏弱。2022年3月末,全省关注类贷款余额4716.8亿元,占全部贷款比重超过4%。根据对70家政府融资平台公司的调查,78.6%反映融资存在困难,11.4%季末资产负债率超过90%。2018年、2019年、2020年制造业不良贷款率分别为8.67%、8.92%和6.47%,2021年潜在不良贷款率为7.81%,这必然弱化金融机构对实体经济的支持。对上述体系短板、制度弱项和机制漏洞,我们一定高度重视,深化研究。

三、提升改革攻坚能力:做一个坚定执着、勇毅担当的改革者

习近平总书记在2020年秋季学期中央党校(国家行政学院)中青年干部培训班开班式上强调:"面对复杂形势和艰巨任务,我们要在危机中育先机、于变局中开新局,干部特别是年轻干部要提高政治能力、调查研究能力、科学决策能力、改革攻坚能力、应急处突能力、群众工作能力、抓落实能力,勇于直面问题,想干事、能干事、干成事,不断解决问题、破解难题。"[①]对于年轻领导干部来说,提高改革攻坚能力体现在哪些方面?

第一,体现在政治把控上,就是在推进改革中坚决做到"两个维护"。全面深化改革,必然有不同认识碰撞和不同利益交织,作为领导干部,在任何时候任何情况下都要站稳政治立场、坚持政治原则、保持政治定力。首要的是深入学习习近平总书记对全面深化改革的重要论述、对山东改革工作的重要指示要求,深刻理解领会中央关于改革的战略部署,真正把思想和行动统一到习近平总书记重要指示要求和中央重大部署上来。要牢牢把握改革方向。实践证明,改革是实现第二个百年奋斗目标的关键一招,必须始终在党的领导下统筹推进,善于从政治上认识、把握和推进改革。对偏离正确方

① 《习近平在中央党校(国家行政学院)中青年干部培训班开班式上发表重要讲话强调　年轻干部要提高解决实际问题能力　想干事能干事干成事》,《人民日报》2020年10月11日。

向、违背中央精神的错误行动，要旗帜鲜明反对、理直气壮纠正，确保改革不走偏、不掉向。要切实做好转化文章。中共山东省委反复强调，要把“两个维护”落实到各领域各方面，体现在履职尽责、做好本职工作的实效上。如果连本职工作都做不好，怎么叫做到“两个维护”？在新发展阶段，改革就是我们的本职工作，要抓好规划、建立机制、强化督导，真正把习近平总书记的重要指示要求转化为推动山东改革向纵深发展的强大动力。

第二，体现在思想解放上，就是坚决破除一切影响改革发展的思想禁锢。山东省与南方先进省份相比存在的最大差距就是观念思想上的差距，主要是观念变革慢、思想解放慢。由于慢，改革措施就跟不上，经常南方都出经验了，山东还在等待观望。为改变这种状况，2018 年 2 月，中共山东省委召开全面展开新旧动能转换重大工程动员大会，明确提出从传统发展模式、单一 GDP 增长速度情结、守旧守成、机械政策依赖、窄视野小格局发展、“我的政绩”中解放出来，由此拉开了山东新一轮解放思想的大幕。此后，中共山东省委先后率领党政代表团南下、北上，学习先进经验，开拓视野境界，展开制度创新、流程再造等重大改革，推动政治、政务、经济、创新、自然、社会等生态全面向好，推动全省发展呈现由量到质、由形到势的根本性转变。解放思想永远在路上。新发展阶段解放思想有一个显著特点，就是更加精准、更加聚焦。所谓“更加精准”，就是始终坚持问题导向，哪个地方、哪个方面、哪个环节有问题，就解决什么问题。所谓“更加聚焦”，就是聚焦高质量发展的痛点、堵点、难点，大胆闯、大胆试、大胆破。比如，重大改革问题包含若干具体改革事项，要一项一项分解，形成问题链条，看哪个环节山东能够突破；不能突破的，要研究国内哪个省哪个市甚至哪个企业有可借鉴的经验；如果国内没有，就要研究哪个国家哪个城市哪个企业有，要主动对接，有针对性地破解。

第三，体现在大势把握上，就是深刻研判面临的新形势，科学作出改革决策。形势清才能方向明、决策准。经过多年努力，山东改革的四梁八柱已经立起来了，但要看到，进入新发展阶段，百年变局与世纪疫情相互交织，外部环境不确定性不稳定性因素显著增多，国内需求收缩、供给冲击、预期转弱三重压力没有得到根本缓解，山东自身存在的周期性、结构性、体制性矛盾进一步显露，高质量发展面临的挑战更多，攻坚破解的难度更大。从改革的阶段性特点看，改革正处于全面深化期、深水攻坚期、集中突破期，涉及的领域更广、范围更宽、层次更深，如建立全国统一大市场改革、资源要素市场化配置改革等，都牵一发而动全身，都涉及发展全局，都牵涉更深层次的利益调整。如果这些大势搞不清楚、把握不准，作为领导干部就很难作出决策；即便是作出了决策，也很难说是正确的、科学的决策。领导干部要做到三点：一是善于研究，就是深入研究中央关于经济形势和改革形势的重大判断，研究中央据此推出的重大改革政策。二是跟踪研判。形势在不断变化，改革实践在不断深化，要跟踪分析国内国际形势的变化趋势，跟踪中央和省委改革政策的最新变化，据此不断调整所在地区和部门的改革措施，始终把准把牢深化改革的方向。三是实施评估。一项改革决策付诸实施后，效果到底怎么样，我们心里一定要有数。要建立决策实施评估机制，根据改革进程和不同阶段开展效果评估，发现苗头问题，及时采取措施，迅速纠偏纠错。

第四，体现在改革谋划上，就是研究拿出高质量的改革思路、规划和实施方案。思路带有宏观性、方向性，规划是思路的具体化，方案是规划的操作化，这既是顶层设计，也是改革的路线图、施工表。拿出高质量的改革思路、规划和方案，一是要研究透彻。思路、规划、方案事关发展全局，一些重大问题必须深入研究、研究透彻，比如编制规划不仅要深入研究基础环境、发展阶段、机遇优势、挑战矛盾等问题，还要系统把握国外研究情况、国内研究进展、省外实践动向、省内相关工作推进状况等。二是要深度提炼。规划、计划、方案等篇幅有限，指导思想、改革目标、基本原则、重点任务、组织实施与保障措施等都要高度凝练，不能拖泥带水。三是要注重操作，尤其是实施方案和行动计划的制定，一定要具体、务实、可操作，否则就是一堆废纸。过去，一些地方和部门制定的文件，如意见、方案、行动计划等，洋洋洒洒、大而化之，不具有可操作性，基本落不了地。

第五，体现在推动落实上，就是以抓铁有痕的劲头，确保各项改革落地见效。改革规划、方案、计划出台后，剩下的就是如何落实的问题。一要有担当，迎难而上。作为改革的领导者、组织者，要坚定扛起改革重大责任，矛盾面前不回避，困难面前不退缩，带头啃硬骨头，带头涉险滩。比如，经过多年建设，开发区原有体制已过度行政化，要想真正回归培育产业、创新开放功能，就会涉及既有利益格局的重大调整，改革难度可想而知。但中共山东省委敢于担当，排除各种阻力，出台改革意见，全面推行“党工委（管委会）＋”体制。二要有韧劲，坚韧不拔。破解深层次的体制矛盾，必须顽强执着、百折不挠、久久为功。看准了的事，胆子要大，果敢决策、果断出手，切不可患得患失、贻误时机。比如区域布局改革，始于20世纪90年代初期，从两大跨世纪工程到三个突破、一个龙头、一体两翼，再到两区一圈一带，直到2020年，中共山东省委确定了一群两心三圈的区域布局，前后经历了30多年。三要有务实作风，扑下身子一抓到底。在具体操作过程中，步子要稳、办法要实，切不可不明就里、蜻蜓点水、浮在面上。作为领导干部，“部署动员—全面展开—调研督查—发现问题—破解问题—再次发动—评估效果”每一个环节都要亲力亲为。否则，再好的蓝图也可能成为空中楼阁。

第六，体现在改革策略上，就是要增强改革的系统性、整体性、协调性。改革是一个大系统，涉及方方面面、各个领域，必须整体把握、明确重点、设计路径、排出次序，既积极稳妥又协调有序推进。一是要统筹一体，一体设计、一体推进经济、政治、文化、生态、社会、党建等领域改革。二是要整合重组，对资源错配、布局过散的事项要实施整合或重组改革，提高资源配置效率。三是要集成创新，把行业相近、事项单一、业务重叠的政策进行有机整合，并上升为系统化、整体化的高层次改革措施，大大降低改革成本。同时，有些改革可在点上先行先试，取得经验后再在面上推开；坚持典型引领，及时总结推广；坚持尊重首创，鼓励大胆探索。

第七，体现在合力攻坚上，就是要调动各种力量形成改革的强大能量。一名优秀的领导干部总是善于凝聚各方面资源，形成改革攻坚合力，特别要做好宣传发动、建立机制、明确责任、强化考核、储备资源、备好预案等相关工作，确保各项重大改革稳步推进、落地见效、开花结果。

10.提高领导干部应急处突能力

张明亮*

党的十九大报告提出："领导十三亿多人的社会主义大国，我们党既要政治过硬，也要本领高强。"①同时，提出了"增强驾驭风险本领"等八项本领。2020年10月10日，习近平总书记在中央党校（国家行政学院）中青年干部培训班开班式上提出，干部特别是年轻干部要提高应急处突等七种能力。从党的十九大报告中的八项本领到2020年的七种能力，党中央和习近平总书记都把防范化解重大风险能力、应急处突能力摆在极为重要的位置。

应急处突能力是一个较为复杂的系统。我们从领导干部基层实践的视角，坚持问题导向，在实践中凝练出了领导干部普遍关心的四个核心问题，分别对应四个目标、四个框架，以提高领导干部应急处突能力（见表1）。

表1　应急处突能力逻辑框架

核心问题	目标	框架
核心问题1：近年来，我国日益呈现出大灾多发、频发及多灾并发趋势，为什么？	大势上明白	现阶段，我国面临的风险特征及理论基础
核心问题2：灾害事故发生后，在急难险重任务面前，面对救援部门多、层级多、人员多、头绪多的情境，怎么办？	在经验总结中提高应急指挥能力	应急救援"抢"的阶段，指挥体系构建的实践

* 张明亮，中共山东省委党校（山东行政学院）应急管理培训部主任、教授。

① 习近平：《决胜全面建成小康社会　夺取新时代中国特色社会主义伟大胜利——在中国共产党第十九次全国代表大会上的报告》，人民出版社2017年版，第68页。

续表

核心问题	目标	框架
核心问题3:在应急救援过程中,如何有效引导舆情?	在经验总结中提高舆情引导能力	应急救援过程中,舆情引导的实践
核心问题4:如何反思提高在应急救援过程中暴露出的薄弱环节?	在经验总结中反思提高	应急救援过程中,反思提高

一、现阶段,我国面临的风险特征及理论基础

近年来,为什么我国呈现出大灾多发、频发及多灾并发的趋势?如江苏响水“3·21”特别重大爆炸事故、超强台风利奇马、新冠疫情、笏山金矿“1·10”事故、曹家洼金矿“2·17”事故、郑州“7·20”特大暴雨灾害等接踵而至。我们以事故灾难为例回答这个问题。从全国来看,改革开放以来,生产安全事故的起数和死亡人数是呈上升趋势的,到2002年达到顶峰,全国生产安全事故起数和死亡人数分别为107万起、14万人;自2003年开始一直到2021年,全国生产安全事故起数和死亡人数呈持续下降趋势。以山东省数据为例,2000年全省生产安全事故起数和死亡人数分别为79346起、11171人,2020年下降到900起、544人,分别为2000年的1.13%和4.87%。2020年的山东省生产安全事故起数和死亡人数比2019年分别下降了38.0%和38.4%,2021年比2020年又分别下降了26.4%和30.6%。当然,需要指出的是,不同年份的统计口径稍有不同。

近年来,我国呈现出的大灾多发、频发及多灾并发趋势,是我国进入现代风险社会的正常表现。要准确理解、把握“现代风险”的内涵,首先需要准确把握“现代化”这个概念,而要想理解“现代化”,需要从启蒙运动谈起。

在人类历史上,理性一直被人们所推崇,但是真正让理性处于统治地位的则是启蒙运动。启蒙运动使理性代替神性,英国著名哲学家弗朗西斯·培根的名言“知识就是力量”就是在这个时期提出的。

反对宗教愚昧、尊崇理性,极大地促进了科学技术的进步和现代化进程的发展。西方发达国家的第一次现代化实现了由传统农业社会向工业社会的转变,第二次现代化实现了由工业社会向知识社会的转变。随着科学技术的发展,人们建立起极大的自信,认为理性所带来的科学技术能够驾驭一

切,能够扫除愚昧,并且可以使人类站在世界之巅。然而,现实是理性越来越趋向工具理性主义,越来越缺少理性本来应有的人文主义关怀。也就是说,工具理性盛行,价值理性衰微。马克斯·韦伯继承和发展了黑格尔关于理性的概念,将理性分为工具理性和价值理性两个概念。工具理性更加关注目的和结果,漠视人的情感和精神价值,其内核是功利主义;价值理性则更加关注人的情感和精神价值。

以往人们认为,现代性是一种连续的、不断发展进步的、知识越多控制越强的观念,将会导向一种更幸福、更安全的社会秩序。然而,基于西方现代性理念的现代化并没有按照预想发展,相反,科技和制度的不断发展使人们陷入越来越多的不确定性和风险之中。现代性日益呈现出非线性、非进化的且并非越来越幸福安全的特征,也就是出现了现代性的断裂。现代性断裂的深层原因是现代性的内在悖论使得社会不平等和人的异化非但未被克服,反而以一种新的形式得到强化,出现了现代性内部的断裂和对抗,进而表现为一种社会延续性的断裂。

现代性断裂导致现代风险的诞生。现代风险的主要特征有:(1)内在性。现代性所带来的每一个进步同时给我们带来了新的风险。例如,汽车的发明让人们出行更加快捷便利,但也带来了交通事故的风险。据报道,全球每年因交通事故死亡的人数超过百万。(2)泛在性。风险不仅存在于技术领域(自动驾驶、智能机器人等新兴技术)、金融领域(各种投资风险,如中国银行"原油宝"事件),也存在于社会领域和我们生活的方方面面(健康风险等)。(3)系统性。风险系统理论的提出者德国著名学者尼克拉斯·卢曼认为,现代社会是一个功能不断分化的自我指涉(自我参照)系统,伴随功能分化而产生的社会结构的多重复杂性和不确定性以及时间结构的复杂性是现代社会风险产生的根源。因此,要从系统的角度来把握风险问题,因为各种不同风险之间存在内在联系,如新冠疫情与经济衰退之间存在联系。(4)自反性。现代风险是自反性现代化的产物,现代化和科学技术发展越快、越成功,不确定性就越大,风险就越多、越大。

上述分析是基于西方发达国家的实践得出的,西方发达国家所经历的,我们国家基本上都经历过。同时,我们国家还有其自身的特殊性。

第一,我国加速进入社会转型期,农业社会、工业社会、知识社会并存。时空压缩、多种社会形态共存导致历史性的风险共时性存在的格局。

很多学者认为,我国的现代化之路始于1978年的改革开放,至今仅有45年,而西方发达国家的现代化之路却已经走过了几百年。以德国为例,我们来详细看一下西方发达国家的现代化之路。1900 年前后，德国实现了第一次现代化，由传统农业社会转变为工业社会；20 世纪七八十年代，德国实现了第二次现代化，由工业社会转变为知识社会。从时间上来看，西方发达国家现代化的历程是前后相继的。再以城市化为例来看一下我国的现代化之路。1978～2018 年，短短 40 年，我国城市化率从17.9%陡升到 59.6%。与西方发达国家不同，从时间上来看我国的现代化之路没有充分展开，不是前后相继的，从而导致现阶段我国农业社会、工业社会、知识社会三种社会形态并存。另外，在空间上我现代化也不均衡，京津冀、长三角、珠三角以2.8%的国土面积集聚了 18%的人口，创造了 36%的 GDP。所以，时空压缩、多种社会形态共存是我国现阶段现代化的典型特征，这也导致西方发达国家历时性的风险在我们国家共时性存在的格局。换句话说，就是我国既有工业化、城市化带来的环境污染、贫富差距、道德滑坡、社会问题丛生等现代风险，又有大量的地震、台风、洪涝、泥石流、滑坡等传统自然风险。当然，这种自然风险已经不再是纯粹意义上的自然风险，其中也有人为因素。

多种社会形态共存、时空压缩，及历史性风险共时性存在这一基本事实，使我国所面临的风险比西方发达国家更为严峻复杂。我国现代化进程中的各种风险具体体现为两大进程（工业化、城镇化）、两种态势（生产经营规模不断扩大，传统和新型生产经营方式并存；各类事故隐患和安全风险交织叠加）和三大挑战（生产安全事故易发多发；重特大安全事故频发势头尚未得到有效遏制；事故呈现由传统高危行业向其他行业领域蔓延趋势，危及公共安全）。

此外，我国的巨大体量也加剧了这种风险的严峻性和复杂性。如我国道路交通方面，每天客运量约 4300 万人，相当于一个中等国家的人口数量，机动车保有量 2.9 亿辆，机动车驾驶人数量近 3.6 亿人；轨道交通方面，截至2019 年 5 月，已有 34 个城市开通轨道交通运营线路，每天约 4400 万人乘坐地铁；民航方面，每天运输旅客约 130 万人；货物运输方面，危险货物道路运输业户近 1.1 万户，运输车辆约 35 万辆，全年道路运输完成危险货物运输量约 10 亿吨，居全球第二位；建筑行业方面，全国有 5500 万名外出务工人员在各工地作业；消防安全方面，全国有近 7000 栋 100 米以上的高层建筑，居世界第一。

第二，我国是世界上自然灾害最为严重的国家之一，灾害种类多，分布地域广，发生频率高，造成损失重。

2020 年 10 月 13 日，联合国发布的《灾害造成的人类损失（2000～

2019)》报告显示,2000～2019 年全球共发生有记录的重大灾害 7348 起,灾害发生频率高。亚洲遭受的灾害事件最多,灾害事件排名前十的国家中有 8 个在亚洲,排名前五位的国家分别是中国(577 起)、美国(467 起)、印度(321 起)、菲律宾(304 起)、印度尼亚(278 起)。

从全球范围看,洪涝和台风是最严重的自然灾害,占 72%。具体到我国及山东省洪水灾害情况,从历史上来看,自公元前 206 年至公元 1949 年,较为严重的洪涝灾害有 1092 次,旱灾 1056 次,平均每两年发生一次。我国现在仍是世界上遭受水旱灾害最为严重的国家之一。在我国各类自然灾害中,水旱灾害是发生频次最高、综合损失最重的灾种。近年来,降雨量屡破极值。比如,2021 年 7 月 18 日 18 时至 21 日 0 时,郑州出现罕见持续强降水天气过程,20 日 16～17 时郑州本站降雨量达 201.9 毫米,超过我国陆地小时降雨量极值;截至 2021 年 10 月初,山东省平均降雨量较历年同期偏多近五成,列 1916 年以来第 2 位。

《灾害造成的人类损失(2000～2019)》报告显示,与 1980～1999 年相比 2000～2019 年灾害急剧增加,由 4212 起急剧增加至 7348 起灾害。急剧增长的主要原因是与气候有关的灾害增加,如极端天气事件。2020 年 11 月 26 日,应急管理部党委书记黄明同志引用联合国减少灾害风险办公室专家的话,指出如果极端天气气候事件的增长水平在接下来的 20 年中仍然持续,那么人类的前途确实非常黯淡。

第三,改革开放由 20 世纪八九十年代人人都能获益的“帕累托改进”进入一部分人受益一部分人受损的深水区。

1993 年 9 月 16 日,邓小平与弟弟邓垦谈话时提出:“十二亿人口怎样实现富裕,富裕起来以后财富怎样分配,这都是大问题。题目已经出来了,解决这个问题比解决发展起来的问题还困难……中国人能干,但是问题也会越来越多,越来越复杂,随时都会出现新问题……过去我们讲先发展起来。现在看,发展起来以后的问题不比不发展时少。”①习近平总书记指出:“我们的事业越前进、越发展,新情况新问题就会越多,面临的风险和挑战就会越多,面对的不可预料的事情就会越多。”②

第四,新发展阶段是全面建设社会主义现代化国家、向第二个百年奋斗

① 中共中央文献研究室编:《邓小平年谱(1975～1997)》(下),中央文献出版社 2004 年版,第 1364 页。

② 《习近平谈治国理政》,外文出版社 2014 年版,第 23 页。

目标进军的阶段。我国现代化是人口规模巨大的现代化，是全体人民共同富裕的现代化，是物质文明和精神文明相协调的现代化，是人与自然和谐共存的现代化，是走和平发展道路的现代化。

通过上述分析我们清晰地得出，近年来我国呈现出的大灾多发、频发及多灾并发趋势是在发展中面临的新挑战，是我国进入现代风险社会的正常表现。我们既要高度重视、积极应对，又要适应风险，学会与风险共存。正如习近平总书记在中共十九届中央政治局第十九次集体学习时所强调的："加强应急管理体系和能力建设，既是一项紧迫任务，又是一项长期任务。"①

这就是我国现阶段在应急管理、应急处突上的大势，也是近年来习近平总书记如此重视应急管理、应急处突的深层次原因。基于发展中新挑战的不断涌现和我国进入现代风险社会，应急处突既紧迫，又不可能一蹴而就、一劳永逸，是一项长期任务。

二、应急救援"抢"的阶段，指挥体系构建的实践

在日益开放的当今社会，越来越多的突发事件具有突然性、复杂性、多样性、连锁性、集中性、严重性、放大性等非常规特征，它的形成机理不确定，演变过程错综复杂，影响后果严重，难以用传统的常规方式进行识别、研判、决策和处置。与之相对应，突发事件的处置与救援是一个多阶段、多主体、多层级、多目标的适应性动态演进过程。

中国的应急决策体制是一种碎片化的官僚制决策模式：在权力的纵向分配上，以上级垂直管理为主、属地管理为辅，相对"集权于上"；在权力的横向分配上，以分类管理为主，发挥综合管理和议事协调机构职能；在条块关系上，职能交错、相互分割，衔接配合不够；同时，决策过程以追求共识和程序化为主，保留必要的弹性和灵活性。这种超稳定、碎片化、科层制的应急决策模式，与重特大突发事件发生后尽快开展抢险救援以有效减少损失的要求不相适应，与现场快速动态演变的突发事件态势不相适应，决策迟滞经常导致事态扩大，产生更大的损失。

在这种不相适应的大背景下，发生突发事件后，面对救援部门多、层级多、人员多、头绪多的情境，怎么办？唯一可行的出路是调整应急决策模式

---

① 中共中央党史和文献研究院编：《习近平关于防范风险挑战、应对突发事件论述摘编》，中央文献出版社2020年版，第199页。

以适应突发事件特征。

近年来，山东省在灾害事故应急救援中凝练出三条基本经验。

第一，必须在第一时间担当作为，做到“六个第一时间”（第一时间省委省政府作出部署安排、果断处置，第一时间省市县三级主要负责同志赶赴现场、处置应对，第一时间向党中央、国务院如实报告情况、争取支持，第一时间强化舆论引导、发布权威信息，第一时间依法查处造谣生事者并向社会公开揭露曝光，第一时间疏散无关聚集人群）的应急响应。2019 年 2 月 11 日（春节后上班第一天），山东省“担当作为、狠抓落实”工作动员大会在济南召开，中共山东省委主要领导同志提出，要着力提高各级干部处置突发事件的能力，面对一些突发重大事件时，要坚决做到“六个第一时间”，掌握事件处置的主动权。对涉及民生安全，对各类风险隐患不敏感，没有做到“六个第一时间”的，要依纪依规问责。

第二，切实加强集中统一领导，建立前后方协调和省、市、县、企业四位一体高效运转、扁平化的组织指挥体系，“五个统一”的指挥机制。“五个统一”即统一组织、统一指挥、统一调度、统一方案、统一实施。在龙郓煤业冲击地压事故救援过程中，通过组建指挥部临时党委，加强党对应急救援工作的集中统一领导，充分发挥党组织和党员在抢险救援中的战斗堡垒和先锋模范作用。

第三，健全工作预案、工作制度、工作流程，形成协调运转的运行机制。指挥部层面制定了会议、请示汇报、沟通协调、信息发布、工作纪律等工作制度；各工作组也分别制定了自己的工作制度，如舆情工作组制定了工作调度、信息发布、信息通报、24 小时值班、联络沟通等制度。

三、应急救援过程中，舆情引导的实践

传播过程中存在首声效应，即第一次传播和接受的信息对受众的作用最强、影响最大，大多数人都会相信和附和，而人们对后续信息的接受则具有很强的选择性，符合首声效应的就接受，不符合的就排斥。因而，重特大突发事件发生后，需要尽快发声，首次发布信息要在 5 小时内，首场发布会要在 24 小时内。而且，舆情引导要与灾害事故救援同步部署、同步开展、同时研究、同频共振，进而争夺第一话语权、第一解释权、第一评论权、第一定义权。

灾害事故发生后,舆情工作组要建立各种工作制度,如工作调度制度、信息发布制度、信息通报制度、舆情监控制度、联络沟通制度、24 小时值班制度等。舆情工作组为更好地开展工作,可内设多个小组,如现场采访组(负责联系媒体记者采访)、信息发布组(负责组织协调对外发布消息)、舆情信息组(负责舆情管控)、后勤保障组(负责媒体记者接待、住宿安排和舆情组的后勤保障)等。

在具体工作中,要根据救援进展主动设计议题,以我为主释放信息。例如,笏山金矿"1·10"事故围绕两条主线设置议题,一是习近平总书记"人民至上、生命至上"的重要指示精神,二是中共山东省委不惜一切代价、穷尽一切手段、抢夺救援时间的有关要求。

舆情引导工作要突出专家作用。如在龙郓煤业冲击地压"10·20"事故中,组织专家解疑释惑:一是突出专家发布,从专家角度对冲击地压的形成、救援的困难和危险等问题作深入浅出的讲解,引导预期;二是在救援敏感节点,安排专家接受专访,通报救援面临的困难,适度降低舆情热度,同时明确传递不放弃不抛弃的搜救决心。

舆情引导工作要善用巧用新媒体。如在龙郓煤业冲击地压"10·20"事故中,围绕"不放弃不抛弃"理念、"冲击地压"概念等,先后制作了《尊重每一个生命》《龙郓煤业紧急救援:井下情况复杂　争分夺秒不放弃》等十余部新媒体作品,全网推送。

四、应急救援过程中,反思提高

恩格斯曾经讲过:"没有哪一次巨大的历史灾难不是以历史的进步为补偿的。"①

(一)信息报告迟报

龙郓煤业冲击地压"10·20"事故发生 6 分钟、17 分钟后(2018 年 10 月 20 日 22 时 43 分、22 时 54 分),矿调度室值班员孙若海接到综采一队副工长袁岭、安检员刘顺伟报告,井下 3 号联络巷发生冲击地压。事故发生后 31 分钟至 41 分钟(23 时 8 分至 23 时 18 分),生产部副总经理、总经理、安监处长

① 《马克思恩格斯文集》第 10 卷,人民出版社 2009 年版,第 665 页。

等接到事故报告,龙郓煤业立即启动应急预案。事故发生 1 小时 48 分钟、4 小时 9 分钟后(21 日 0 时 25 分、2 时 46 分),龙郓煤业分别向龙矿集团、山东能源集团进行报告。事故发生 3 小时 39 分钟、3 小时 51 分钟、4 小时 15 分钟、4 小时 22 分钟后(21 日 2 时 16 分、2 时 28 分、2 时 52 分、2 时 59 分),龙郓煤业分别向原山东煤炭工业局、山东煤矿安监局鲁东监察分局、山东煤矿安监局、菏泽市煤炭管理局电话报告了事故。

接到山东龙郓煤业有限公司发生冲击地压信息后,应急管理部领导同志批评这起事故上报滞后,要严肃批评山东相关企业和煤监、安监部门迟报问题。另外,龙郓煤矿公司执行董事、总经理、法定代表人作为安全生产第一责任者,事故发生后未在规定时限内向有关部门报告,给予撤职,终身不得担任本行业生产经营单位的主要负责人。

为规范信息报告,《山东省人民政府办公厅关于切实加强和改进安全生产类、自然灾害类突发事件信息报告工作的通知》(鲁政办字〔2019〕50 号)要求:"各级各有关部门(单位)要增强使命感和责任担当,加强对信息报告工作的组织领导,切实履行信息报告主体责任,明确职责分工,层层压实到人。严肃责任追究,建立突发事件信息报告责任倒查机制。重大及以上突发事件处置结束后,省应急厅要会同有关部门(单位)对突发事件处置各环节进行认真核查,尤其是突发事件信息报告时间和报告范围,出现信息迟报、漏报、瞒报的,严肃追究相关部门(单位)及有关人员的责任。"[①]该通知还完善了突发事件信息报告主体责任清单,如省交通运输厅负责报送内河通航水域(国家海事部门管辖范围除外)的水上交通事故、城市轨道交通运营事故、公路水运工程事故等信息;省公安厅负责报送道路交通事故,大型集会和游园等群体性活动中因拥挤、踩踏发生的伤亡事故等信息。[②]

然而,笏山金矿"1·10"事故仍然暴露出信息上报滞后的问题。2021 年 1 月 10 日 13 时 13 分许,山东五彩龙投资有限公司栖霞市笏山金矿(以下简称"笏山金矿")发生爆炸事故,造成 22 人被困。10 日 19 时许,西城镇党委负责同志从笏山金矿附近左家村村民处获悉发生事故,随即向栖霞市政府有关负责同志作了报告。中共栖霞市委书记、市长到现场了解情况,作出暂

① 《山东省人民政府办公厅关于切实加强和改进安全生产类、自然灾害类突发事件信息报告工作的通知》,《山东省人民政府公报》2019 年第 10 期。

② 参见《山东省人民政府办公厅关于切实加强和改进安全生产类、自然灾害类突发事件信息报告工作的通知》,《山东省人民政府公报》2019 年第 10 期。

不上报、继续组织救援的决定。11 日 18 时 46 分，烟台市应急管理局主要负责同志从其他渠道获悉笏山金矿发生事故，随即要求栖霞市进行核实。中共栖霞市委书记、市长才决定以 11 日 20 时 5 分接报的时间上报。在笏山金矿“1·10”事故的追责方面：五彩龙投资有限公司法定代表人未依法报告生产安全事故，瞒报生产安全事故，被追究刑责；中共栖霞市委书记、市长对未按规定及时上报事故负有主要领导责任，2021 年 1 月 15 日被中共山东省委免职，2 月 1 日因涉嫌不报、谎报安全事故罪被公安机关指定居所监视居住，2 月 5 日转刑事拘留。

（二）心理干预服务范围未能实现全覆盖

《山东省突发事件应对条例》第三十六条规定：“为受到危害的人员提供应急避难场所和生活必需品，实施医疗救护、疾病预防控制、心理干预服务以及其他保障措施。”[①]在龙郓煤业冲击地压事故中，受到危害需要心理干预服务的人群主要涉及成功脱困人员、遇难者家属和一线救援人员三类。在救援过程中，我们对成功脱困人员及时实施了专业的心理干预服务，但对遇难者家属和一线救援人员的心理干预服务缺位。以一线救援人员为例，救援现场作业空间狭窄，最窄处只有两平方米，大型装备无法使用，一线救援人员需要佩戴优质防护口罩进行作业，而且井下温度较高（27.5～43 ℃），湿度很大，且是密闭空间，遇难者遗体发现时多在事故发生 5 天之后（2018 年 10 月 25 日之后发现 18 人），通常 1 天后尸体出现腹部膨胀，第 2 天开始产生尸臭，3～7 天后体内液体会从口鼻等处流出。一线救援人员受到的视觉冲击较大，存在患创伤后应激障碍（PTSD）的风险。

值得欣慰的是，在笏山金矿“1·10”事故救援过程中，2021 年 1 月 16 日中共山东省委书记李干杰到达救援现场，提出调集最有力的医疗力量，从协和、天坛、朝阳、安定等医院抽调重症、营养、心理、中毒、神经外科专家参与救援。

作为新时代的领导干部要从大势上明白，近年来我国日益严峻的灾害事故形势，是我国进入现代风险社会的正常表现，是发展中产生的新问题，我们既要高度重视、积极应对，又要适应风险，学会与风险共存。灾害事故发生后，我们必须在第一时间担当作为，掌握事件处置的主动权，必须切实

① 《山东省突发事件应对条例》，国家法律法规数据库，2012 年 5 月 31 日。

加强集中统一领导，建立高效运转、扁平化的组织指挥体系，必须健全工作预案、工作制度、工作流程，形成协调运转的运行机制，我们还须做好救援过程中的舆情引导工作，让舆情这个最大的“不确定性”少释放或不释放负能量，最后我们还需要总结反思救援过程中的短板和不足，进而最大程度提升领导干部的应急处突能力。

参考文献：

[1]钟开斌：《应急决策：理论与案例》，社会科学文献出版社 2014 年版。

[2]《习近平谈治国理政》，外文出版社 2014 年版。

[3][德]乌尔里希·贝克：《风险社会：新的现代性之路》，张文杰、何博闻译，译林出版社 2018 年版。

[4]张广利等：《当代西方风险社会理论研究》，华东理工大学出版社 2019 年版。

11.立足全周期，提高突发事件应急管理能力

张国亭[*]

突发事件是指突然发生，造成或者可能造成严重社会危害，需要采取应急处置措施予以应对的自然灾害、事故灾难、公共卫生事件和社会安全事件。提高领导干部突发事件应对能力，要求针对各类突发事件，提高事前的预防与应急准备、事发的监测与预警、事中的应急处置与救援、事后的恢复与重建等全方位、全过程的全周期应对与管理能力。党的十九大报告指出："统筹发展和安全，增强忧患意识，做到居安思危，是我们党治国理政的一个重大原则。"①习近平总书记强调指出："当前和今后一个时期是我国各类矛盾和风险易发期，各种可以预见和难以预见的风险因素明显增多。我们必须坚持统筹发展和安全，增强机遇意识和风险意识，树立底线思维，把困难估计得更充分一些，把风险思考得更深入一些，注重堵漏洞、强弱项，下好先手棋、打好主动仗，有效防范化解各类风险挑战，确保社会主义现代化事业顺利推进。"②

一、预防准备能力

《中华人民共和国突发事件应对法》第五条强调："突发事件应对工作实行预防为主、预防与应急相结合的原则。国家建立重大突发事件风险评估体系，对可能发生的突发事件进行综合性评估，减少重大突发事件的发生，

* 张国亭，中共山东省委党校（山东行政学院）公共管理教研部教授。

① 习近平：《决胜全面建成小康社会　夺取新时代中国特色社会主义伟大胜利——在中国共产党第十九次全国代表大会上的报告》，人民出版社 2017 年版，第 24 页。

② 《习近平谈治国理政》第 4 卷，外文出版社 2022 年版，第 117 页。

最大限度地减轻重大突发事件的影响。”[①]突发事件应急管理要关口前移,标本兼治,防患于未然。要增强忧患和危机意识,避免侥幸心理。居安思危,思则有备,有备才能无患。

(一)加强风险分析与隐患排查

2015 年 12 月,习近平总书记在中共十八届中央政治局常委会第一百二十七次会议上指出:“对易发重特大事故的行业领域,要采取风险分级管控、隐患排查治理双重预防性工作机制,推动安全生产关口前移。”[②]

事故的发生有多方面的因素,但分析来看,风险防控隐患治理大而化之,搞形式走过场,法规制度、工作要求落实不到基层企业,责任悬空,措施不实、监管不严,是最要命的。要深入扎实推进安全生产专项整治,对不放心的重点单位、重点部位、重大危险源盯住不放,严密管控,严格执法,精准执法,严厉打击各类违法违规行为。

我国安全生产欠账比较多,隐患点多面广,重点行业领域安全风险、城市安全风险、新技术新业态带来的安全风险比较突出。随着城镇化建设加快,一些城市建设先天规划有缺陷、后天管理有空档,长期积累的风险开始集中显现。

目前,全国共有高层建筑 74.5 万栋,其中超高层建筑 9300 多栋,居世界首位。10 万平方米以上的大型商业综合体 1000 多个,公路桥梁超过 87 万座,地铁运营里程 6100 余公里,高铁运营里程超过 3.5 万公里,陆上油气输送管道总里程近 17 万公里,城镇燃气管道超过 60 万公里。基础设施快速发展,给人民群众生产生活带来便利,同时也积累了大量风险。一些传统的高危行业领域安全风险长期居高不下。近十年,全国发生了 35 起一次死亡 30 人以上的特别重大事故,主要集中在道路运输、煤矿、建筑、危险化学品、工贸、航空运输、铁路运输、民爆、烟花爆竹等行业领域。在高危行业领域中,尤其需要引起高度关注的是危险化学品领域。危险化学品涉及生产、储存、运输、使用、经营、废弃处置等多个环节,系统风险突出,特别是我国化工行业基础薄弱,90%以上的中小化工企业不同程度地存在生产工艺落后、设备简陋陈旧、自动化程度低、专业人员不足、安全保障能力弱等问题。

---

① 《中华人民共和国突发事件应对法》,人民出版社 2008 年版,第 5 页。

② 中共中央党史和文献研究院编:《习近平关于防范风险挑战、应对突发事件论述摘编》,中央文献出版社 2020 年版,第 191 页。

习近平总书记在听取青岛黄岛经济开发区输油管线泄漏引发爆燃事故情况汇报时强调:“坚持最严格的安全生产制度,什么是最严格?就是要落实责任。要把安全责任落实到岗位、落实到人头,坚持管行业必须管安全、管业务必须管安全,加强督促检查、严格考核奖惩,全面推进安全生产工作。”①在企业主体责任方面,所有企业都必须认真履行安全生产主体责任,做到安全投入到位、安全培训到位、基础管理到位、应急救援到位,确保安全生产。企业主体责任难落实,甚至不落实是影响安全生产的痼疾。统计表明,我国90%以上的安全生产事故是企业违法违规所致。安全生产工作不仅政府要抓,党委也要抓,党政一把手更要亲力亲为、亲自动手抓。健全党政同责、一岗双责、齐抓共管、失职追责的安全生产责任体系。各级党委和政府要切实承担起促一方发展、保一方平安的政治责任。在部门监管责任方面,坚持管行业必须管安全、管业务必须管安全、管生产必须管安全。强化安全监管部门综合监管责任,严格落实行业主管部门监管责任。安全生产,要坚持防患于未然。要继续开展安全生产大检查,做到全覆盖、零容忍、严执法、重实效。要采用不发通知、不打招呼、不听汇报、不用陪同接待和直奔基层、直插现场的方式暗查暗访,特别是要深查地下油气管网这样的隐蔽致灾隐患。要加大隐患整改治理力度,建立安全生产检查工作责任制,实行“谁检查、谁签字、谁负责”,做到不打折扣、不留死角、不走过场,务必见成效。我们各级领导干部一定要以对党和人民高度负责的态度,时刻把人民生命财产安全放在第一位,对发生的事故要汲取教训,及时改进制度措施,毫不松懈,一抓到底。

(二)做好应急资源普查、整合与储备,健全应急体系

救灾物资、救灾装备要宁可备而不用,不可用而无备,而且要不断提高应急救灾技术水平。

2014年5月,习近平总书记在河南考察时指出:“一个地方、一个企业,要突破发展瓶颈、解决深层次矛盾和问题,根本出路在于创新,关键要靠科技力量。”②2016年7月,习近平总书记对加强安全生产和汛期安全防范工作作出重要指示强调:“要把遏制重特大事故作为安全生产整体工作的‘牛鼻

---

① 中共中央文献研究室编:《习近平关于全面深化改革论述摘编》,中央文献出版社2014年版,第99页。

② 中共中央党史和文献研究院编:《习近平关于防范风险挑战、应对突发事件论述摘编》,中央文献出版社2020年版,第68页。

子'来抓,在煤矿、危化品、道路运输等方面抓紧规划实施一批生命防护工程,积极研发应用一批先进安防技术,切实提高安全发展水平。"①

面对突如其来的新冠疫情,习近平总书记亲自指挥、亲自部署,党中央统揽全局、果断决策,迅速打响了疫情防控的人民战争、总体战、阻击战。

2020 年 2 月 10 日,习近平总书记在北京市调研指导新型冠状病毒肺炎疫情防控工作时指出:"这场疫情对全国各级疾控中心的应急处置能力是一次大考。这次抗击疫情斗争既展示了良好精神状态和显著制度优势,也暴露出许多不足。要把全国疾控体系建设作为一项根本性建设来抓,加强各级防控人才、科研力量、立法等建设,推进疾控体系现代化。"②

2020 年 2 月 23 日,习近平总书记在统筹推进新冠肺炎疫情防控和经济社会发展工作部署会议上指出:"在这次应对疫情中,暴露出我国在重大疫情防控体制机制、公共卫生应急管理体系等方面存在的明显短板,要总结经验、吸取教训,深入研究如何强化公共卫生法治保障、改革完善疾病预防控制体系、改革完善重大疫情防控救治体系、健全重大疾病医疗保险和救助制度、健全统一的应急物资保障体系等重大问题,抓紧补短板、堵漏洞、强弱项,提高应对突发重大公共卫生事件的能力和水平。要坚持预防为主的卫生与健康工作方针,大力开展爱国卫生运动,加强公共卫生队伍建设和基层防控能力建设,推动医防结合,真正把问题解决在萌芽之时、成灾之前。"③

2020 年 3 月 10 日,习近平总书记在湖北省考察新冠肺炎疫情防控工作时强调:"我们要放眼长远,总结经验教训,加快补齐治理体系的短板和弱项,为保障人民生命安全和身体健康筑牢制度防线。要着力完善公共卫生应急管理体系,强化公共卫生法治保障,改革完善疾病预防控制体系、重大疫情防控救治体系,健全重大疾病医疗保险和救助制度,健全统一的应急物资保障体系,提高应对突发重大公共卫生事件的能力和水平。"④

2020 年 5 月 24 日,习近平总书记在参加十三届全国人大三次会议湖北代表团审议时指出,"我国是有十四亿人口的大国,防范化解重大疫情和突

---

① 中共中央党史和文献研究院编:《习近平关于防范风险挑战、应对突发事件论述摘编》,中央文献出版社 2020 年版,第 237 页。

② 中共中央党史和文献研究院编:《习近平关于防范风险挑战、应对突发事件论述摘编》,中央文献出版社 2020 年版,第 162 页。

③ 中共中央党史和文献研究院编:《习近平关于防范风险挑战、应对突发事件论述摘编》,中央文献出版社 2020 年版,第 162 页。

④ 中共中央党史和文献研究院编:《习近平关于防范风险挑战、应对突发事件论述摘编》,中央文献出版社 2020 年版,第 164 页。

发公共卫生风险，事关国家安全和发展，事关社会政治大局稳定”，“坚持整体谋划、系统重塑、全面提升，着力从体制机制层面理顺关系、强化责任”。[①]改革疾病预防控制体系，提升疫情监测预警和应急响应能力，健全重大疫情救治体系，完善公共卫生应急法律法规，深入开展爱国卫生运动。

2020 年 9 月 8 日，习近平总书记在全国抗击新冠肺炎疫情表彰大会上指出：“这场抗疫斗争是对国家治理体系和治理能力的一次集中检验。要抓紧补短板、堵漏洞、强弱项，加快完善各方面体制机制，着力提高应对重大突发公共卫生事件的能力和水平。要构筑强大的公共卫生体系，完善疾病预防控制体系，建设平战结合的重大疫情防控救治体系，强化公共卫生法治保障和科技支撑，提升应急物资储备和保障能力，夯实联防联控、群防群控的基层基础。要完善城市治理体系和城乡基层治理体系，树立全周期的城市健康管理理念，增强社会治理总体效能。要重视生物安全风险，提升国家生物安全防御能力。”[②]

（三）切实做好预案的编制与演练

突发事件应急预案体系包括各级政府及其部门、基层组织和单位制定的各类突发事件应急预案，以及为应急预案提供支撑的应急工作手册和事件行动方案。政府及其部门应急预案由各级政府及其部门制定，包括总体应急预案、专项应急预案、部门应急预案等。总体应急预案是应急预案体系的总纲，是政府组织应对突发事件的总体制度安排，由县级以上各级政府制定。专项应急预案是政府为应对某一类型或某几种类型突发事件，或者针对重要目标物保护、重大活动保障、应急资源保障等重要专项工作而预先制定的涉及多个部门的工作方案，由有关部门牵头制定，报本级政府批准后印发实施。部门应急预案是政府有关部门根据总体应急预案、专项应急预案和部门职责，为应对本部门（行业、领域）突发事件，或者针对重要目标物保护、重大活动保障、应急资源保障等涉及本部门的工作而预先制定的工作方案，由各级政府有关部门制定。基层组织和单位应急预案，由机关、企业、事业单位、社会组织和村（居）民委员会等制定，主要针对本单位和基层组织面临的风险，规范突发事件应对工作。

---

① 中共中央党史和文献研究院编：《习近平关于统筹疫情防控和经济社会发展重要论述选编》，中央文献出版社 2020 年版，第 161 页。

② 《习近平谈治国理政》第 4 卷，外文出版社 2022 年版，第 105～106 页。

各级各类应急预案涉及的相关单位要结合实际，制定配套的应急工作手册、事件行动方案等多种形式的支撑性文件，提高应急预案的针对性、可操作性。应急工作手册是预案涉及的有关部门和单位进一步分解细化自身职责任务的工作方案，是本部门和单位应对突发事件的工作指引。县级以上政府及其部门应急预案涉及的有关部门和单位要编制相应应急工作手册，把每一项职责任务细化、具体化，明确工作内容和流程，并落实到具体责任单位、具体责任人。基层组织和单位应急预案涉及的有关方面根据自身实际情况，可单独编制工作手册，也可将有关内容融入预案，合并编制。事件行动方案是参与事件应对的救援队伍、专家队伍等按照应急预案、工作手册或上级指挥机构要求，为执行具体任务而制定的工作安排。行动方案要明确队伍编成、力量预置、指挥协同、行动设计、后勤保障、通信联络等具体内容，以及采取的具体对策措施和实施步骤。

应急预案不仅包括应急组织、应急处置和应急指挥问题，还涉及前期的准备——培训、宣传教育和演练，以及对预案的完善修改，这些对提高应急能力同样重要。

二、分析研判能力

突发事件进入前兆阶段，及时处理仍可转危为安，关键是预警机制有效反应和监测系统及时捕捉信息，并全面分析和准确判断事件趋势。研判能力是领导干部的基本能力。2020 年 10 月 10 日，习近平总书记在中央党校(国家行政学院)中青年干部培训班开班式上指出：“预判风险是防范风险的前提，把握风险走向是谋求战略主动的关键。要增强风险意识，下好先手棋、打好主动仗，做好随时应对各种风险挑战的准备。要努力成为所在工作领域的行家里手，不断提高应急处突的见识和胆识，对可能发生的各种风险挑战，要做到心中有数、分类施策、精准拆弹，有效掌控局势、化解危机。”①

各级政府及有关部门要建立健全突发事件监测制度，整合监测信息资源，完善信息资源获取和共享机制。应对各类突发事件的主要职责部门负责相应突发事件的信息监测及汇总报告工作。各相关责任部门要根据突发事件的种类和特点，建立健全基础信息数据库，完善监测网络，划分监测区

① 《习近平在中央党校(国家行政学院)中青年干部培训班开班式上发表重要讲话强调　年轻干部要提高解决实际问题能力　想干事能干事干成事》，《人民日报》2020 年 10 月 11 日。

域，确定监测点，明确监测项目，配备必要的设备、设施和专兼职人员对可能发生的突发事件进行有效监测预判。

各级政府及有关部门要建立健全突发事件预警机制，统筹预警信息发布，运用各类信息渠道，解决预警信息发布“最后一公里”问题。对可以预警的自然灾害、事故灾难或公共卫生事件，有关部门在接到相关征兆信息后，要及时组织分析评估，研判发生的可能性、强度、影响范围以及可能发生的次生衍生突发事件类别，确定预警级别。按照紧急程度、发展势态以及可能造成的危害程度，预警级别可分为一级、二级、三级和四级，分别用红色、橙色、黄色和蓝色标示，一级为最高级别。预警级别的具体划分标准由省级牵头部门按职责分工分类制定，县级以上政府要结合实际制定具体实施办法。对其他突发事件，要根据情况及时向有关方面通报提醒信息，必要时向社会公众发布安全警示。通过分析评估结果确认突发事件即将发生或者发生的可能性增大时，县级以上政府或有关部门根据分析评估结果，依法依规立即发布预警信息，及时向上级政府或相关部门报告，必要时可以同时越级上报，并向当地驻军和可能受到危害的毗邻或相关地区的政府通报。根据事态发展，及时调整预警级别并更新报告、通报，并发布有关突发事件预测信息和分析评估结果。

预警信息的发布和调整，可通过广播、电视、报刊、通信、互联网、警报器、宣传车、大喇叭或组织人员逐户通知等方式进行。对老、幼、病、残、孕等特殊人群以及学校等特殊场所和警报盲区，应当采取有针对性的通知方式，确保预警信息发布无遗漏。新闻媒体、电信运营商应按照当地政府或预警发布部门的要求，及时、无偿向社会公开发布预警信息。

采取预警措施。发布预警信息后，有关方面要根据预警级别和实际情况以及分级负责的原则，采取下列一项或多项措施：(1)增加观测频次，及时收集、报告有关信息；(2)加强公众沟通，公布信息接收和咨询电话，向社会公告采取的有关特定措施、避免或减轻危害的建议和劝告等；(3)组织现场指挥员、应急队伍和负有特定职责的人员进入待命状态，动员后备人员做好参加应急处置和救援工作的准备，预置有关队伍、装备、物资等应急资源；(4)调集应急处置和救援所需物资、设备、工具，准备应急设施和避难场所，并确保其处于良好状态，随时可以投入正常使用；(5)加强对重点单位、重要部位和重要基础设施的安全保卫，维护社会治安秩序；(6)保障交通、通信、供水、排水、供电、供气、供热等公共设施的安全和正常运行；(7)转移、疏散或者撤离易受突发事件危害的人员，并予以妥善安置，转移重要财产物资；

(8)关闭或者限制使用易受突发事件危害的场所，控制或者限制容易导致危害扩大的公共场所的活动；(9)有关政府和部门发布预警后，其他相关地区和部门及时组织分析本地区和本行业可能受到影响的范围、程度等，安排部署有关防范性工作。

解除预警措施。当突发事件风险已经解除，发布预警的政府或有关部门要立即宣布解除预警，解除已经采取的有关措施。

县(市、区)政府要积极推进安全风险网格化管理，创新基层网格员管理体制机制，统筹灾害信息员、群测群防员、气象信息员、网格员等资源，承担风险隐患巡查报告、突发事件第一时间报告、第一时间先期处置、灾情统计报告等职责，建立统一规范的基层网格员管理和激励制度，实现村(居)网格化管理。鼓励获悉突发事件信息的居民主动向所在地政府、有关主管部门或者指定的专业机构报告。

突发事件发生后，事发单位、基层网格员和有关村(居)、企业、社会组织及相关专业机构、监测网点等要第一时间向所在地政府及有关主管部门报告信息。有关主管部门应立即向本级政府相关部门通报。事发地政府及有关部门按照有关规定向上级政府及有关部门报送信息。根据事态进展，及时续报事件处置等有关情况。设区的市和县(市、区)政府应当在接到生产安全事故报告后，在半小时内通过直报系统报告省政府安全生产委员会办公室。报告内容一般包括突发事件发生的时间、地点、信息来源、性质、简要经过、影响范围(含环境影响)、人员伤(病)亡和失联情况、房屋倒塌损坏情况、交通通信电力等基础设施损毁情况、现场救援情况和已经采取的相关措施等。设区的市及省级有关部门要全面掌握较大及以上突发事件的信息，了解一般突发事件信息。较大及以上突发事件信息要及时按要求报送上级政府。事件本身比较敏感，或发生在重点地区、重要时期，或可能演化为较大及以上突发事件的，不受《国家突发公共事件总体应急预案》中公共事件分级标准的限制。接到突发事件信息后，各级政府及有关部门要按照国家和省有关规定，及时向上级政府及有关部门报告，不得迟报、漏报、谎报和瞒报，同时通报可能受影响的地区、部门和企业。重特大突发事件发生后或在特殊情况下，事发地县级以上政府及有关部门可直接向国务院及有关部门报告，并同时报告上一级政府及有关部门。涉及港澳台侨、外籍人员或影响到境外的突发事件，需要向港、澳、台及有关国家、地区、国际机构通报的，按照相关规定办理。

各级政府应当建立健全信息快速获取机制，完善突发事件信息报送和信息共享系统，融合相关部门、地方的应急基础信息、地理信息、应急资源信息、预案和案例信息、事件动态信息等，为应对突发事件提供信息保障。

三、决策组织能力

突发事件应急处置需要快速反应、科学决策，组织协调、形成合力，以发现早、化解快、处置妥当、防止蔓延为目标，避免小事拖大、大事拖炸。

(一)快速反应，科学决策

自然灾害、事故灾难或者公共卫生事件发生后，事发地县级以上政府应采取下列一项或者多项应急措施：(1)组织现场人员、应急测绘和勘察队伍等，迅速获取核实现场信息，特别是重要目标物、人员密集场所和人口分布情况，利用无人机、雷达、卫星等手段获取现场影像，分析研判道路、桥梁、通信、电力等基础设施和居民住房损毁情况，提出初步评估意见，并向现场指挥机构和有关部门报告；(2)组织营救受灾和被困人员，疏散、撤离并妥善安置受灾人员，保护、转移重要财产，必要时组织动员社会应急力量有序参与应急处置救援、受灾人员救助工作；(3)组织开展伤病员救治、卫生防疫和应急心理援助等医疗卫生处置工作，组织应急免疫接种、预防性服药，开展卫生防疫和健康防病知识宣传；(4)组织开展抢险工作，控制危险源，减轻或消除危害，标明危险区域，封锁危险场所，划定警戒区，实行交通管制以及其他控制措施，快速疏散无关聚集人员，交通运输、铁路、民航、公安等有关部门要保证紧急情况下应急交通工具的优先安排、优先调度、优先放行，确保抢险救灾物资和人员能够及时、安全送达；(5)组织抢修被损坏的交通、水利、通信、供(排)水、供电、供气、供热等公共设施，短时难以恢复的，要制定临时方案，保障社会生产生活基本需要；(6)开展环境应急监测，追踪研判污染范围、程度和发展趋势；(7)切断污染源，控制和处置污染物，保护饮用水水源地等，减轻环境影响；(8)开展灾后环境风险排查，整治污染隐患，妥善处置在应对事件中产生的废物；(9)禁止或者限制使用有关设备、设施，关闭或者限制使用有关场所，中止人员密集的活动或者可能导致危害扩大的生产经营活动以及采取其他保护措施；(10)落实本级政府应急救援资金和储备的应急救援救灾物资，必要时征用其他急需物资、设备、设施、工具；(11)做好受灾群众的基本生活保障工作，提供食品、饮用水、衣被、燃料等基本生活必需品和临时住所，开展卫生防疫工作，确保灾区群众有饭吃、有水喝、有衣穿、有住处、有学上、有病能及时医治,确保大灾之后无大疫;(12)开展遇难人员善后处置工作,妥善处置遇难人员遗体,依法做好遇难人员家属救助、补偿、抚慰等工作;(13)组织开展救灾捐赠活动,接收、管理、分配救灾捐赠款物;(14)依法从严惩处囤积居奇、哄抬物价、制假售假等扰乱市场秩序的行为,稳定市场价格,维护市场秩序;(15)依法从严惩处哄抢财物、干扰应急处置工作等扰乱社会秩序的行为,维护社会治安;(16)采取其他防止发生次生、衍生灾害和事件的必要措施。

社会安全事件发生后,事发地政府立即组织有关部门针对事件的性质和特点,采取下列一项或者多项应急措施:(1)了解和分析事件起因,有针对性地开展法治宣传和说服教育,及时疏导、化解矛盾和冲突;(2)维护现场治安秩序,对使用器械相互对抗或以暴力行为参与冲突的当事人实行强制隔离,妥善解决现场纠纷和争端,控制事态发展;(3)对特定区域内的建筑物、交通工具、设备、设施以及燃料、燃气、电力、水的供应进行控制,必要时依法对网络、通信进行管控;(4)封锁有关场所、道路,查验现场人员的身份证件,限制有关公共场所内的活动;(5)加强对易受冲击的核心机关和单位的警卫,在党政机关、军事机关、通讯社、广播电台、电视台、外国领事馆等单位附近设置临时警戒线,加强对重点敏感人员、场所、部位和标志性建筑的安全保护;(6)采取法律法规等规定的其他必要措施。

当严重危害社会治安秩序的事件发生时,立即依法出动警力,加大社会面检查、巡逻、控制力度,根据现场情况依法采取相应的强制性措施,尽快使社会秩序恢复正常。

各级政府应当加强保障体系建设,完善快速反应联动机制,做好交通运输、医疗卫生、能源供应、通信、灾害现场信息、抢险救援物资装备、救济救灾、自然灾害救助、社会秩序、新闻宣传等应急保障工作。

当突发事件严重影响区域经济、社会正常运行时,省政府或其授权的有关主管部门可以采取救助、保障、控制等必要的应急措施,保障人民群众的基本生产生活需要,最大限度地减轻突发事件的影响。

(二)统一指挥,综合协调

一是组织指挥。上级政府及相关部门指导下级政府及相关部门开展应对工作。上级应急指挥机构(机制)设立后,下级应急指挥机构(机制)按照上级应急指挥机构(机制)要求做好应急处置和救援工作。县(市、区)政府对本行政区域内各类突发事件应对负有属地管理责任,突发事件发生后,应立即启动响应，采取措施控制事态发展，组织开展应急处置和救援工作。

二是现场指挥。现场指挥机构实行总指挥负责制，参加现场应急救援的单位和个人应当服从现场指挥机构的统一指挥。上级政府设立现场指挥机构的，下级政府的现场指挥机构应纳入上级现场指挥机构，在上级现场指挥机构的统一领导下组织开展突发事件应对工作。现场指挥机构要充分听取有关专家意见建议，开设统一的救援队伍集结点、物资接收点和分发点、新闻发布中心，并提供必要的后勤保障。参与救援的应急力量要及时向现场指挥机构报到、受领任务，接受现场指挥机构的统一指挥调度，严格遵守交通管理、信息发布工作要求，并及时报告现场情况和处置工作进展情况，实现各方信息共享。

三是协同联动。各级政府要积极协调解放军、武警部队参与突发事件应急处置和救援。社会应急救援队伍参与应急救援，应当向负责突发事件应对的现场指挥机构申报，服从现场指挥机构统一指挥，按规定的指挥关系和指挥权限行动。各级应急指挥机构（机制）根据突发事件的现场实际情况，及时调度指挥相关应急资源开展应急处置和救援行动。

（三）属地为主，条块结合

避免碎片化是应急管理所面对的高难度课题。社会与行为研究表明，对参加灾害响应的个人、群体和机构而言，协调是一个巨大的挑战。实际上，各项研究都反复印证，参加响应活动的政府机构、志愿者、企业、人道主义组织之间时常缺少协调。这是因为，一方面，参与不同行为的主体需要获取重要的知识、资源及技能；另一方面，应急行为主体的多样性可能会使减缓、准备、响应及恢复活动复杂化或者受到阻碍。通常，集权制应急体制的纵向协调较为成功，而横向协调存在问题；分权制应急体制的横向协调较为成功，而纵向协调存在问题。“横向碎片化”是指不同性质的应急参与者彼此互不沟通，缺少协同，甚至彼此制约、掣肘；“纵向碎片化”是指不同层级的政府缺少有效联络，相互协调不力。近年来，在汶川地震、玉树地震、芦山地震、鲁甸地震等重特大自然灾害发生后，大量社会组织、社会工作者、志愿者、爱心企业等积极参与救灾，发挥了重要作用。但是，由于参与救灾工作的政策法规、协调机制、服务平台尚不健全，社会力量和市场机制在参与救灾时依然存在信息不对称、供需不匹配、活动不规范等问题，参与救灾工作的效率不够高。为此，在进一步鼓励社会力量和市场机制积极参与救灾的同时，应进一步强调规范社会力量和市场机制在救灾中的作用，营造社会力量和市场机制有序参与救灾的政策环境和活动空间，促进社会力量和市场机制更好地发挥作用。

2015 年 10 月，《民政部关于支持引导社会力量参与救灾工作的指导意见》就支持引导社会力量有序参与救灾作出了规范。2016 年，《中共中央国务院关于推进防灾减灾救灾体制机制改革的意见》提出："坚持党委领导、政府主导、社会力量和市场机制广泛参与"，"更加注重组织动员社会力量广泛参与，建立完善灾害保险制度，加强政府与社会力量、市场机制的协同配合，形成工作合力。"①

（四）灵活机动，经济高效

突发事件发生后，事发单位应组织本单位应急救援队伍和工作人员营救受害人员，疏散、撤离、安置受威胁人员，加强救援处置人员防护；控制危险源、可疑的传染源，标明危险区域，封锁危险场所，并采取其他防止危害扩大的必要措施，维护现场秩序；对因本单位的问题引发的或事件主体是本单位人员的社会安全事件，有关单位要迅速派出负责同志赶赴现场开展劝解、疏导工作。事发地村（居）民委员会和其他组织要立即进行宣传动员，组织群众开展自救和互救，协助维护社会秩序，按照当地政府的决定或命令组织开展突发事件应对工作。事发地乡镇（街道）要调动应急队伍，采取措施控制事态发展，组织开展应急处置和救援工作，并及时向上级政府报告。

在境外发生涉及我省公民和机构的突发事件，相关政府应第一时间启动应急机制，根据国家统一安排，会同国家有关部门、驻外使领馆采取措施控制事态发展，保护相关人员和机构的生命财产安全及合法权益，必要时派遣工作组或救援队赴事发地开展工作。

四、公众沟通能力

掌握舆论引导的主动权是处置好突发事件的重要保证。突发事件发生后，要同时启动两条战线：一条是全力处置事件，另一条是做好媒体沟通和舆论引导。在喧哗声中，要让我们的声音更响亮；在众说纷纭中，要让我们的正确信息最可信。不能让自己的"缺位"给造谣网民的"越位"提供舞台，

① 《中共中央　国务院关于推进防灾减灾救灾体制机制改革的意见》，《中华人民共和国国务院公报》2017 年第 3 号。

不能让权威信息的“失声”给小道消息的“发声”提供空间。

与媒体沟通的指导方针是：有利于事件的处理，有利于形象的树立；事实层面还原真相，价值层面建立信任；对事件不回避，对事实不歪曲，对责任不推卸，对后果不避重就轻。

五、善后整改能力

突发事件必须要稳妥善后，相关工作要密切跟进，避免留下后遗症。善后恢复工作关系到受影响群众的切身利益和受影响地区的长远发展，必须要高度重视。2013 年 5 月，习近平总书记在芦山地震灾区考察时指出：“恢复重建是一项复杂的系统工程，要科学规划，精心组织实施。特别要按时完成灾害损失、灾害范围评估，搞好资源环境承载能力评价；按照以人为本、尊重自然、统筹兼顾、立足当前、着眼长远的要求，科学编制好规划；加大政策支持力度，统筹研究资金、税费、金融、土地、产业、住房、就业、社会保障等各项支持政策。”[①]

突发事件过去了，但是我们的工作没有结束，必须要对事件的原因进行分析，对处置过程中的经验教训进行深刻总结，防止类似的事情再次发生，或一旦发生能够更好地提升应对处置效果。长期以来，我们不太重视事后总结教训，事故调查主要落在追究责任上，对事故暴露出的问题缺乏自觉反思和认真改进，往往好了伤疤忘了疼，甚至屡屡重蹈覆辙。因此，必须要吃一堑长一智，通过整改化危为机，同时举一反三，提升突发事件预防处置水平。

推荐阅读书目：

[1]《习近平谈治国理政》第 1 卷，外文出版社 2018 年版。

[2]《习近平谈治国理政》第 2 卷，外文出版社 2017 年版。

[3]《习近平谈治国理政》第 3 卷，外文出版社 2020 年版。

[4]中共中央党史和文献研究院编：《习近平关于防范风险挑战、应对突发事件论述摘编》，中央文献出版社 2020 年版。

[5]乔仁毅、龚维斌主编：《政府应急管理》，国家行政学院出版社 2014

① 《习近平在芦山地震灾区考察时强调　继续大力发扬伟大抗震救灾精神　妥善安置群众科学开展恢复重建》，《人民日报》2013 年 5 月 24 日。

年版。

[6]王起全主编:《事故应急与救援导论》,上海交通大学出版社 2015 年版。

[7]滕朋:《中国突发事件传播模式研究》,中国社会科学出版社 2016 年版。

[8]姚广宜主编:《新媒体环境下突发事件的危机管理与应对》,北京大学出版社 2016 年版。

[9]王宝明、刘皓、王重高主编:《政府应急管理》,国家行政学院出版社 2017 年版。

[10]卓立筑:《新形势下公共危机预防与处理对策》,中共中央党校出版社 2011 年版。

[11]王宏伟:《公共危机管理概论》,中国人民大学出版社 2021 年版。

12.提高应急处突能力

郭振宗*

时代答卷上有两个思考题。

思考题一：习近平总书记如是说，告诫我们什么？

习近平总书记指出："中华民族伟大复兴，绝不是轻轻松松、敲锣打鼓就能实现的。"①"越是接近民族复兴越不会一帆风顺，越充满风险挑战乃至惊涛骇浪。"②"我们现在所处的，是一个船到中流浪更急、人到半山路更陡的时候，是一个愈进愈难、愈进愈险而又不进则退、非进不可的时候。"③习近平总书记进一步指出："当代中国正在经历人类历史上最为宏大而独特的实践创新，改革发展稳定任务之重、矛盾风险挑战之多、治国理政考验之大都前所未有，世界百年未有之大变局深刻变化前所未有，提出了大量亟待回答的理论和实践课题。"④习近平总书记这些重要而又深刻的论述告诫我们，破解风险干扰、避免现代化迟滞，是民族复兴路上的"必答题"。

实现中华民族伟大复兴是中华民族近代以来最伟大的梦想，但民族复兴路上必然充满了各种风险挑战。美国政治学家塞缪尔·P.亨廷顿(Samuel P. Huntington)曾指出，在高度传统化与实现了现代化的两种社会中，社会运作逻辑必然是有序而且稳定的；而处于社会体制转轨或社会急剧

---

* 郭振宗，中共山东省委党校(山东行政学院)公共管理教研部教授。

① 习近平：《决胜全面建成小康社会　夺取新时代中国特色社会主义伟大胜利——在中国共产党第十九次全国代表大会上的报告》，人民出版社2017年版，第15页。

② 习近平：《在"不忘初心、牢记使命"主题教育总结大会上的讲话》，人民出版社2020年版，第17页。

③ 习近平：《在庆祝改革开放40周年大会上的讲话》，人民出版社2018年版，第42页。

④ 《习近平谈治国理政》第4卷，外文出版社2022年版，第30页。

变化的现代化之中的社会，通常会充满各种社会冲突和动荡。[①] 我国正处在国内外环境深刻变化时期，可预见、不可预见的风险挑战交织显现，现代化进程必然会受到干扰甚至存在被迟滞风险。面对风险挑战，我们除了积极面对和有效应对别无选择。正像习近平总书记所指出的："我们党一步步走过来，很重要的一条就是不断总结经验、提高本领，不断提高应对风险、迎接挑战、化险为夷的能力水平。"[②]因此，在实现中华民族伟大复兴的新征程上，"我们必须增强忧患意识、始终居安思危，贯彻总体国家安全观……勇于战胜一切风险挑战！"[③]"坚持中国特色国家安全道路……防范化解重大安全风险，为实现中华民族伟大复兴提供坚强安全保障。"[④]"我们要统筹国内国际两个大局、发展安全两件大事，既聚焦重点、又统揽全局，有效防范各类风险连锁联动。"[⑤]

思考题二：突发"大考"，警示我们什么？

2019 年底开始的新冠疫情，是百年来全球发生的最严重的传染病大流行，是中华人民共和国成立以来我国遭遇的传播速度最快、感染范围最广、防控难度最大的公共卫生事件。面对疫情，中央高度重视，习近平总书记亲自部署、亲自指挥，全社会广泛动员，全民积极响应，疫情防控取得举世瞩目成效，经受住了这次突发"大考"。此次"大考"也给我们敲响了警钟，警示我们提高应急处突能力是领导干部的必修课。

众所周知，当前非常态突发事件发生常态化对领导干部应对能力提出了新要求、新挑战。习近平总书记指出："党员、干部特别是领导干部要以居安思危的政治清醒、坚如磐石的战略定力、勇于斗争的奋进姿态，敢于闯关夺隘、攻城拔寨。遇到重大风险挑战、重大工作困难、重大矛盾斗争，要第一时间进行研究、拿出预案、推动工作，决不能回避、绕着道走，更不能胆怯、惧怕。"[⑥]"要努力成为所在工作领域的行家里手，不断提高应急处突的见识和胆识，对可能发生的各种风险挑战，要做到心中有数、分类施策、精准拆弹，

---

① 参见[美]塞缪尔·P.亨廷顿：《变化社会中的政治秩序》，王冠华等译，生活·读书·新知三联书店 1989 年版，第 40 页。

② 习近平：《在党史学习教育动员大会上的讲话》，人民出版社 2021 年版，第 16～17 页。

③ 习近平：《在庆祝中国共产党成立 100 周年大会上的讲话》，人民出版社 2021 年版，第 17 页。

④ 《习近平谈治国理政》第 4 卷，外文出版社 2022 年版，第 390 页。

⑤ 《习近平谈治国理政》第 3 卷，外文出版社 2020 年版，第 222 页。

⑥ 中共中央党史和文献研究院编：《习近平关于防范风险挑战、应对突发事件论述摘编》，中央文献出版社 2020 年版，第 244 页。

有效掌控局势、化解危机。”[①]因此，领导干部必须强化安全意识和责任担当，修好“提高应急处突能力”这门必修课。

总之，有效应对风险挑战是中华民族复兴路上的“必答题”，要答好这个“必答题”，领导干部必须修好“提高应急处突能力”这门必修课。

一、应急处突的要义、现实和时代要求

（一）应急处突的要义

1.内涵与特点

（1）内涵。按照《中华人民共和国突发事件应对法》的界定：“本法所称突发事件，是指突然发生，造成或者可能造成严重社会危害，需要采取应急处置措施予以应对的自然灾害、事故灾难、公共卫生事件和社会安全事件。”[②]《中华人民共和国突发事件应对法》对应急处突的内涵进行了描述性界定，即“突发事件发生后，履行统一领导职责或者组织处置突发事件的人民政府应当针对其性质、特点和危害程度，立即组织有关部门，调动应急救援队伍和社会力量，依照本章的规定和有关法律、法规、规章的规定采取应急处置措施”[③]。

（2）特点。突发事件具有客观存在性、类型多样性、影响公共性、发生突发性、危害严重性、处置紧迫性等特点。应急处突具有时间紧急性、政府主导性、目标综合性、社会参与性、行动协调性等特点。

2.分级与机理

（1）分级。突发事件分为Ⅰ级（特大）、Ⅱ级（重大）、Ⅲ级（较大）和Ⅳ级（一般）四级，突发事件应急处置相应分为一级、二级、三级和四级响应。

（2）发生与处置机理。突发事件发生及处置机理是指突发事件发生发展变化的内在演化过程、阶段和逻辑及应急处置的思路、过程和途径，分为

---

① 《习近平在中央党校（国家行政学院）中青年干部培训班开班式上发表重要讲话强调　年轻干部要提高解决实际问题能力　想干事能干事干成事》，《人民日报》2020年10月11日。

② 《中华人民共和国突发事件应对法》，人民出版社2008年版，第4页。

③ 《中华人民共和国突发事件应对法》，人民出版社2008年版，第18页。

特殊性机理和一般性机理(见图1)。

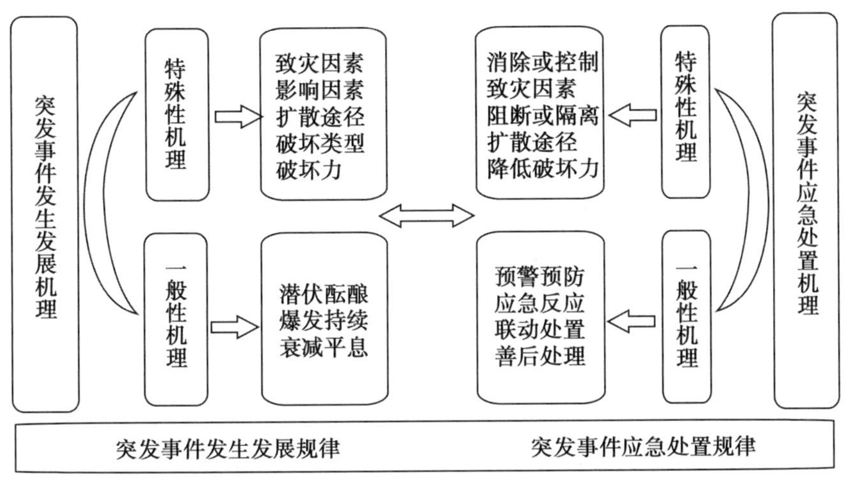

图1　突发事件发生及处置机理

3.遵循与流程

(1)处置遵循。一是基本依据,即“一案三制”。“一案”即预案,是指依据宪法及有关法律、行政法规,预先制定的突发事件应急处置方案;“三制”即体制、机制和法制。应急处突体制是指突发事件应急处置主体结构、权力划分及运行制度的总和,应急处突机制是指处置主体和要素功能发挥、相互联系和作用的过程及方式,应急处突法制是指应急处突相关法律、法规、规章等。二是基本原则。应急处突应坚持人民至上、生命至上,统一领导、协调联动,分级负责、属地为主,快速反应、高效应对,科技支撑、依法管理等基本原则。

(2)处置流程。一是总体管理流程,包括事前的预测预警预防、事中的应急联动处置、事后的善后处理和总结提高等。二是应急处置流程。突发事件发生后,便进入应急处置流程。不同突发事件应急处置流程不同,图2为自然灾害、事故灾难应急处置流程。

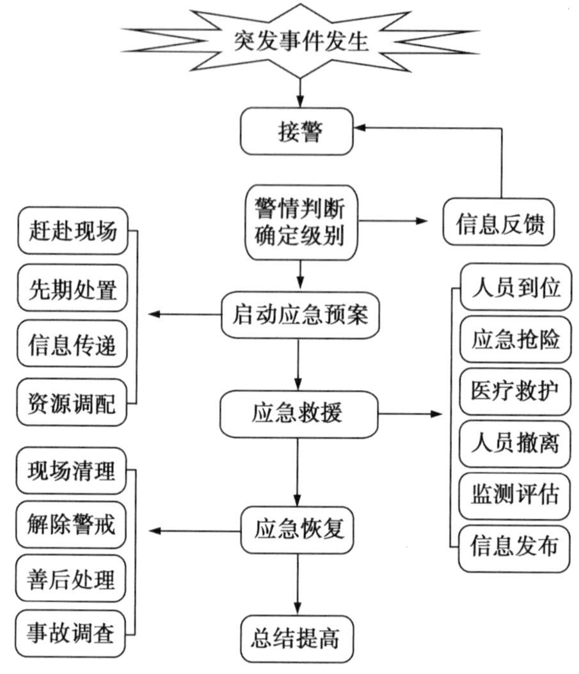

图 2 自然灾害、事故灾难应急处置流程

(二)应急处突的现实

1.公共安全形势总体好转,但仍然严峻

近年来,我国不断加强"一案三制"及工作体系建设,突发事件应对能力显著提高,公共安全形势明显好转。2019～2021 年,全国生产安全事故发生起数分别下降了 18.3%、15.5%、11.0%,死亡人数分别下降了 17.1%、8.3%、5.9%。[①] 但是,公共安全形势仍很严峻。

(1)自然灾害多发频发。一是地震比较严重。我国位于环太平洋地震

① 参见《2019 年全国安全形势保持平稳 生产安全事故起数下降 18.3%》,2020 年 1 月 10 日,http://www.cinic.org.cn/xw/cjxw/705638.html;《应急管理部:2020 年全国生产安全事故起数和死亡人数同比下降》,2021 年 1 月 7 日,http://china.cnr.cn/ygxw/20210107/t20210107_525385830.shtml;《2021 年全国生产安全事故起数同比下降 11.0%》,2022 年 1 月 6 日,https://politics.gmw.cn/2022-01/06/content_35429445.htm。

带和亚欧地震带交会处，41%的国土、50%的城市、67%的特大城市位于高烈度区。[①] 近年来，我国每年都会发生20次左右5级以上地震，如2020年发生了20次5级以上地震，造成5人死亡，直接经济损失18.47亿元[②]。二是洪涝灾害比较严重，我国气候复杂，河流较多，洪涝灾难比较严重。三是其他灾害常年发生，台风、干旱、冻害、高温、沙尘暴、泥石流等经常发生。

(2)事故灾难形势不容乐观。近年来，我国生产安全、道路交通等事故灾难发生起数、死亡人员呈明显下降趋势，但形势仍不容乐观，如2021年各类生产安全事故发生起数和死亡人数分别为3.46万起和2.63万人[③]，平均每天约发生95起事故，死亡72人。

(3)公共卫生事件常有发生。一是传染病比较严重，近年来，我国每年甲、乙、丙类传染病发病人数都在数百万例甚至上千万例，死亡2万多例。二是食物中毒事件经常发生，近年我国平均每年发生200起左右食物中毒事件。三是假疫苗等事件时有发生，如近几年先后发生的长春假疫苗、武汉不合格疫苗以及生产销售假新冠疫苗等事件。

(4)社会安全事件隐患多、压力大。一是暴恐事件隐患较大。2014年以前，我国每年发生上百起暴恐事件，严重危害社会安全，如2011年喀什"7・30"和"7・31"事件、2014年昆明"3・1"事件和广州"5・6"事件等。近些年，加大了专项打击力度并取得了显著成效，但隐患仍然很大。二是群体性事件压力较大。长期以来，我国群体性事件发生较多，如2011年广东乌坎"9・21"事件、2012年重庆万盛"4・10"事件、2018年江苏镇江及山东平度非法聚集事件等。近年，群体性事件发生起数明显减少，但隐患、压力仍很大。三是报复社会事件时有发生，如伤害学生、公交车坠湖等事件时有发生。

2.领导干部应急处突能力有所提高，但仍然不足

2003年"非典"事件以来，我国不断加强应急处突培训，领导干部应急处突能力有了很大提高，但仍存在不足。正如习近平总书记所指出的："这次疫情防控工作中，一些领导干部的治理能力和专业能力明显跟不上，必须引

---

① 参见安世银：《突发事件应急管理》，济南出版社2011年版，第30页。

② 参见《2020年全年地震及致灾情况总览》，2021年1月12日，https://www.sohu.com/a/444062133_120206609。

③ 参见彭瑶：《应急管理部：去年发生生产安全事故3.46万起死亡2.63万人》，2022年1月20日，http://news.china.com.cn/2022-01/20/content_78001647.html。

起高度重视。”[①]

(1)法治意识薄弱。一些干部在应对突发事件中缺乏法治意识、法治思维及依法处置能力,如在新冠疫情防控中,越权调用、违法截留物资以及任性粗暴执法等现象时有发生。

(2)专业能力不足。一是预判能力不足,如在新冠疫情出现苗头时,有的领导干部作出“可防可控,不会人传人”等误判;二是先期处置不力,如新冠疫情发生后,2020年1月7日习近平总书记对疫情防控提出了明确要求,但2020年1月18日武汉市江岸区百步亭社区仍举办了“万家宴”;三是现场处置失误,如在2011年温州“7·23”动车事故处置中,宣布救援结束后又发现了一名生还小女孩;四是信息发布不当,如2015年天津“8·12”爆炸事故发生后,在当地举行的前十次新闻发布会上,记者共提问了92个问题,其中33个问题未得到回答,“不知道”“日后答复”“不说为好”“不能回答”“不清楚”“只能这样说”“不敢保证”“我不在第一线”等在回答中频繁出现,造成了不良社会影响[②];五是善后处理不妥,如在2011年温州“7·23”动车事故善后处理中,没有把法定赔偿标准和人性化救助区分开,尽管赔偿数额一提再提,但善后效果却不尽如人意。

(三)应急处突的时代要求

1.应急处突模式:从“事件突发—临危反应”转为“全周期—常态化管理”

随着非常态突发事件发生的常态化及新时代应急管理的需要,应急处突必然且必须从突发事件发生后进行应急处置,向事前预测预警预防、事中应急处置、事后善后处理及总结提高等全周期管理转化。

2.应急处突关键:从“完善应急处突体系”转为“提高应急处突效能”

近些年来,我国“一案三制”建设不断取得新进展,应急管理体制机制、法律法规及制度体系、管理主体体系、预案体系、资源保障体系等日益健全

① 习近平:《在统筹推进新冠肺炎疫情防控和经济社会发展工作部署会议上的讲话》,人民出版社2020年版,第28页。

② 参见钟开斌:《应急管理十二讲》,人民出版社2020年版,第280～281页。

和完善,逐步建立起较为完善的应急处突体系。当然,应急处突体系依然存在一些不完善的方面,应急处突形势变化也会不断提出新要求,因此仍然需要对应急处突体系不断进行动态化完善,但如何健全应急处突运行机制、如何让这个体系更好发挥效能是今后应急处突的关键和努力的方向。

3.应急处突思维和方式:从“行政思维和方式”转为“法治思维和方式”

突发事件的发生突发性、后果严重性、处置紧急性等特点,决定了在应急处突过程中必然要采取一些必要的行政手段,久而久之形成相对固化的行政思维和方式路径依赖。在我国实践中,行政思维和方式对于快速、有效地处置突发事件确实发挥了重要作用,但也容易导致权力任性、任意作为甚至侵害人民群众利益等问题。在新时代新形势下,应急处突必然且必须以建设法治国家、法治政府、法治社会为导向,坚持法治思维,守牢法治底线,充分运用法治思维和法治方式开展应急处突。

4.领导干部处突能力:从“懂”转为“能”

在非常态突发事件发生常态化的背景下,面对突发事件,领导干部仅仅能冲得出、顶得上,以及对应急处突知识和能力略知一二明显不够,必须全面把握突发事件发生演化以及应急处突内在规律,谙熟应急处突法律法规、制度及政策要求,高度重视和善于做好应急准备工作,善于识别评估风险和预防预警,系统掌握应急反应、联动处置、善后处理等全周期紧急应对知识和能力,成为能“精准拆弹”的行家里手。

二、领导干部需要提高的应急处突能力

(一)政治引领和组织动员能力

1.突出政治引领

习近平总书记指出,“在国家治理体系的大棋局中,党中央是坐镇中军帐的‘帅’,车马炮各展其长,一盘棋大局分明。如果中国出现了各自为政、一盘散沙的局面,不仅我们确定的目标不能实现,而且必定会产生灾难性后果”,“要教育引导各级领导干部增强政治敏锐性和政治鉴别力,对容易诱发

政治问题特别是重大突发事件的敏感因素、苗头性倾向性问题，做到眼睛亮、见事早、行动快，及时消除各种政治隐患”。[①] 因此，政治能力是领导干部应急处突的首要能力。一是坚持党的全面领导，把握正确政治方向。领导干部要提高政治判断力、领悟力、执行力，对敏感事件保持清醒政治头脑，坚决服从党中央决策部署，充分发挥党委领导和基层党组织的战斗堡垒作用。二是坚定人民立场，把维护人民利益放在第一位。习近平总书记指出，“公共安全事关群众身体健康和生命安全……努力减少公共安全事件对人民生命健康的威胁”，“各级党委和政府、各级领导干部要牢固树立安全发展理念，始终把人民群众生命安全放在第一位，牢牢树立发展不能以牺牲人的生命为代价这个观念”。[②] 所以，领导干部在应急处突中必须坚持以人民为中心的根本理念，坚持人民至上、生命至上。

2.善于组织动员

习近平总书记指出：“要坚持群众观点和群众路线，坚持社会共治……筑牢防灾减灾救灾的人民防线。”[③]开展组织动员既是应急处突的客观需要，又是我国巨大的政治和制度优势，一部党史、一部社会主义现代化建设史就是一部组织动员史。无论是战争年代的民工支前，还是20世纪五六十年代的水利大会战，抑或是改革开放后的抗洪救灾、抗击非典、抗震救灾，无不彰显了这个优势，尤其是在新冠疫情防控中，组织动员速度之快、规模之大、范围之广、能力之强、效果之好，全世界独一无二。因此，领导干部要善于发挥这个巨大优势，提高组织动员能力；要善于在常态化应急管理、紧急状态应急处置中开展组织动员；要善于提高制度动员力、组织动员力、宣传动员力、情感动员力；要善于在深入群众和解决群众急难愁盼中增强与群众的感情，在与群众感情沟通中了解群众心理、学会群众话语，在了解群众心理、学会群众话语中开展组织动员。

---

① 中共中央党史和文献研究院编：《习近平关于防范风险挑战、应对突发事件论述摘编》，中央文献出版社2020年版，第29、214～215页。

② 中共中央党史和文献研究院编：《习近平关于防范风险挑战、应对突发事件论述摘编》，中央文献出版社2020年版，第192～193、229页。

③ 中共中央党史和文献研究院编：《习近平关于防范风险挑战、应对突发事件论述摘编》，中央文献出版社2020年版，第200页。

(二)预警预防和启动响应能力

习近平总书记指出:“要健全风险防范化解机制,坚持从源头上防范化解重大安全风险,真正把问题解决在萌芽之时、成灾之前。要加强风险评估和监测预警,加强对危化品、矿山、道路交通、消防等重点行业领域的安全风险排查,提升多灾种和灾害链综合监测、风险早期识别和预报预警能力。”①因此,领导干部必须具备预警预防和启动响应能力。

1.善于识别与评估风险

(1)风险识别内容及程序。一是分析风险类型,分析存在哪些类型和性质的风险;二是分析风险诱因,分析风险诱发因素;三是分析风险机理,分析风险演变的内在逻辑、方式及路径等。

(2)风险识别方法。运用观察检查、交流沟通、历史分析、科学研判等方法,进行风险识别,既要善用“望远镜”,又要善用“显微镜”。

(3)风险评估内容。一是分析风险发生的可能性,通过因素分析、系统分析、历史分析等方法,对风险发生的概率、趋势等进行研判;二是分析风险可能的后果,分析风险发生后可能造成的危害并确定等级;三是分析风险预防控制能力,分析所具备的风险预防、处置等能力。

(4)风险识别评估要防止想不到、认不清。风险识别评估要有发散思维,善于设想推理,想到各种可能和情况。现实中想不到、认不清的教训很多,如2014年上海“12·31”踩踏事件、2021年郑州“7·20”特大暴雨灾害等。

(5)风险评估要坚持底线思维。风险及其评估都有很大不确定性,所以风险识别评估要考虑到最坏情况。现实中教训很多,如2008年瓮安“6·28”事件、新冠疫情防控常态化后一些地方出现的疫情小高峰等。

2.及时预警预防和启动响应

(1)强化预警意识,建立预警机制,避免“温水煮青蛙”效应,不能长期无灾或无大灾就麻痹大意。因此,要强化预警意识,建立预警机制,明确责任主体及程序,设定预警线,确定预警方式。现实中缺乏预警意识和机制的国内外教训很多,如2004年印度洋海啸等。

---

① 中共中央党史和文献研究院编:《习近平关于防范风险挑战、应对突发事件论述摘编》,中央文献出版社2020年版,第199页。

(2)预警要及时,发现即发布。一旦出现风险,必须在最早时机以最有效方式和最快速度向社会预警,预警速度要超过灾害灾难到来速度。现实中预警不及时的教训很多,如 2016 年 7 月 20 日河北省邢台市经济开发区,因预警不及时导致 2 个乡镇 12 个村被淹并造成严重损失。[①]

(3)预警方式要多样、有效,线上线下相结合。要通过电视、广播、电话、网络以及宣传车、人工逐户逐人通知等方式,确保预警全覆盖,做到应知尽知。

(4)预警内容要精确简练,避免"沟通漏斗"效应。"沟通漏斗"是指在信息传递中,说了 80%、听到 60%、听懂 40%、执行 20%[②],从而造成信息层层过滤乃至失真。为此,预警内容必须明确,预警用语必须通俗,预警语气必须紧迫。

(5)采取有效预防措施,发布即发动。没有跟进措施的预警是无效预警。因此,在预警的同时,要针对风险诱因、可能危害等及时采取有效防范措施。

(6)及时启动应急响应,快速协调联动。一旦发生突发事件,要快速启动应急响应,快速协同应对。

(7)分级预警预防和响应,避免"狼来了"效应。要科学研判并准确确定预警和应急响应等级,确实难以确定的,坚持就高不就低。

(三)部署指挥和临危决策能力

习近平总书记指出:"要提高风险化解能力,透过复杂现象把握本质,抓住要害、找准原因,果断决策,善于引导群众、组织群众,善于整合各方力量、科学排兵布阵,有效予以处理。"[③]因此,领导干部必须具备科学部署指挥和临危决策能力。

1.统筹部署,统一指挥

(1)成立职能组,明确职责。根据应急处突需要,成立职能组并明确其职责。

(2)建立处置制度,明确处置原则。要建立科学决策、协调调度、信息沟通、请示汇报等制度,同时明确以人为本、依法依规、损失最小、服从指挥等

---

① 参见钟开斌:《应急管理十二讲》,人民出版社 2020 年版,第 113 页。

② 参见钟开斌:《应急管理十二讲》,人民出版社 2020 年版,第 133 页。

③ 《习近平谈治国理政》第 3 卷,外文出版社 2020 年版,第 223 页。

原则。

(3)传达落实上级领导指示。要准确理解、及时传达上级领导指示,并在部署中抓好落实。

(4)统揽全局,突出重点。要统揽全局、兼顾各方,同时要找准和抓好关键环节、关键方面、关键点。

(5)科学有序调动处置力量和资源。要根据应急处突需要,有效整合社会资源,协调相关地区或单位予以协助。

(6)科学指挥,依法处置。面对复杂应急处突形势,领导干部要临危不乱,沉着指挥,依法开展应急处置工作。

2.多谋善断,科学决策

应急决策是“刀尖上跳舞”的决策。一旦决策失误,必会造成严重后果。因此,领导干部在应急处突中,要善于决策,敢于拍板。

(1)既要多谋,又要善断。应急决策包括定“策”和择“策”两个选择,要充分考虑各种情况,运用科学方法,制定多种方案,选出最好方案,关键时刻领导干部要敢担责、敢拍板。

(2)决策方法千万条,科学决策第一条。决策方法有很多,但不管运用什么方法都要坚持科学至上,打破身份、等级观念,尤其专业决策要充分发挥专家作用。

(3)决策要因需而定、因变而变。应急决策不能墨守成规,要随机应变,根据需要及时调整或重选方案。

(4)决策目标要“有舍有得”。在应急决策中,要善于对各种目标进行权衡取舍,但不管如何取舍,必须把人民生命健康放在第一位。

(5)既要听对的人对的意见,也要听“不对”的人对的意见。在应急决策中,既要听取其他决策参与领导、专家等的意见,也要听取普通群众等非决策参与者的意见,还要听取持不同意见人的意见。

(6)依法依规决策。应急决策需要随机应变,但不能突破法律法规原则。

(四)善后处理和转危为机能力

习近平总书记指出:“危和机总是同生并存的,克服了危即是机。”“要深入分析,全面权衡,准确识变、科学应变、主动求变,善于从眼前的危机、眼前的困难中捕捉和创造机遇。”[①]因此，领导干部必须具备善后处理和转危为机能力。

1.稳妥善后，不留隐患

(1)根据不同事件的性质、要求等，明确善后重点。善后处理一般包括损失评估、损害赔偿、原因调查、责任追究、恢复重建、查找漏洞、补齐短板、总结提高等，但不同突发事件善后处理的要求和重点也不同，领导干部要根据不同事件的性质和要求，既全面善后，又突出重点。

(2)近远结合，不留隐患。一方面要解决好当前问题，如损害赔偿、恢复重建、责任追究等，不能留下隐患；另一方面要解决好长远安全发展问题，如补漏洞、补短板，避免类似事件再次发生。

2.失之东隅，收之桑榆

(1)善于捕捉和创造机遇，化危为机。领导干部要坚持辩证思维，善于抓住危中之机，化危为机，促进长远发展。

(2)把一次处突结束当作新一次预防开始。总结经验教训、获得新认识、采取新行动是最大的机遇。领导干部要善于总结规律和经验教训，并将其运用到实践中。

(五)信息沟通和舆论引导能力

习近平总书记指出：“领导干部要增强同媒体打交道的能力，善于运用媒体宣讲政策主张、了解社情民意、发现矛盾问题、引导社会情绪、动员人民群众、推动实际工作。”[②]因此，领导干部必须具备信息沟通和舆论引导能力。

1.明确信息沟通要求，畅通信息沟通渠道

(1)把握“三个基本要求”。一是“三个同步”要求，即事件处置与新闻发布和舆论引导同步，正面信息发布与负面信息控制同步，媒体管理与服务同步；二是“三个跟上”要求，即信息发布跟上、舆情研判跟上、评论言论跟上；三是“三个明确”要求，即明确党政机关主要负责人是新闻发言第一责任主体，明确负责处置的地方和部门是信息发布第一责任主体，明确涉事地方和

---

① 中共中央党史和文献研究院编：《习近平关于防范风险挑战、应对突发事件论述摘编》，中央文献出版社2020年版，第224、224～225页。

② 《习近平谈治国理政》第2卷，外文出版社2017年版，第334页。

部门是舆情处置第一责任主体。

(2)坚持“三 T”原则。英国危机专家迈克尔·里杰斯特(M.Regester.Michael)提出信息发布“三 T”原则,即 Tell your own tale(以我为主发布)、Tell it fast(尽快发布)、Tell it all(发布全部)。[①] 因此,应急处突中的信息报告和发布要坚持第一时间法则。

(3)做到“三个不得”。一是不得忽视社会信息,二是不得迟报、漏报、谎报和瞒报,三是不得无视社会舆情。

(4)信息要“进得来”。一是公众获悉信息必须报告。《中华人民共和国突发事件应对法》明确规定:“获悉突发事件信息的公民、法人或者其他组织,应当立即向所在地人民政府、有关主管部门或者指定的专业机构报告。”[②]所以,要鼓励引导社会公众发现隐患及时报告。二是畅通公众报告渠道。要通过开通报告渠道、整合报警电话等,畅通社会公众快捷报告渠道。

(5)信息要“出得去”。一是内部“出得去”。事发单位要及时向政府报告,事发地政府要及时向上级政府报告,必要时越级上报。要做到“上报+通报”,坚持“首报+续报+终报”,首报要快、续报要准、终报要全。二是外部“出得去”。发生突发事件,政府要及时向社会发布信息,但敏感事件不经授权和允许不得发布。

2.掌握信息发布主动权,有效引导社会舆论

(1)及时、客观、真实、准确、统一发布信息。政府要主动、及时、客观发布突发事件信息,最大限度压缩小道消息和谣言空间。同时,信息发布要口径统一,不能各说各话。

(2)多途径、多形式发布信息。要通过新闻通报、官方网站、微博微信、组织采访、答复询问、吹风会、发布会等多种途径和形式发布信息。

(3)讲究信息发布策略。要在突发事件及其处置不同阶段确定不同发布重点;要少说“正确的废话”;信息发布尤其新闻发布会,要重视言语以外的细节,如语调、语速、重音、音调以及表情、眼神、手势等。

(4)积极化解负面舆情。对社会舆情要高度重视、科学研判并采取针对性措施予以化解。

---

① 参见王格芳、张国亭主编:《应急管理基本知识》,山东大学出版社 2020 年版,第 247 页。

② 《中华人民共和国突发事件应对法》,人民出版社 2008 年版,第 14 页。

(六)运用科技和智慧处突能力

习近平总书记指出:“要积极推广应用新技术、新设备、新工艺,高度重视大数据、云计算、物联网、智慧工程等现代信息技术的应用,不断提高公共安全装备水平。”“要充分利用大数据平台,综合分析风险因素,提高对风险因素的感知、预测、防范能力。”[①]因此,领导干部要善于运用现代科技手段开展应急处突。

1.善用“互联网+”,提高处突速度和效率

领导干部要善于推动“互联网+”技术在应急处突中的充分应用,建立健全包括信息采集、整理分析、传输共享、科学应用等在内的应急信息网络系统,推动相关信息系统的设施现代化、规程规范化、技术标准化以及相互之间的有效对接,打通纵向、横向信息沟通渠道,破除信息孤岛。要以现代互联网技术为依托和支撑,打造预警预防、指挥决策、资源调配等智慧平台,破除层级、部门、区域等边界限制,提高应急处突速度和效率。

2.善用大数据、云计算等技术,提高处突能力和水平

领导干部要善于推动大数据、云计算等技术在应急处突中的充分应用,对事关突发事件及其应对的海量历史和现实数据进行智能化收集、集成化处理和科学化分析,并将其运用于风险研判、预警预防、科学决策、资源调配、动向分析等方面,以数智力量克服人力理性局限,弥补人力能力不足,超常规拓展应急处突能力边界,全面提高应急处突的情境预见力、研判洞察力、反应行动力、决策决断力、处置有效力以及应对科学化水平。

三、领导干部如何提高应急处突能力

(一)潜心学习

1.学习理论,储备知识

习近平总书记指出:“在学习理论上,干部要舍得花精力,全面系统学,

① 中共中央党史和文献研究院编:《习近平关于防范风险挑战、应对突发事件论述摘编》,中央文献出版社2020年版,第188、213页。

及时跟进学,深入思考学,联系实际学。"[①]因此,领导干部要通过组织培训、个人自学等学习马克思主义基本理论,学习习近平新时代中国特色社会主义思想,学习习近平总书记关于总体国家安全观、防范风险挑战、应对突发事件、提高应急处突能力等的重要论述,学习公共管理、应急管理等基本理论知识。

2.学习法规,学习政策

习近平总书记指出:"我们的党政领导干部都应该成为复合型干部,不管在什么岗位工作都要具备基本的知识体系,法律就是其中基本组成部分。"[②]迅速、规范、有效是应急处突的基本要求,要达到这一要求就必须遵循相关法律法规和政策要求。因此,领导干部必须要熟悉相关法律法规、精通相关政策。

3.学习经验,吸取教训

习近平总书记指出:"要认真汲取各类公共安全事件的教训,推广基层一线维护公共安全的好办法、好经验。""要发挥我国应急管理体系的特色和优势,借鉴国外应急管理有益做法,积极推进我国应急管理体系和能力现代化。"[③]因此,领导干部要重视和善于研究应急处突案例,尤其是个人领导或参与过的案例,从中把握规律,借鉴经验,吸取教训。

(二)实践淬炼

习近平总书记指出:"领导干部要经受严格的思想淬炼、政治历练、实践锻炼,在复杂严峻的斗争中经风雨、见世面、壮筋骨,真正锻造成为烈火真金。"[④]因此,领导干部要在实践淬炼中提高应急处突能力。

---

① 中共中央党史和文献研究院、中央"不忘初心、牢记使命"主题教育领导小组办公室编:《习近平关于"不忘初心、牢记使命"论述摘编》,党建读物出版社、中央文献出版社 2019 年版,第 68 页。

② 《习近平李克强栗战书赵乐际分别参加全国人大会议一些代表团审议》,《人民日报》2018 年 3 月 11 日。

③ 中共中央党史和文献研究院编:《习近平关于防范风险挑战、应对突发事件论述摘编》,中央文献出版社 2020 年版,第 188、198 页。

④ 中共中央党史和文献研究院编:《习近平关于防范风险挑战、应对突发事件论述摘编》,中央文献出版社 2020 年版,第 221~222 页。

1.经常深入基层一线

领导干部要经常深入基层调研和指导工作，充分了解基层存在的风险隐患以及预案体系建设、安全制度建设、主体责任落实、应急资源储备、应急演练开展、应急机制建设等相关情况，及时发现不足、及时指导纠正，把风险隐患消除在萌芽状态。与此同时，领导干部只有经常深入基层一线、充分了解基层风险隐患情况及应对条件，事件突发时才能心中有数、临危不乱、有效应对。

2.积极工作在基层一线

基层一线是领导干部实践淬炼、能力历练的最有效“场域”，因此领导干部尤其年轻干部要积极到基层去工作。只有工作在基层一线，才能真正经历突发事件发生发展全过程，体验应急处突全周期，才能在不断经历全过程、体验全周期过程中，熟练掌握应急处突基本流程、关键环节、面临的突出问题及其解决途径，发现并掌握突发事件发生演化及应急处突规律，锻炼和提高应急处突能力，逐步成为应急处突的行家里手。

3.勇于冲在处突一线

冲在应急处突一线既是领导干部的职责所在，也是检验领导干部初心使命、责任意识、担当精神的“试金石”。同时，领导干部只有勇于冲在处突一线，才能培养斗争精神、磨练顽强意志、涵养担当品格，才能全面检验应急处突能力、发现能力不足、明确改进方向、增强见识胆识、锻炼提高能力。

（三）磨砺心智

突发事件随时随地都可能发生，领导干部随时随地都可能面对应急处突，面临的心理压力可想而知。对此，领导干部要正确认识、勇于面对、积极化解，善于变消极回避为积极应对、变被动承受为主动作为，主动潜心学习，积极投身实践，全面提高能力，在学习和实践中不断调适心态、磨砺心智，以能力提高的确定性化解不确定性突发事件带来的心理压力。

（四）模拟演练

模拟演练是应急处突的实际操练，也是检验预案有效性、强化忧患意识的有效途径。因此，领导干部要经常组织和参加各种应急处突模拟演练。

开展模拟演练，要模拟各类突发事件的真实情境，进入特定主体角色和应急精神状态，"实战化"有效处置设定的突发事件，注重实操性、避免形式化，通过模拟演练达到增强意识、发现不足、堵漏补缺、锻炼队伍、磨合机制等目的。

参考文献：

[1]《习近平谈治国理政》第3卷，外文出版社2020年版。

[2]中共中央党史和文献研究院编：《习近平关于防范风险挑战、应对突发事件论述摘编》，中央文献出版社2020年版。

[3]《中华人民共和国突发事件应对法》，人民出版社2008年版。

[4]钟开斌：《应急管理十二讲》，人民出版社2020年版。

[5]唐钧：《领导干部应急处突能力的提升路径》，《中国党政干部论坛》2021年第5期。

13.突发事件为什么会发生

成长群*

伴随着经济社会的快速发展，突发事件也层出不穷，给人们的生命和财产安全带来了严重威胁和巨大损失。地震、地质灾害、洪涝、干旱、极端天气事件、海洋灾害、森林草原火灾等重特大自然灾害分布地域广、造成损失重、救灾难度大。生产安全事故总量仍然偏大，道路交通、煤矿等矿产开采、危险化学品等重点行业领域重大事故频发，部分城市建筑、生命线工程、地下管网等基础设施随着使用年限增长，事故隐患逐步显现，由生产安全事故、污染物排放或者自然灾害等因素导致的突发环境污染事件多发，危及公众生命、健康和财产安全，威胁生态环境，造成重大社会影响。突发急性传染病在全球不断出现，境外输入传染病以及生物技术误用滥用谬用风险不断增大，食品药品安全基础依然薄弱，公共卫生事件防控难度增大。社会利益关系错综复杂，诱发群体性事件因素较多，涉外安全风险日益增加，社会安全面临新的挑战。从源头上防控突发事件风险、保一方平安，为社会发展创造和谐环境成为国家治理体系和治理能力现代化的重要内容。

一、系统脆弱性理论

系统脆弱性理论是当前研究公共危机管理的一个重要理论工具，它为分析公共安全风险或危机产生的原因提供了理论分析框架，成为当前研究公共安全风险治理的理论工具。

---

* 成长群，沂蒙干部学院教学研究部(案例研究中心)副主任、教授。

(一)脆弱性的内涵

学术界对“脆弱性”的认识和研究是不断深化的。“脆弱性”一词源于拉丁语,其词根是“vulnerare”,意为受伤。最早提出该概念的是吉尔伯特·F.怀特(Gilbert F.White)。1970年,吉尔伯特·F.怀特首次提出了“脆弱性”的概念。这一概念最早用于对自然灾害的研究,它的兴起在于满足了灾害分析自然属性和社会属性逐渐交叉的趋势,也契合了灾害风险管理科学性、动态性、本地性、群体性、多元性的要求。①

自20世纪70年代以来,国外对脆弱性的研究得到不断发展。从时代发展的脉络来看,1970～1990年,关于脆弱性的研究和认识出现了不同的定义和界定。1970年,脆弱性被认为是对自然灾害的被动反应。这一时期,脆弱性强调对致灾因子造成的后果进行重点研究,并认为脆弱性的损失程度是在[0,1]范围内的货币价值或死亡人口的概率。提莫曼(Peter Timmerman)指出脆弱性是指当灾害事件发生时,系统出现对抗反应的程度,而且这种对抗反应的程度与性质取决于该系统的恢复力。② 苏斯曼(Paul Susman)等认为脆弱性是社会不同阶层在面对风险时的差异程度。③ 凯茨(R. W. Kates)指出脆弱性是指承受伤害并进行抵抗的能力。④ 钱伯斯(R. Chambers)将脆弱性描述为应对灾害的差异化能力。⑤ 广义上的脆弱性目前已被广泛地运用到自然科学、地理科学、社会科学领域。里弗曼(D. Liverman)在此基础上区别了作为自然的生物、物理状况和作为社会的政治、社会、经济状况的脆弱性。⑥ 在这种意义上,他认为既可以从地理空间层面上对脆弱性进行界

---

① 参见童星:《关于国家防灾减灾战略的一种构想》,《甘肃社会科学》2011年第6期。

② P. Timmerman, “Vulnerability Resilience and the Collapse of Society: A Review of Models and Possible Climatic Application”, *Environmental Monograp*, Vol.1, No.1, 1981, pp.1-45.

③ Paul Susman, Phil O'Keefe, Ben Wisner, *Global Disaster: A Radical Interpretation*, Boston: Allen&Unwin, 1983, pp.263-283.

④ R. W. Kates, “The Interaction of Climate and Society”, in Robert W. Kates, Jesse H. Ausubel, Mimi Berberian, eds., *Climate Impact Assessment: Studies of the Interaction of Climate and Society*, John Wiley, 1985, pp.3-36.

⑤ R. Chambers, “Vulnerability Coping and Policy”, *IDS Bulletin*, Vol.37, No.4, 2009, pp.33-40.

⑥ D. Liverman, “Vulnerability to Global Environmental Change”, in R. E. Kasperson, K Dow, et al., *Understanding Global Environmental Change: The Contributions of Risk Analysis and Management*, Clark University Press, 1990, pp.27-44.

定,也可以从社会空间层面上对其进行界定。珍妮·X.卡斯帕森(Jeanne X. Kasperson)和罗杰·E.卡斯帕森(Roger E. Kasperson)将脆弱性与灾害的基本结构模型联系起来,提出脆弱性涉及三个方面的内容:一是遭受压力、混乱和冲击的可能性;二是人群、地方和生态系统应对压力的能力;三是受灾人群、区域和生态系统的恢复力。这包括从现有和未来的压力及事件中恢复过来的能力。① 显然,脆弱性通过灾害被揭示出来,灾害自身的特点、灾害物质承载体的特点、人类的社会行动和结构都可以放大或缩小我们所说的这种脆弱性。换句话说,脆弱性受到暴露机会、承灾体自身性质、社会经济与政治等各方面的影响,并表现出不同的形式。

国内有研究者则认为,脆弱性是指个体、家庭、群体以及社区在遭受自然灾害或人为不利因素影响时容易遭受身体和经济损失的一种脆弱性质。②也有人认为,脆弱性是指在一定的社会经济、政治、文化背景下,一定区域的特定承灾体和人群对某种自然灾害所表现出的易于受到伤害和损失的性质,是区域物质承载体与人类社会实践相互作用的结果③,一些地区和人群因承载力相对较弱而在遭遇灾害时将受到更大伤害。

我们可以从以下几个方面来理解脆弱性。

第一,脆弱性是系统本身的一种属性或内在属性。脆弱性是源于系统内部、本身的一种固有属性,这种属性只有当系统遭受外部因素的多重扰动时才表现出来,平时它隐藏在系统里不易被察觉。

第二,脆弱性是指系统暴露于不利环境的负面影响或遭受各种损害的可能性。在系统遭受损害的可能性来看,诸多学者主要是从灾害产生的潜在影响角度分析的。从这个角度来看,脆弱性是指系统或人类面对外界干扰而受到损害的可能性和概率。

第三,脆弱性是系统承受不利影响或压力的能力。脆弱性是承载体和灾害体之间的关系,即承载体在面临某种灾害或者突发事件等灾害体时的易受攻击程度、敏感程度、应对能力以及恢复能力。从这个角度来看,脆弱性是指系统面对外部压力时的一种内在抗风险能力,这种能力也是脆弱性属性的重要体现。

---

① 参见[美]珍妮·X.卡斯帕森、罗杰·E.卡斯帕森编著:《风险的社会视野》(下),李楠、何欢译,中国劳动社会保障出版社2010年版,第195～220页。

② 参见赵曼、薛新东:《农村救灾机制研究》,中国劳动社会保障出版社2012年版,第33页。

③ 参见毛德华等:《灾害学》,科学出版社2011年版,第109页。

第四，脆弱性是一个多元概念的集合。灾害学对脆弱性的研究可以归纳为四类：强调承灾体的易感性，即脆弱性体现的是承灾体容易受到破坏和损害的性质；强调承灾体对灾害破坏缺乏抵御能力；强调脆弱性更宽泛的性质，即脆弱性表现为一种性质或状态，与安全性存在负相关关系；强调脆弱性与恢复力之间的负相关关系。[①] 随着应用领域的拓展和相关学科的交融，脆弱性逐步演变成一个多要素、多维度、跨学科的学术概念体系，成为一个复杂的集合体和综合体。

(二)突发事件生成机理

突发事件的生成机理可以从脆弱性评估模型视角分析。麦卡锡(J. J. McCarthy)等学者指出，脆弱性评估其实就是暴露性、敏感性、适用性这三者的函数，这一评估模型着重了解造成脆弱性的原因及条件。[②] 在此评估模型中，暴露性(exposure)是指人类或物体受到灾害或者不利因素影响的程度，也是指受灾体暴露在灾害环境里的程度；敏感性(sensitivity)指人类或物体受到外部环境不利因素影响的抗压力或者是从损害中恢复的能力；适用性(adaptive capacity)指人类或物体面对灾害干扰时的抵抗力和恢复力(resilience)。这三种要素共同构成了脆弱性的基本框架。

根据麦卡锡关于脆弱性评估的原理，任何一次突发事件、公共危机事件都是系统本身脆弱性综合因素的结果(见图 1)。从脆弱性理论分析框架来看，公共安全风险与危机事件产生的机理与多种系统外的扰动因素密切相关，扰动因素越强，系统脆弱性爆发成安全风险或危机事件的可能性越大。公共危机风险和事件都是在致灾因子的影响下，通过多重扰动因素影响安全系统，系统综合脆弱性表现出来，打乱系统间的结构平衡，使脆弱性超过特定的安全阈值，公共安全风险和危机事件由此产生。

---

① 参见刘雯雯：《组织脆弱性研究》，中国林业出版社 2011 年版，第 14 页。

② 参见周利敏：《社会脆弱性：灾害社会学研究的新范式》，《南京师大学报》(社会科学版) 2021 年第 4 期。

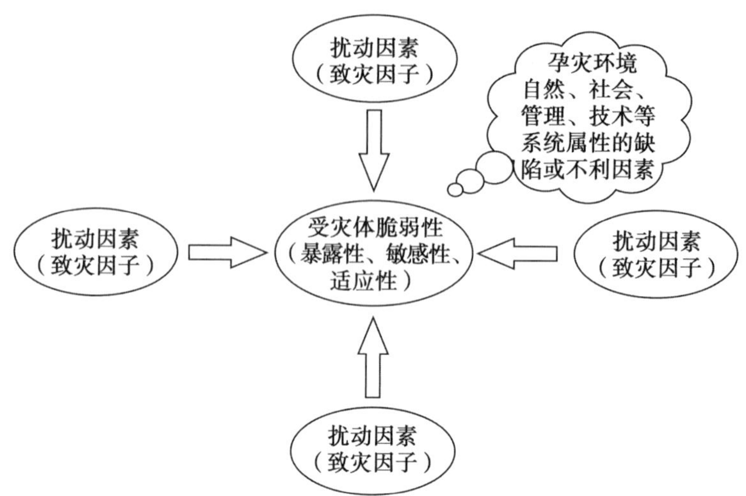

图1　突发事件生成机理示意图

从突发事件生成机理示意图可以看出，脆弱性不是直接的致灾因素，它是在内部系统和外部系统不利因素的共同作用下超过脆弱性可承担的阈值，产生危机事件的结果。在脆弱性研究客体上的扰动具有多向度、多维度特点。公共安全系统通常暴露于多重扰动和不利因素的环境里，这些扰动和不利因素既有来自于系统内部的，也有来自系统外部的，并对系统脆弱性造成不同程度的影响，进而变成危机事件的外在诱因。这些系统脆弱性主要来源于自然、社会、管理、技术等多维度。刘铁民等按其来源属性将其分为自然、技术、社会和管理四类。自然系统属性主要指地理、地质、气象、自然环境和生物等，技术系统属性主要指工程、装备、技术和生产活动等，社会系统属性主要包括政治、社会、经济、法治、文化、宗教、教育制度和传媒网络等，管理系统属性主要指公共管理、应急管理法制、体制、机制与应急准备。① 这些系统属性的脆弱性在多种因素的扰动下超过了系统脆弱性的承受范围，从而演变成公共危机事件生成的助推剂，公共安全风险和危机事件由此产生。

从以上分析可知，脆弱性在公共安全风险或事件发生前已经存在，与风险或危机事件形成相伴而生，是决定危机事件性质、强度和结果的基本要

① 参见刘铁民：《事故灾难成因再认识——脆弱性研究》，《中国安全生产科学技术》2010年第10期。

素,同时具有放大危机事件后果的作用。公共安全风险的大小、危机事件的破坏程度不完全取决于危机事件的源发强度,还取决于危机事件生成的环境,即系统的脆弱性程度。总之,根据系统脆弱性理论观点,公共安全风险或事件的产生不是偶然的,而是受灾体本身的脆弱性和孕灾环境系统的脆弱性或不利因素在外部环境致灾因子的干扰下综合作用的结果。要防控公共安全事件的风险,除了消除受灾体本身的脆弱性,提升受灾体本身的抗逆力以外,还要重点管控孕灾环境(即自然、社会、管理和技术等)各大子系统的脆弱性。

二、基于系统脆弱性理论剖析突发事件发生机理

近年来,一系列重特大事故的频繁发生不是偶然,是由其背后非常复杂的系统脆弱性叠加而成,最终致其公共安全系统脆弱性崩溃,导致突发事件发生。从现实很多案例来看,突发事件发生的整个过程中所暴露的风险管理缺失、安全基础设施薄弱、应急准备欠缺和应急响应能力不足等问题,凸显出了公共安全管理领域的系统脆弱性。下面运用系统脆弱性理论范式来剖析天津港“8・12”瑞海公司危险品仓库特别重大火灾爆炸事故的发生机理,把天津港瑞海公司的脆弱性当做一种研究突发事件的特殊方法、研究范式和切入点,在这个具体独特的场域中,更好地帮助我们理解突发事件的生成机理,为治理公共危机事件提供理论指导,从而提高领导干部的应急处突能力。

(一)事故基本情况①

1.事故发生的时间和地点

2015年8月12日22时51分46秒,位于天津市滨海新区吉运二道95号的瑞海公司危险品仓库(北纬39°02′22.98″,东经117°44′11.64″,地理方位示意图见图2)待申报装船出口货物运抵区②(简称“运抵区”)最先起火,23时34分06秒发生第一次爆炸,23时34分37秒发生第二次更剧烈的爆

---

① 参见《天津港“8・12”瑞海公司危险品仓库特别重大火灾爆炸事故调查报告》,2016年2月5日,http://www.gov.cn/foot/2016-02/05/content_5039788.htm。

② 待申报装船出口货物运抵区属于海关监管场所,用金属栅栏与外界隔离。由经营企业申请设立,海关批准,主要用于出口集装箱货物的运抵和报关监管。

炸。事故现场形成6处大火点及数十处小火点,8月14日16时40分,现场明火被扑灭。

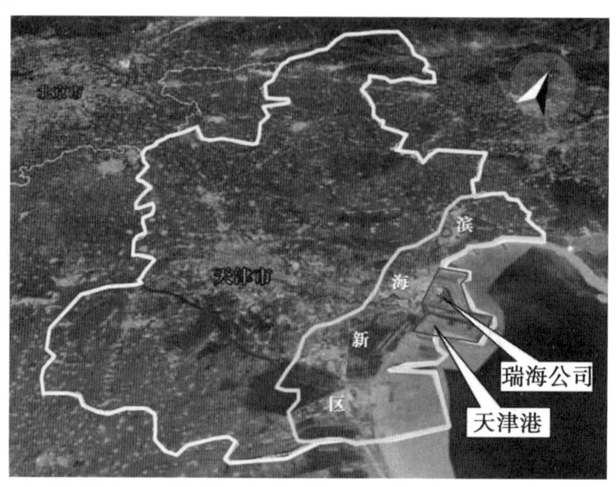

图2 瑞海公司地理方位示意图

资料来源:《天津港"8·12"瑞海公司危险品仓库特别重大火灾爆炸事故调查报告》,2016年2月5日,http://www.gov.cn/foot/2016-02/05/content_5039788.htm。

2.事故现场情况

事故现场按受损程度,分为事故中心区(航拍图见图3、示意图见图4)、爆炸冲击波波及区(示意图见图5)。事故中心区为此次事故中受损最严重区域,该区域东至跃进路、西至海滨高速、南至顺安仓储有限公司、北至吉运三道,面积约为54万平方米。两次爆炸分别形成一个直径15米、深1.1米的月牙形小爆坑和一个直径97米、深2.7米的圆形大爆坑。以大爆坑为爆炸中心,150米范围内的建筑被摧毁,东侧的瑞海公司综合楼和南侧的中联建通公司办公楼只剩下钢筋混凝土框架;堆场内大量普通集装箱和罐式集装箱被掀翻、解体、炸飞,形成由南至北的3座巨大堆垛,1个罐式集装箱被抛进中联建通公司办公楼4层房间内,多个集装箱被抛到该建筑楼顶;参与救援的消防车、警车和位于爆炸中心南侧吉运一道和北侧吉运三道附近的顺安仓储有限公司、安邦国际贸易有限公司储存的7641辆商品汽车和现场灭火的30辆消防车在事故中全部损毁,邻近中心区的贵龙实业、新东物流、港湾物流等公司的4787辆汽车受损。

图 3　事故中心区航拍图

资料来源:《天津港“8・12”瑞海公司危险品仓库特别重大火灾爆炸事故调查报告》,2016 年 2 月 5 日,http://www.gov.cn/foot/2016-02/05/content_5039788.htm。

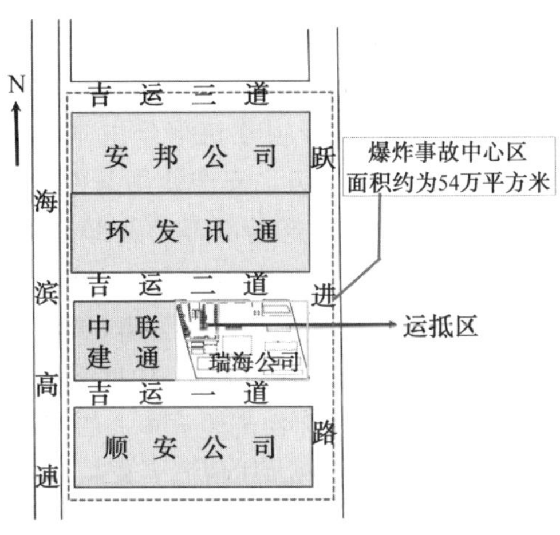

图 4　事故中心区示意图

资料来源:《天津港“8・12”瑞海公司危险品仓库特别重大火灾爆炸事故调查报告》,2016 年 2 月 5 日,http://www.gov.cn/foot/2016-02/05/content_5039788.htm。

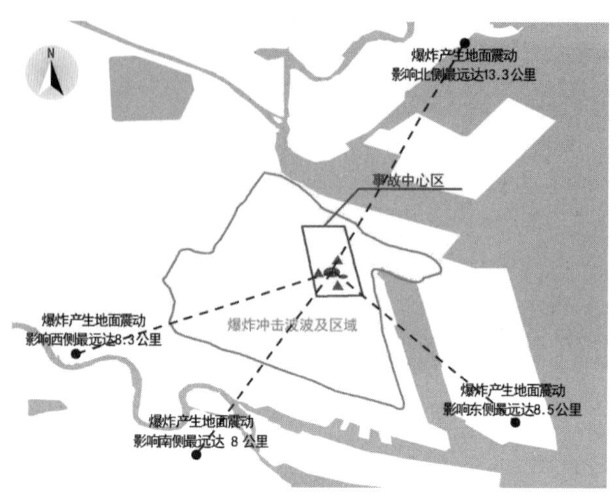

图 5 爆炸冲击波波及区示意图

资料来源:《天津港"8·12"瑞海公司危险品仓库特别重大火灾爆炸事故调查报告》,2016 年 2 月 5 日,http://www.gov.cn/foot/2016-02/05/content_5039788.htm。

爆炸冲击波波及区分为严重受损区、中度受损区。严重受损区是指建筑结构、外墙、吊顶受损的区域,受损建筑部分主体承重构件(柱、梁、楼板)的钢筋外露,失去承重能力,不再满足安全使用条件。中度受损区是指建筑幕墙及门、窗受损的区域,受损建筑局部幕墙及部分门、窗变形破裂。严重受损区在不同方向距爆炸中心最远距离为东 3 公里(亚实履带天津有限公司)、西 3.6 公里(联通公司办公楼)、南 2.5 公里(天津振华国际货运有限公司)、北 2.8 公里(天津丰田通商钢业公司)。中度受损区在不同方向距爆炸中心最远距离为东 3.42 公里(国际物流验放中心二场)、西 5.4 公里(中国检验检疫集团办公楼)、南 5 公里(天津港物流大厦)、北 5.4 公里(天津海运职业学院)。受地形地貌、建筑位置和结构等因素影响,同等距离范围内的建筑受损程度并不一致。爆炸冲击波波及区以外的部分建筑,虽没有受到爆炸冲击波直接影响,但由于爆炸产生地面震动,造成建筑物接近地面部位的门、窗玻璃受损,东侧最远达 8.5 公里(东疆港宾馆),西侧最远达 8.3 公里(正德里居民楼),南侧最远达 8 公里(和丽苑居民小区),北侧最远达 13.3 公里(海滨大道永定新河收费站)。

3.人员伤亡和财产损失情况

事故造成 165 人遇难(参与救援处置的公安现役消防人员 24 人、天津港消防人员 75 人、公安民警 11 人,事故企业、周边企业员工和周边居民 55 人),8 人失踪(天津港消防人员 5 人,周边企业员工、天津港消防人员家属 3 人),798 人受伤住院治疗(伤情重及较重的伤员 58 人、轻伤员 740 人);304 幢建筑物(办公楼宇、厂房及仓库等单位建筑 73 幢,居民 1 类住宅 91 幢、2 类住宅 129 幢、居民公寓 11 幢)、12428 辆商品汽车、7533 个集装箱受损。

截至 2015 年 12 月 10 日,事故调查组依据《企业职工伤亡事故经济损失统计标准》(GB6721-1986)等标准和规定统计,已核定直接经济损失 68.66 亿元人民币,其他损失尚需最终核定。

4.环境污染情况

通过分析事发时瑞海公司储存的 111 种危险货物的化学组分,确定至少有 129 种化学物质发生爆炸燃烧或泄漏扩散,其中氢氧化钠、硝酸钾、硝酸铵、氰化钠、金属镁和硫化钠这 6 种物质的重量占到总重量的 50%。同时,爆炸还引燃了周边建筑物以及大量汽车、焦炭等普通货物。本次事故残留的化学品与产生的二次污染物逾百种,对局部区域的大气环境、水环境和土壤环境造成了不同程度的污染。

(二)事故生成机理

1.从自然系统不利因素来看孕灾环境的系统脆弱性

从系统脆弱性理论中孕灾环境不利因素来看,自然系统的不利因素是突发事件产生的基础性影响因素,主要包括承灾体的地理、地质、气象和生物等不利属性及物理上的缺陷,这些缺陷为突发事件的发生埋下了深层隐患。

(1)气候因素:事发当天最高气温达 36℃。实验证实,在气温为 35℃时集装箱内温度可达 65℃以上。

(2)物理载体:事发当天运抵区内共有硝化棉[①]及硝基漆片 32.97 吨;集装箱(罐)内的精萘、硫化钠、糠醇、三氯氢硅、一甲基三氯硅烷、甲酸等多种危险化学品超量储存,事发时硝酸钾存储量为 1342.8 吨,超设计最大存储量

① 硝化棉为白色或微黄色棉絮状物,易燃且具有爆炸性,化学稳定性较差,常温下能缓慢分解并放热,超过 40℃时会加速分解,放出的热量如不能及时散失,会造成硝化棉升温加剧,达到 180℃时能发生自燃。

53.7倍;硫化钠存储量为484吨,超设计最大存储量19.4倍;氰化钠存储量为680.5吨,超设计最大储存量42.5倍;在运抵区多次违规存放硝酸铵,事发当日在运抵区违规存放硝酸铵高达800吨。

(3)地理条件:瑞海公司与周边居民住宅小区、天津港公安局消防支队办公楼等重要公共建筑物以及高速公路、轻轨车站等交通设施的距离均不满足规定标准。

(4)致灾环境:运抵区南侧一垛集装箱火势猛烈,且通道被集装箱堵塞,消防车无法靠近灭火;不仅将不同类别的危险货物混存,间距严重不足,而且违规超高堆码现象普遍,4层甚至5层的集装箱堆垛大量存在。

导致事故发生的直接原因是瑞海公司危险品仓库运抵区南侧集装箱内的硝化棉由于湿润剂散失出现局部干燥,在高温(天气)等因素的作用下加速分解放热,积热自燃,引起相邻集装箱内的硝化棉和其他危险化学品长时间大面积燃烧,导致堆放于运抵区的硝酸铵等危险化学品发生爆炸。① 可见,自然系统或物理环境不利因素增加了事故发生的概率和程度。在整个事故的发生过程中,自然系统的不利因素往往起到基础性作用,为事故的发生提供了外部的自然和硬件环境。

2.从社会系统不利因素视角来看孕灾环境的系统脆弱性

从系统脆弱性理论中孕灾环境不利因素来看,社会系统不利因素是潜在的影响因素,主要有政治、社会、经济、法治、文化、宗教、教育制度和传媒网络等软件方面的不利属性,影响了人的安全价值观念和行为方式,这些文化的、内在的不安全因素为突发事件的发生埋下了隐患。

(1)违法违规现象。瑞海公司严重违反天津市城市总体规划和滨海新区控制性详细规划,未批先建、边建边经营危险货物堆场;违法从事港口危险货物仓储经营业务;违规存放硝酸铵;严重超负荷经营、超量存储;违规混存、超高堆码危险货物;违规开展拆箱、搬运、装卸等作业;在拆装易燃易爆危险货物集装箱时,没有安排专人现场监护,使用普通非防爆叉车。

(2)安全意识不强。瑞海公司对委托外包的运输、装卸作业的安全管理严重缺失,在硝化棉等易燃易爆危险货物的装箱、搬运过程中存在用叉车倾倒货桶、装卸工滚桶码放等野蛮装卸行为,导致硝化棉包装破损、散落而无

---

① 参见《天津港"8·12"瑞海公司危险品仓库特别重大火灾爆炸事故调查报告》,2016年2月5日,http://www.gov.cn/foot/2016-02/05/content_5039788.htm。

人管理的情况;公司没有开展风险评估和危险源辨识评估工作,也没有将重大危险源向天津市交通运输部门进行登记备案。

(3)安全责任弱化。瑞海公司违法违规经营、储存和运输危险货物,日常安全管理极其混乱,未履行安全生产主体责任和主体义务,致使大量安全隐患长期存在。

(4)安全能力不足。瑞海公司的应急预案基本上流于形式,应急处置力量不足,应急装备严重缺乏,基本不具备初起火灾的扑救能力。

(5)安全保障不力。瑞海公司部分装卸管理人员没有取得港口相关部门颁发的从业资格证书,无证上岗;部分叉车司机没有取得危险货物岸上作业资格证书,没有经过相关危险货物作业安全知识培训,对危险品防护知识的了解仅限于现场不准吸烟、车辆要带防火帽等,对各类危险物质的隔离要求、防静电要求、事故应急处置方法等均不了解;公司未针对理化性质各异、处置方法不同的危险货物制定针对性的应急处置预案,也未组织员工进行应急演练。

从这起严重事故来看,个体从业者及生产企业主体的安全意识直接决定事故发生的趋势。每起事故的背后一定有从业者或企业为了利益、节省时间、麻痹大意或安全习惯等问题,将安全忘在身后,最终酿成重大事故。安全意识弱化直接表现为违规违法现象的发生。瑞海公司实际控制人于某伟在港口危险货物物流企业从业多年,很清楚在港口经营危险货物物流企业需要行政许可,但正规的行政许可程序需要经过多个部门审批,耗时较长。为了让企业快速运营、尽快盈利,于某伟通过送钱、送购物卡(券)和出资邀请打高尔夫、请客吃饭等不正当手段,拉拢天津市交通运输和港口管理局副局长李某刚和天津市交通运输委员会港口管理处处长冯某,要求在行政审批过程中给瑞海公司提供便利。李某刚滥用职权,先后五次违规给瑞海公司出具相关批复,而这种批复除瑞海公司外从未对其他企业用过。同时,瑞海公司另一实际控制人董某轩也利用其父亲曾任天津港公安局局长的关系,在港口审批、监管方面打通关节,对瑞海公司得以无证违法经营也起了很大作用。这一切使得系统脆弱性超出了安全阈值,成为导致事故发生的重要诱因。

3.从管理系统不利因素视角来看孕灾环境的系统脆弱性

从系统脆弱性理论中孕灾环境不利因素来看,管理系统的不利因素是关键性影响因素,主要包括受灾体相关的风险识别与评估、公共管理、应急管理体制机制与应急准备等方面的不利因素。

(1)规章制度不健全、体制不顺。危险化学品生产、储存、使用、经营、运输和进出口等环节未形成完整的监督链条;缺乏统一的危险化学品安全管理法规。同时,港口管理体制不顺,安全管理不到位。天津港已移交天津市管理,但是天津港公安局及消防支队仍以交通运输部公安局管理为主。此外,天津市交通运输委员会、天津市建设管理委员会、滨海新区规划和国土资源管理局违法将多项行政职能委托天津港集团公司行使,客观上造成交通运输部、天津市政府以及天津港集团公司对港区管理职责交叉、责任不明,天津港集团公司政企不分,安全监管工作同企业经营形成内在联系,难以发挥应有的监管作用。

(2)隐患排查、应急处置不力。天津市政府应对如此严重复杂的危险化学品火灾爆炸事故的思想准备、工作准备、能力准备明显不足;事故发生后在信息公开、舆论应对等方面不够及时有效,造成一些负面影响;消防力量对事故企业存储的危险化学品底数不清、情况不明,致使先期处置的一些措施针对性、有效性不强。

(3)政府行为违法违规。天津市交通运输委员会(原天津市交通运输和港口管理局)、天津海关系统滥用职权,违法违规实施行政许可和项目审批;天津市规划和国土资源管理部门玩忽职守,在行政许可中存在多处违法违规行为;天津海事部门培训考核不规范,玩忽职守,未按规定对危险货物集装箱现场开箱检查进行日常监管。

(4)行业监管不够。天津市交通运输委员会玩忽职守,日常监管严重缺失;天津港集团公司在履行监督管理职责方面玩忽职守,个别部门和单位弄虚作假、违规审批,对港区危险品仓库的监管缺失;天津市安全监管部门玩忽职守,未按规定对瑞海公司开展日常监督管理和执法检查,也未对安全评价机构进行日常监管;天津市市场和质量监督部门对瑞海公司日常监管缺失;天津市公安部门未认真贯彻落实有关法律法规,未按规定开展消防监督指导检查;天津市滨海新区环境保护局未按规定审核项目,未按职责开展环境保护日常执法监管;天津市滨海新区行政审批局未严格执行项目竣工验收规定;天津市委、市政府和滨海新区党委、政府未全面贯彻落实有关法律法规,对有关部门和单位安全生产工作中存在的问题失察失管。

(5)专业评估失效。中介及技术服务机构弄虚作假,违法违规进行安全审查、评价和验收等。天津中滨海盛科技发展有限公司与天津中滨海盛卫生安全评价监测有限公司作为同一法人单位,同时承接瑞海公司的安全预评价和安全验收评价工作,安全预评价报告和安全验收评价报告弄虚作假,故意隐瞒不符合安全条件的关键问题,出具了“基本符合国家有关法律法规和标准规范要求”的结论。天津水运安全评审中心在对瑞海公司危险货物堆场改造项目安全条件、安全设施设计专篇、安全设施验收审查活动中,审核把关不严,致使不具备安全生产条件的瑞海公司堆场改造项目通过审查,特别是在安全设施验收审查环节中,采取打招呼、更换专家等手段,干预专家审查工作。天津市化工设计院在瑞海公司危险货物堆场改造项目设计中,违反天津市城市总体规划和滨海新区控制性详细规划,违规提供施工设计图文件,错误设计在重箱区露天堆放第五类氧化物质硝酸铵和第六类毒性物质氰化钠。天津市交通建筑设计院管理制度不完善,审核审查程序不严,违规向天津港建设公司出借规划编制资质。天津市环境工程评估中心在评估瑞海公司危险货物堆场改造项目的环境影响评价报告过程中,未进行现场考察,未发现瑞海公司危险货物堆场改造项目未批先建问题;未对环境影响评价报告中的公众参与意见进行核实,未发现瑞海公司提供虚假公众参与意见问题;未认真审核环境影响评价报告书,未发现环境影响评价报告没有全面采纳专家评审会合理意见问题。天津博维永诚科技有限公司在瑞海公司未取得堆场改造规划许可的情况下进行放线测量;在墨线复核中弄虚作假,未去现场实测,竣工验收后采用倒推数据的方式补作墨线复核实测报告。

在这起重大事故中,存在明显的安全管理制度缺失和管理体制不顺的问题,存在严重的隐患排查和应急处置缺陷,更存在过分的政府行为违规违法、不作为、失职行为,还存在行业监管部门缺失、第三方专业评估失效等系列问题。这些外部环境因素打破了系统的内部平衡,诱发了重大事故危机事件。

4.从技术系统不利因素视角来看孕灾环境的系统脆弱性

从系统脆弱性理论中孕灾环境不利因素来看,技术系统的不利因素是保障性影响因素,主要包括工程、装备、技术和生产活动等方面的不利因素,是防止重大事故发生的保障性因素。

(1)设备不到位。全国缺乏统一的危险化学品信息管理平台,部门之间没有做到互联互通,信息不能共享,不能实时掌握危险化学品的去向和情况,难以实现对危险化学品全时段、全流程、全覆盖的安全监管。

(2)安全技术缺陷。危化品动态监测技术不到位。

(3)安全流程、方法违规。目前,危险化学品生产、储存、使用、经营、运输和进出口等环节涉及部门多,地区之间、部门之间的相关行政审批、资质管理、行政处罚等未形成完整的监管链条。

(4)技术保障能力(标准)不强。危险化学品安全管理法律法规标准不健全。国家缺乏统一的危险化学品安全管理、环境风险防控的专门法律;《危险化学品安全管理条例》对危险化学品流通、使用等环节要求不明确、不具体,特别是针对物流企业危险化学品安全管理规定的空白点更多;现行有关法规对危险化学品安全管理违法行为处罚偏轻,单位和个人违法成本很低,不足以起到惩戒和震慑作用。危险货物大多涉及危险化学品,危险化学品安全管理涉及的监管环节多、部门多、法规标准多,各管理部门立法出发点不同,对危险化学品安全要求不一致,造成当前危险化学品安全监管乏力以及企业安全管理要求模糊不清、标准不一、无所适从的现状。

在这起重大事故中,由于工艺流程设计缺陷或方法措施使用不当,产生了风险或隐患;由于缺乏标准或评估体系,日常安全管理无标准或评价体系可以参照,安全管理风险控制缺乏科学指导,安全保障能力大大下降,成为事故发生的诱因。

综上分析,重大事故就是受灾体本身脆弱性与所处的自然系统、社会系统、管理系统和技术系统不利因素或脆弱性综合作用的结果,受灾体所在孕灾环境中的四大系统不利因素没有得到有效的控制,未能形成有效的安全防护网,受灾体受到致灾因子的影响,受灾体本身的脆弱性受到扰动,超出了安全阈值,导致突发事件发生。这也为我们从源头防治突发事件提供了理论指导,为防范突发事件和风险防控提供了具体的思路和对策建议。

三、提高应急处突能力的关键环节和重要举措

要从源头上治理公共安全风险和危机事件,除了控制受灾体本身的脆弱性以外,重点还在于控制自然、社会、管理、技术四个系统的不利因素,梳理影响公共安全系统脆弱性的因素,确定脆弱性对扰动因素的暴露程度,增强脆弱性系统的敏感度,系统地提高公共安全系统对扰动因素的抗逆力和恢复力,适应系统多重扰动因素的影响,保障公共安全系统的稳定和平衡。

(一)增强风险意识,加强安全文化建设,控制社会系统脆弱性

在公共安全风险治理中,首先要加强安全环境的塑造,重点加强安全文

化建设，重视安全文化的熏陶和引领作用，发挥安全文化的持久功效。

1.强化安全文化建设，为公共安全风险治理创造文化软环境

要加强安全文化建设，首先应该明确安全文化的内涵。根据相关专家的观点，安全文化的内容主要包括安全观念文化（指安全意识、安全理念、安全价值标准等深层的价值观）、安全制度文化（指对人员的行为产生规范性、约束性影响和作用的规则）、安全行为文化（指人们在生产生活过程中的安全行为准则、思维方式、行为模式的表现）、安全物质（物态）文化（指在整个生产经营活动中使用的工具、原料、设备、设施等安全器物，是安全文化的表层部分）四个层面。[①] 以上关于安全文化的内涵界定，为我们明确了安全文化建设的方向和内容，今后的安全文化建设可以从观念、制度、行为和物质等四个层面进行设计，大力加强安全教育，明确安全责任；完善相关安全制度，规制安全管理；规范人的安全行为，完善安全物质基础。最终通过多层面的努力，协同推进，共同建设安全文化，让安全文化逐渐渗透到公共安全管理的各个环节、各个流程，从系统内部建立起坚固的安全屏障，从源头上控制系统脆弱性，达到公共安全风险源头治理的目的。

2.加强公共安全意识引导，确立全社会重视安全的氛围

公共安全系统脆弱性控制需要一个良好的公共安全氛围作保证，其中，公共安全意识的培育至关重要。要增强风险意识，下好先手棋，打好主动仗，做好随时应对各种风险挑战的准备。

3.树立规则和制度的权威性，增强对规则的敬畏感

从安全文化建设的内容来看，制度文化是安全文化建设的核心内容，很多安全行为是要靠制度和规则来规范的。尤其在城市运行和生产经营活动中，安全制度和规则是保障安全的重要法宝。安全制度和规则是确保风险控制在一定范围内的重要抓手。对公共安全管理系统来说，安全规则和制度往往能降低脆弱性系统的暴露性和致灾因子的影响度，从而提高公共安全系统的抗逆力。

① 参见周学选:《企业的安全文化建设》,《现代企业文化》2010 年第 12 期。

(二)不断提高应急处突的见识和胆识,完善安全风险治理机制,控制管理系统的脆弱性

从控制管理系统脆弱性来看,机构建设、制度完善、流程规范、预案管理等具体环节的落实,有利于提高管理系统的抗逆力,从源头上防治公共安全系统的隐患和风险。

1.加强基层风险治理组织机构建设,强化风险识别

结合很多地方经验来看,公共安全风险的源头治理必须强化前端的风险识别和风险发现工作,而基层一线的风险治理组织机构是基层风险和识别工作的重要载体,它们有着与基层紧密联系的天然优势。

2.规范风险识别流程,强化隐患排查工作

风险治理工作的逻辑起点是识别和发现公共安全管理系统中的风险和隐患。就公共安全风险治理来看,风险治理的基础性工作就是识别风险源和排查隐患,在此基础上研究和设计防控方案,将风险和隐患控制在萌芽状态,因为很多事故的发生不是偶然的,而是常态的风险和隐患积累到一定量的结果。

3.做实风险发展趋势的监测和研判,落实精细化管控方案

预判风险是防范风险的前提,把握风险走向是谋求战略主动的关键。监测研判的重点是通过技术和制度预测未来可能存在的风险,提高安全系统的敏锐性,积极采取措施应对,降低系统脆弱性的暴露性,提高抗逆力。在风险监测的基础上,做实风险趋势的研判,并根据研判的结果提出风险管控方案,控制系统脆弱性,从源头上治理公共安全风险。

4.做好事件或事故的情景构建,加强预案的制定与演练

应急准备的重要抓手是应急预案的制定与演练。做好社区、基层和单位可能存在的风险的情景规划,在构建风险情景的基础上做好预案工作。预案是为了降低公共安全系统的暴露性,提高系统的抗逆力,从而控制脆弱性,达到治理重大事故风险的目的。预案是针对可能出现的重大事件、事故或灾害的风险,为了实现快速、高效、有序地开展事件应急处置和紧急救援活动,降低事故带来的损失而预先制订的有关行动计划或执行的方案,为应

急响应行动提供指南和准则，有利于事件处置过程更加规范、合理。

（三）密切结合风险应对实践，创新风险治理技术与手段，控制技术系统的脆弱性

公共安全管理系统脆弱性的控制多依赖于对技术系统不利因素的控制，这就需要创新风险治理的机制、技术与手段，提高风险治理的水平和能力，从面上控制公共安全系统产生的风险。

1.创新公共安全风险管理的标准化，指导和规范风险治理行为

就城市公共安全风险治理来看，公共安全风险管理标准化是确保城市安全运行，控制公共安全风险的重要保障。因此，在城市安全管理中应探索如何做到风险治理常态化，实现风险治理标准化，将风险治理工作融入城市安全管理全过程，对提高城市公共安全风险防控能力，落实城市“安全发展”理念具有重要意义。

2.加强安全管理的精细化，提高公共安全风险治理水平

就城市安全管理来看，安全管理精细化是从源头上消除安全隐患的重要保证。从频发的突发事件中可以看出，城市安全管理依然存在诸多短板和隐患，这就要求我们要强化公共安全管理，从源头上做好风险排查与隐患治理工作，确保城市持续安全运行。

3.加强公共安全管理的智能化，从技术上提高公共安全系统的抗逆力

充分利用大数据技术和手段，将互联网、大数据、人工智能和公共安全管理及其相关产业、行业进行深度融合，构建“智慧政府”，加强数据动态管理，建立风险数据库，为风险治理提高安全运行风险监测预警的准确性，提高公共安全风险管理水平。

（四）有效掌控局势，优化规划布局、设计与建设，控制自然系统的脆弱性

从系统脆弱性理论可以清晰地看出，除了社会系统、管理系统和技术系统的不利因素或脆弱性以外，事件或事故所处的自然环境或硬件的不利因素也会影响事件或事故的发生。为此要从源头上治理公共安全系统风险，

必须在规划、设计和建设过程中，考虑自然环境安全的因素，将自然环境等的不利因素加以综合考虑，提升公共安全系统的抗灾能力。

1.城市建设和发展应树立安全规划理念和意识

要从源头上控制脆弱性，坚持安全发展理念，必须将城市建设的硬件与安全软件综合起来考虑，严密细致制定城市经济社会发展总体规划及城市规划、城市综合防灾减灾规划等专项规划，居民生活区、商业区、经济技术开发区、工业园区、港区以及其他功能区的空间布局要以安全为前提，降低“城市系统”的暴露度，提高系统面对灾害时的抗逆力。

2.基础设施规划布局要综合考虑安全因素

城市基础设施建设要坚持把安全放在第一位，严格把关。有序推进城市地下管网依据规划采取综合管廊模式进行建设。加强城市交通、供水、排水防涝、供热、供气和污水、污泥、垃圾处理等基础设施建设，以及运营过程中的安全监督管理，严格落实安全防范措施。加强消防站点、水源等消防安全设施建设和维护，因地制宜规划建设特勤消防站、普通消防站、小型和微型消防站，缩短灭火救援响应时间。加快推进城区铁路平交道口立交化改造，加快消除人员密集区域铁路平交道口。就人员密集场所来看，规划布局一定要考虑周边的自然环境安全因素。

3.基础设施建设要重视城市所处自然环境的脆弱性

自然环境的脆弱性不仅体现在其易遭破坏这一方面，还体现在生态环境的修复难上，更会释放“叠加效应”，引发自然环境脆弱性、经济结构不合理性和社会因素不协调性等多种要素的“叠加”恶性发展，成为制约“城市系统”发展的障碍。要从根本上控制公共安全管理系统运行中的脆弱性，必须考虑城市所处的自然环境，梳理出自然环境的特殊性和脆弱性，提高城市安全系统对自然环境的安全适应度。

4.治理公共安全风险要关注自然气候的负面影响

气候变化是当前全球面临的重要系统性风险，气候变化和极端天气事件不仅会导致自然灾害、粮食减产、水资源匮乏等问题，也可能增加国家内部以及国家之间发生暴力冲突的概率。综观发生过的大量安全事故案例，发现很多事故的背后都有自然气候条件起到放大风险的作用，使公共安全管理系统脆弱性爆发，打破生产安全运行的系统安全阈值，形成了公共危机事件。我们必须充分考虑气候变化对自然灾害、重大突发事件的影响，构建全领域、韧性式、网格化的气候安全风险应对体系，建立并完善集气象灾害监测、风险识别、风险评估及灾害风险处置于一体的气象灾害风险管理业务体系，及早采取有效措施，重点关注与极端天气事件和灾害相关的农业、水资源、生态、健康安全风险加剧等问题的应对，有效阻止或控制灾害蔓延，从源头上化解气候安全风险与挑战。

参考文献：

[1]董幼鸿：《公共安全管理系统脆弱性与重大事故源头治理》，人民出版社2019年版。

[2]董幼鸿：《新时代公共安全风险源头治理的路径选择与策略探讨——基于系统脆弱性理论框架分析》，《理论与改革》2018年第3期。

[3]李泽中、戴羽：《山地马拉松赛事安全风险的形成机理及防控研究——基于系统脆弱性理论框架的分析》，《体育科技文献通报》2021年第10期。

[4]刘铁民：《脆弱性：突发事件形成与发展的本质原因》，《中国应急管理》2010年第10期。

[5]彭宗超、钟开斌：《非典危机中的民众脆弱性分析》，《清华大学学报》(哲学社会科学版)2003年第4期。

[6]祝江斌：《基于重大突发事件扩散机理的脆弱性管理问题研究》，《管理现代化》2008年第4期。

[7]周丽敏：《社会脆弱性：灾害社会学研究的新范式》，《南京师大学报》(社会科学版)2012年第4期。

[8]张永领：《城市突发公共安全事件人员相对脆弱性研究》，《灾害学》2010年第3期。

[9]《天津港"8·12"瑞海公司危险品仓库特别重大火灾爆炸事故调查报告》，2016年2月5日，http://www.gov.cn/foot/2016-02/05/content_5039788.htm。

14.学习和把握新形势下做好群众工作的理论标杆和实践指南

郝良华*

群众工作是党的优良传统和政治优势，是党的“起家资本”“看家本领”和“发家途径”。党的十八大以来，习近平总书记立足历史新起点，顺应人民新期待，坚持以人民为中心，把加强和改进群众工作作为推进中国特色社会主义伟大事业的必然要求，深入研究新形势下群众工作的特点和规律，作出了一系列重要论述，进一步丰富和发展了党的群众工作理论，为更好地密切党与人民群众的血肉联系指明了方向和路径，开辟了做好新形势下党的群众工作的新境界。深入学习习近平总书记关于党的群众工作的重要论述，对进一步加强和改进党的群众工作，推进中国特色社会主义伟大事业，实现中华民族伟大复兴的中国梦，具有重要指导意义。

一、人民是决定党和国家前途命运的根本力量

历史是由人民群众创造的，人民群众是社会物质财富和精神财富的创造者，是推动社会向前发展的决定性力量。马克思主义群众观点是“以人民为中心”发展思想的理论基础。习近平总书记在科学把握马克思主义唯物史观基本原理的基础上，在党的十九大报告中明确提出：“人民是历史的创造者，是决定党和国家前途命运的根本力量。”①

人民群众是社会物质财富的创造者。物质资料的生产为人类提供基本

* 郝良华，中共山东省委党校（山东行政学院）哲学教研部主任、教授。

① 习近平：《决胜全面建成小康社会　夺取新时代中国特色社会主义伟大胜利——在中国共产党第十九次全国代表大会上的报告》，人民出版社2017年版，第21页。

的吃、穿、住、行所需要的资料，是人类最基本的实践活动，是其他一切社会关系和社会活动的基础。人类社会的历史首先是物质资料生产发展的历史。人民群众是物质资料生产活动的主体，他们直接从事物质资料的生产，创造社会物质财富，供给人类的生存之需，是社会得以存在和发展的物质保障，促进物质文明的发展。

人民群众是社会精神财富的创造者。人民群众创造物质资料的生产实践为从事科学、文化、艺术等精神活动提供了物质前提。人民群众在生产生活实践活动中积累的经验构成了科学家、艺术家、思想家创造精神财富的源泉。同时，人民群众还直接参与社会精神财富的创造，对人类科学、文化、艺术的发展作出直接的贡献。

人民群众是社会变革的决定力量。生产力和生产关系、经济基础和上层建筑的矛盾是社会基本矛盾，是社会发展的根本动力，但社会基本矛盾的运动都是在人民群众的推动下实现的。人民群众是社会革命的主体，一切革命运动没有广大人民群众的参与都难以成功。

人民群众是中国共产党赖以生存的社会基础和得以执政的政治基础。始终保持党同人民群众的血肉联系，是中国共产党战胜各种困难、抵御各种风险，不断取得事业成功的根本保证。中国共产党从诞生发展到不断壮大，从革命型政党到成为我国的执政党，都离不开广大人民群众的热情支持，离不开党与人民群众之间的密切联系。“江山就是人民、人民就是江山”①是对中国共产党百年奋斗征程的经验总结和历史昭示。回顾百年党史，每当党的事业面临重大挑战，每当国家的前途命运面临向何处去的重大抉择，党总是依靠人民群众的力量推动历史车轮前进。大革命失败后，三十多万牺牲的革命者中大部分是跟随我们党闹革命的人民群众。红军时期，面对国民党反动派的疯狂“围剿”，毛泽东同志说：“真正的铜墙铁壁是什么？是群众，是千百万真心实意地拥护革命的群众。”②抗日战争时期，聂荣臻同志感慨道：“在抗日战争中，尽管我们处在敌人的封锁包围之中，甚至我们的司令部距敌人不过几十华里，尽管有许多战火纷飞的场面，但是，我们却有一种安全感。在群众的海洋里，安全得很啊！”③解放战争时期，“解放军打到哪里，我们就支援到哪里”成为人民群众的共识，在通向前线的各条运输线上，几

① 《习近平谈治国理政》第4卷，外文出版社2022年版，第9页。

② 《毛泽东选集》第1卷，人民出版社1991年版，第139页。

③ 《聂荣臻回忆录》(上)，人民出版社2022年版，第332页。

百万民工大军推着小车向前方运送物资，形成了前所未有的战争奇观。人民群众，在革命战争年代是胜利之本，在和平年代同样是胜利之本。进入社会主义改革、发展时期，特别是党的十八大以来抗击新冠疫情斗争和脱贫攻坚战等波澜壮阔的伟大实践，生动诠释了“人民是真正的英雄，是推动历史发展的根本动力”这一颠扑不破的真理。2020 年初，新冠疫情肆虐。中国共产党紧紧依靠人民，迅速遏制住了疫情蔓延势头，取得了疫情防控的重大胜利。广大医护人员、社区工作者、人民解放军指战员、武警部队官兵、公安民警、快递小哥、环卫工人、新闻工作者、千千万万志愿者和普通人默默奉献。正是人民群众的积极参与，才取得了武汉保卫战、湖北保卫战的决定性胜利。脱贫攻坚战全面胜利的取得，同样靠的是人民群众。贫困地区人民群众在党中央的科学决策和部署下，在几百万名下派干部的坚强引领下，在全国人民的支持下，全身心投入脱贫攻坚的伟大斗争。正是广泛动员各方力量参与支持脱贫攻坚，有效引导贫困群众依靠勤劳脱贫致富，正是紧紧依靠人民，才打赢了脱贫攻坚收官之战。尊重人民群众的首创精神，凝聚人民群众的磅礴伟力，是中国特色社会主义事业取得胜利的根本保证。

2012 年 11 月 15 日，习近平总书记在带领新当选的十八届中央政治局常委同中外记者见面时强调：“人民是历史的创造者，群众是真正的英雄。人民群众是我们力量的源泉。我们深深知道，每个人的力量是有限的，但只要我们万众一心、众志成城，就没有克服不了的困难；每个人的工作时间是有限的，但全心全意为人民服务是无限的。”①党的十九届六中全会决议也强调：“党的根基在人民、血脉在人民、力量在人民，人民是党执政兴国的最大底气。民心是最大的政治，正义是最强的力量。”②2021 年 2 月 20 日，习近平总书记在党史学习教育动员大会上指出：“历史充分证明，江山就是人民，人民就是江山，人心向背关系党的生死存亡。赢得人民信任，得到人民支持，党就能够克服任何困难，就能够无往而不胜。反之，我们将一事无成，甚至走向衰败。”③人民是历史的创造者，是决定党和国家前途命运的根本力量。只有依靠人民，党才能获得不竭力量，才能实现国家富强，民族振兴。

---

① 《习近平谈治国理政》第 1 卷，外文出版社 2018 年版，第 5 页。

② 《中共中央关于党的百年奋斗重大成就和历史经验的决议》，人民出版社 2021 年版，第 66 页。

③ 《习近平谈治国理政》第 4 卷，外文出版社 2022 年版，第 512 页。

二、做好群众工作是领导干部的重要职责

中国共产党的领导是中国特色社会主义最本质的特征，是中国特色社会主义制度的最大优势。党领导工作的正确方法，就是将群众意见集中起来形成正确的决策，再到群众中宣传解释，将决策化为群众的行动，并在群众实践中检验这些决策是否正确。正确决策的形成及顺利实施，无不伴随着一系列的群众工作。从一定意义上说，领导工作也就是群众工作，或者说主要是群众工作。正因为如此，2011 年时任中央党校校长的习近平同志在省部级主要领导干部社会管理及其创新专题研讨班结业式上的讲话中指出："做好群众工作是领导干部的重要职责。"[①]要求各级领导干部从树立群众观念、坚定群众立场、坚持群众路线、增进同群众的感情和创新群众工作方式方法等方面加强修养和锻炼，在做好群众工作中充分发挥示范引领作用。

"政之所兴，在顺民心；政之所废，在逆民心。"[②]党的群众工作是中国共产党依据"人民群众是历史的创造者"这一历史唯物主义原理，宣传、发动、教育和组织中国各族人民，共同推动中国社会发展的全局性工作；是中国共产党依据全心全意为人民服务的根本宗旨，实现、维护和发展人民群众根本利益的长期性工作。习近平总书记指出："我们党来自人民、植根人民、服务人民，党的根基在人民、血脉在人民、力量在人民。失去了人民拥护和支持，党的事业和工作就无从谈起。""现在，我们要实现党的十八大确定的奋斗目标和中国梦，必须紧紧依靠人民，充分调动最广大人民的积极性、主动性、创造性。"[③]"党和国家事业的发展进步，离不开人民的创造力量；党的全部执政活动，离不开强有力的群众工作。"[④]换言之，如果离开了人民的支持，脱离了群众基础，不善于做群众工作，中国共产党就会成为无源之水、无本之木，就不可能获得生存和发展，不可能长期执政。

习近平总书记指出："群众工作是我们的看家本领，我们党靠群众工作

① 《习近平在省部级主要领导干部专题研讨班结业式上强调　群众工作是社会管理基础性经常性根本性工作》，《人民日报》2011 年 2 月 24 日。

② 《管子·牧民》。

③ 《习近平谈治国理政》第 1 卷，外文出版社 2018 年版，第 367 页。

④ 《习近平在省部级主要领导干部专题研讨班结业式上强调　群众工作是社会管理基础性经常性根本性工作》，《人民日报》2011 年 2 月 24 日。

起家，同样要靠群众工作实现长期执政。”[①]这一科学论断，精辟地阐明了群众工作对于我们党事业发展的重要性。从根本上说，群众工作是全党的工作，做好群众工作是全党的职责。2015 年 7 月 6 日，习近平总书记在中央党的群团工作会议上指出：“做好群众工作，保持党同人民群众的血肉联系，是当前全党重大而紧迫的政治任务。”[②]为此，要建立群众工作的总体格局，即要建立由党委统一领导、组织部门牵头协调、统战部门和群团组织具体负责、各有关部门各司其职，齐抓共做的党的群众工作总体格局。

政治路线确定以后，干部就是决定因素，而领导干部则是决定因素中的决定因素。领导干部作为党的各级执政机体上起关键作用的螺丝钉，既是政策措施的参与制定者，也是具体组织实施者。要使制定的政策措施能够维护和发展人民群众利益，领导干部就得深入群众，广纳民意，集中民智；要使这些政策措施为群众所了解、掌握和支持，领导干部就得去宣传，去引导；要使这些政策措施在实践中取得效果，领导干部就得去发动、组织群众一起干。不同行业、不同领域、不同层级的领导干部职责各不相同，但做群众工作的职责是共同的、共通的。习近平强调：“是否重视做群众工作，是否善于做群众工作，是衡量领导干部政治上是否合格、工作上是否称职、领导能力强不强的一个基本标准。”[③]

地方党委要把群众工作列入重要的议事日程，定期研究和部署群众工作，提出各个时期群众工作的目标、任务、要求，研究制定相应的群众工作措施，建立群众工作的规章和制度。基层党组织应突出抓好群众工作。要形成群众工作的全党参与机制。各级党组织要把群众工作体现在党的建设和政权建设的具体工作之中。各级党委及有关部门要有专门的机构，收集、分析有关群众思想、工作、生活等方面的动态，提出相应的对策，并加强对涉及群众切身利益的政策执行情况的监督，及时提出改进意见。要通过党员责任区、党员先锋岗等活动，落实每一名党员群众工作的职责，使每一名党员都成为群众工作的主体。要特别重视发挥党代表、党员人大代表、党员政协委员的作用，通过他们联系群众，反映群众的意愿和利益，积极开展群众

---

① 中共中央党史和文献研究院编：《习近平关于力戒形式主义官僚主义重要论述选编》，中央文献出版社 2020 年版，第 134 页。

② 中共中央文献研究室编：《习近平关于社会主义政治建设论述摘编》，中央文献出版社 2017 年版，第 187 页。

③ 《习近平在省部级主要领导干部专题研讨班结业式上强调　群众工作是社会管理基础性经常性根本性工作》，《人民日报》2011 年 2 月 24 日。

工作。

从领导干部个体来说，只有加强群众观念，重视群众工作，掌握做好群众工作的方式方法，人民群众才能感受到党对他们的重视，从而更加尊重党、依赖党，保持与党的血肉联系。各级领导干部要树立牢固的群众观，以身作则，以正确的世界观立身，以正确的权力观用权，以正确的事业观做事，在做好群众工作中充分发挥示范引领作用。

改革开放以来，空前的社会变革给我国发展进步带来了巨大活力，也必然带来这样那样的矛盾和问题。现实生活中，一些领导干部往往就经济抓经济，就项目抓项目，就具体业务抓具体业务，误以为做群众工作主要是信访、政法部门的事情，与自己关系不大。他们谈业务、数指标头头是道，但一问起群众生活、群众情绪、群众疾苦、群众诉求就有些茫然。更有甚者，搞“形象工程”“政绩工程”不缺钱，为老百姓办实事就这也没钱、那也没钱。这从根子上讲是群众立场、群众观点、群众感情出了问题。习近平总书记特别强调：“我们要适应新形势下群众工作的新特点新要求，深入做好组织群众、宣传群众、教育群众、服务群众工作，虚心向群众学习，诚心接受群众监督，始终植根人民、造福人民，始终保持党同人民群众的血肉联系，始终与人民心连心、同呼吸、共命运。”[①]要“时刻把群众安危冷暖放在心上，及时准确了解群众所思、所盼、所忧、所急，把群众工作做实、做深、做细、做透”[②]。我们一定要培养以民为本的思想境界和思维方式，牢记习近平总书记强调的“要特别学习弘扬焦裕禄同志‘心中装着全体人民、唯独没有他自己’的公仆情怀”[③]，把做好群众工作作为一种基本理念、基本立场、基本原则、基本方法、基本标准，既作为主线又作为底线，贯穿于想问题、作决策、办事情、评实效的全过程，形成领导干部带头抓群众工作、层层合力抓群众工作的浓厚氛围。

三、党在任何时候都把群众利益放在第一位

习近平总书记指出：“中国共产党一经诞生，就把为中国人民谋幸福、为

---

① 《习近平谈治国理政》第1卷，外文出版社2018年版，第16页。

② 习近平：《全面贯彻落实党的十八大精神要突出抓好六个方面工作》，《求是》2013年第1期。

③ 《习近平在调研指导兰考县党的群众路线教育实践活动时强调　大力学习弘扬焦裕禄精神继续推动教育实践活动取得实效》，《人民日报》2014年3月19日。

中华民族谋复兴确立为自己的初心使命。”①中国共产党成立之初，就把“人民利益高于一切”鲜明地写在旗帜上。回望中国共产党的光辉历程，党始终围绕着践行初心和使命展开工作，党的历史就是一部践行初心和使命的奋斗史。习近平总书记强调：“党章明确规定，我们党没有自己特殊的利益，党在任何时候都把群众利益放在第一位。这是我们党作为马克思主义政党区别于其他政党的显著标志。”②群众利益无小事，一枝一叶总关情，在习近平总书记这里，实现好、维护好、发展好最广大人民群众的根本利益是做好一切群众工作的出发点。习近平总书记讲话，讲得最多的是人民，倾注最深的是民生。

第一，要树立为人民群众谋利益的正确政绩观。政绩是党组织考核广大党员干部业绩的基本指标，是衡量党员干部工作能力和工作水平的重要标准。习近平总书记指出，“要树立正确政绩观，多做打基础、利长远的事，不搞脱离实际的盲目攀比，不搞劳民伤财的‘形象工程’、‘政绩工程’，求真务实，真抓实干，勇于担当，真正做到对历史和人民负责”③，强调“树政绩的根本目的是为人民谋利益”④。习近平总书记在 2019 年 3 月会见意大利众议长菲科时说：“我将无我，不负人民。我愿意做到一个‘无我’的状态，为中国的发展奉献自己。”⑤从习近平总书记成长的人生轨迹来看，他便是人民公仆的最好写照。

中国共产党是为人民服务的政党，一切为了人民群众、为了人民群众的一切，这就是领导干部真正的政绩所在。“群众满意不满意”是检验领导干部政绩的标尺，是领导干部在实践过程中为民务实的唯一凭证。人民群众是党的群众工作的服务对象，评判领导干部的政绩群众最有发言权，群众的满意程度是最重要的检验标准。习近平总书记十分重视人民群众对我们工作的满意程度，“让群众满意是我们党做好一切工作的价值取向和根本标准，群众意见是一把最好的尺子”⑥。党员干部在开展群众工作时，要“有功成不必在我的精神境界、功成必定有我的历史担当，发扬钉钉子精神，脚踏

---

① 《习近平谈治国理政》第 4 卷，外文出版社 2022 年版，第 4 页。

② 《习近平谈治国理政》第 4 卷，外文出版社 2022 年版，第 53 页。

③ 《习近平谈治国理政》第 1 卷，外文出版社 2018 年版，第 400 页。

④ 习近平：《之江新语》，浙江人民出版社 2007 年版，第 34 页。

⑤ 《习近平谈治国理政》第 3 卷，外文出版社 2020 年版，第 144 页。

⑥ 习近平：《在党的群众路线教育实践活动总结大会上的讲话》，人民出版社 2014 年版，第 10～11 页。

实地干”[①]。一定要放下官架子，走进人民群众的生活，听取人民群众的意见，及时纠正和改进工作，勇于正视群众工作中出现的错误。“我们一定要始终与人民心心相印、与人民同甘共苦、与人民团结奋斗，夙夜在公，勤勉工作，努力向历史、向人民交出一份合格的答卷。”[②]

第二，把解决民生问题放在一切工作的首位。群众工作做得好不好，就看是否始终站在人民群众的立场上。真心实意为人民群众谋福利，重视、保障和解决民生问题是与党的性质宗旨一脉相承的。习近平强调：“各级领导干部要一切从人民的利益出发，站在人民群众的立场上立身、处世、从政，真正做到权为民所用、情为民所系、利为民所谋。要破除‘官本位’思想，克服和纠正那种‘当官做老爷’的封建习气，始终坚持党的根本宗旨和群众工作路线，同人民群众保持血肉联系，把智慧奉献于人民、力量根植于人民、情感融解于人民，把解决民生问题放在一切工作的首位，尽心尽力地为群众出主意、想办法、谋利益。”[③]习近平的这一论断进一步明确了我们党做群众工作的初衷和目的。

马克思认为：“人们奋斗所争取的一切，都同他们的利益有关。”[④]1934年1月，毛泽东同志在《关心群众生活，注意工作方法》一文中指出：“解决群众的穿衣问题，吃饭问题，住房问题，柴米油盐问题，疾病卫生问题，婚姻问题。总之，一切群众的实际生活问题，都是我们应当注意的问题。假如我们对这些问题注意了，解决了，满足了群众的需要，我们就真正成了群众生活的组织者，群众就会真正围绕在我们的周围，热烈地拥护我们。”[⑤]虽然时代在变，毛泽东同志所说的“生活问题”内涵在扩大，但是我们共产党人所需要做的始终未变。历史的主体是人民群众，特别是劳动群众，其历史地位及作用决定了他们的利益，民生问题最紧要。我们党能否得到人民群众的广泛支持和坚决拥护，关键在于能否充分实现他们的利益，使人民过上美好的生活。因此，民生问题始终关系党的前途命运，关系党治国理政的全局，关系全国人民的团结和社会安定的全局，归根结底关系党和社会主义事业的兴衰成败。保障和改善民生，是做好党的群众工作的基础所在。

中国是一个人口大国，辽阔的国土、庞大的人口基数使得中国民生问题

---

① 《习近平谈治国理政》第3卷，外文出版社2020年版，第521页。

② 《习近平谈治国理政》第1卷，外文出版社2018年版，第5页。

③ 习近平：《之江新语》，浙江人民出版社2007年版，第257页。

④ 《马克思恩格斯全集》第1卷，人民出版社1956年版，第82页。

⑤ 《毛泽东选集》第1卷，人民出版社1991年版，第136～137页。

所涉及的人口之多、辐射范围之广、面临的问题难度之大世所罕见。中国共产党自诞生之日起，就确定了为中国人民谋幸福、为中华民族谋复兴的初心和使命，无数中国共产党人前赴后继，终于推翻了压在人民头上的“三座大山”，使人民真正成为国家的主人。改革开放后，中国人民的生活更是有了翻天覆地的变化，人民的物质生活与精神文化水平得到大幅提高。但是我们要清楚地意识到，虽然我们在经济建设上取得了巨大的成就，但现阶段存在的民生问题仍不容忽视。习近平总书记指出：“对困难群众，我们要格外关注、格外关爱、格外关心，千方百计帮助他们排忧解难，把群众的安危冷暖时刻放在心上，把党和政府的温暖送到千家万户。”[①]在习近平总书记心里，群众利益无大小，民生问题大于天。做好群众工作要从人民群众最关心、最直接、最现实的利益问题入手，努力解决学有所教、劳有所得、病有所医、老有所养、住有所居的问题。把食品、住房、就业、医疗、上学、养老、交通、治安、环保等民生实事办好了，让人民群众幸福指数更高一些、生活更愉悦一些，其他群众工作也就好做了。党的十八大以来，党中央对民生事业的发展作出了整体规划与全面部署，取得了历史性成就。

第三，促进社会公平正义，增进人民福祉。习近平总书记将社会公平正义同党的群众工作，同全心全意为人民服务的宗旨紧密地结合在一起，创造性地提出了全面深化改革的价值取向。习近平总书记指出：“全面深化改革必须以促进社会公平正义、增进人民福祉为出发点和落脚点。这是坚持我们党全心全意为人民服务根本宗旨的必然要求。”[②]实现社会公平正义，有助于更好地实现最广大人民群众的根本利益。习近平总书记强调：“要把促进社会公平正义、增进人民福祉作为一面镜子，审视我们各方面体制机制和政策规定，哪里有不符合促进社会公平正义的问题，哪里就需要改革；哪个领域哪个环节问题突出，哪个领域哪个环节就是改革的重点。对由于制度安排不健全造成的有违公平正义的问题要抓紧解决，使我们的制度安排更好体现社会主义公平正义原则，更加有利于实现好、维护好、发展好最广大人民根本利益。”[③]

习近平总书记指出：“改革开放以来，我国经济社会发展取得巨大成就，为促进社会公平正义提供了坚实物质基础和有利条件。同时，在我国现有

---

① 《习近平谈治国理政》第 1 卷，外文出版社 2018 年版，第 189 页。

② 《习近平谈治国理政》第 1 卷，外文出版社 2018 年版，第 96 页。

③ 《习近平谈治国理政》第 1 卷，外文出版社 2018 年版，第 97 页。

发展水平上，社会上还存在大量有违公平正义的现象。特别是随着我国经济社会发展水平和人民生活水平不断提高，人民群众的公平意识、民主意识、权利意识不断增强，对社会不公问题反映越来越强烈。”[①]党中央认为这个问题不抓紧解决，不仅会影响人民群众对改革开放的信心，而且会影响社会和谐稳定。为此，“我们要依法保障全体公民享有广泛的权利，保障公民的人身权、财产权、基本政治权利等各项权利不受侵犯，保证公民的经济、文化、社会等各方面权利得到落实，努力维护最广大人民根本利益，保障人民群众对美好生活的向往和追求。我们要依法公正对待人民群众的诉求，努力让人民群众在每一个司法案件中都能感受到公平正义，决不能让不公正的审判伤害人民群众感情、损害人民群众权益”[②]。近些年来，各种社会保障政策相继出台，在确保经济稳健发展的同时，兼顾社会公平，促进社会事业的发展，使人民有更强的获得感，在奔小康的路上不让一个人掉队。

四、正确的方式方法是做好群众工作的保障

无论做什么工作，都有一个方式方法的问题。习近平指出：“正确的方法是做好工作的重要保证。掌握了正确的工作方法，往往能收到事半功倍的效果。实际工作中，很多同志由于没有掌握正确的方法，容易出现两种倾向：一种是瞎子摸象，对工作没有全面的把握；一种是纸上谈兵，眼高而手低，遇到具体事情不知何处着手。不管是哪种情况，都不利于工作的开展和深入。”[③]做群众工作也是如此。习近平在谈到如何扎实做好新形势下的群众工作、不断提高群众工作水平时强调：“正确的方式方法是做好群众工作的保障。”[④]2022年3月1日，习近平总书记在中央党校（国家行政学院）中青年干部培训班开班式上的讲话中明确提出：“要深入研究和准确把握新形势下群众工作的特点和规律，改进群众工作方法，提高群众工作水平。”[⑤]做好群众工作，既要有正确的群众工作理念做指导，还必须根据不同的工作对

① 《习近平谈治国理政》，外文出版社2014年版，第95页。

② 《习近平谈治国理政》第1卷，外文出版社2018年版，第141页。

③ 习近平：《之江新语》，浙江人民出版社2007年版，243页。

④ 《习近平与中央党校省部班学员座谈时强调　领导干部要不断提高新形势下群众工作水平》，《人民日报》2011年1月6日。

⑤ 《习近平在中央党校（国家行政学院）中青年干部培训班开班式上发表重要讲话强调　筑牢理想信念根基树立践行正确政绩观　在新时代新征程上留下无悔的奋斗足迹》，《人民日报》2022年3月2日。

象、不同的诉求、不同的矛盾、不同的条件等采取不同的方式方法。特别是在新的历史条件下，更要适应我国社会生活的新变化，研究和把握新形势下群众工作的特点和规律，探索群众工作的方式和方法。

首先，充分发挥人民群众主体作用。习近平总书记指出："人民是历史的创造者，是推动我国经济社会发展的基本力量和基本依靠。"[①]人民群众中蕴藏着无穷的智慧和创造力。我们党只有依靠群众、发动群众，善于总结群众在实践中创造的新鲜经验，善于汲取群众的聪明才智，虚心向群众学习，遇事同群众商量，甘当群众的学生，充分尊重群众的创造性和历史主动性，才能获得胜利之本和力量之源。回顾党波澜壮阔的百年历史，中国共产党之所以能够团结带领人民群众取得一系列伟大成就，究其根本就在于党始终坚持马克思主义的群众观，自觉践行一切为了群众、一切依靠群众，从群众中来、到群众中去的群众路线。人民是我们党取得执政地位和长期执政的最大底气，是强党兴国的根本所在。习近平总书记强调："改革开放之所以得到广大人民群众衷心拥护和积极参与，最根本的原因在于我们一开始就使改革开放事业深深扎根于人民群众之中。全会决定归纳了改革开放积累的宝贵经验，其中很重要的一条就是强调必须坚持以人为本，尊重人民主体地位，发挥群众首创精神，紧紧依靠人民推动改革。"[②]

在全面建设社会主义现代化国家的新征程上，谋划发展、推动改革，做好群众工作，就必须坚持以人民为中心的发展思想，始终尊重人民主体地位，充分发挥人民主体作用。脱贫攻坚曾经是我们党重大的民生工程，脱贫攻坚的主体是亿万群众。习近平总书记指出："贫困群众既是脱贫攻坚的对象，更是脱贫致富的主体。要加强扶贫同扶志、扶智相结合，激发贫困群众积极性和主动性，激励和引导他们靠自己的努力改变命运，使脱贫具有可持续的内生动力。"[③]党员干部要自觉拜人民为师，向能者求教，向智者问策，深入实际认真听取人民群众的呼声，从人民群众丰富的实践经验中汲取智慧和力量，形成决策，指导实践。要尊重人民群众的首创精神，不断调动人民群众的积极性、主动性和创造性，把人民群众中蕴藏的智慧和力量充分激发出来，紧紧依靠人民群众推动经济社会高质量发展，在推动经济社会高质量发展中实现最广大人民群众的利益。

---

① 习近平：《在庆祝"五一"国际劳动节暨表彰全国劳动模范和先进工作者大会上的讲话》，人民出版社 2015 年版，第 6 页。

② 《习近平谈治国理政》第 1 卷，外文出版社 2018 年版，第 97 页。

③ 《习近平谈治国理政》第 3 卷，外文出版社 2020 年版，第 158 页。

其次，要扎实转变工作作风。作风关乎形象，关系人心向背，关系生死存亡。党员干部没有好的工作作风，就无法做好群众工作，就无法获得群众的支持。习近平指出："'政之所要，在乎民心'。解决人民内部矛盾需要各级领导干部牢固树立群众利益无小事的观念，扎实转变工作作风，多站在群众的立场想一想，多做一些解疑释惑的工作，多做一些得民心聚民气的工作，珍惜民力民智，解决民困民难，维护民生民利，把群众工作做实做细做好。"[①]习近平总书记自主持中央工作以来，就非常重视领导干部的工作作风建设，强调"作风建设永远在路上"[②]，倡导领导干部要言出必行，从自身做起，时刻牢记党的纪律，规范自己的言行举止，在工作中求真务实，引领全党树立新风正气。习近平指出："各级领导机关和领导干部要从政治的高度深刻认识密切联系群众的重要性，放下架子，扑下身子，深入实际、深入基层，从群众中寻找解决问题的方案和办法，使作出的决策和决策的执行充分体现民心民意。"[③]2012 年 12 月 4 日，中央政治局会议从下大决心改进作风、切实解决群众反映强烈的问题、始终保持同人民群众的血肉联系的根本要求出发，着力审议通过了关于改进工作作风、密切联系群众的八项规定。

领导干部是人民的公仆，必须自觉地把权力行使的过程作为为人民服务的过程，自觉接受人民监督，做到为民用权、公正用权、依法用权、廉洁用权。要对广大干部特别是领导干部进行正确行使权力的教育，使之树立正确的权力观。"要推进权力运行公开化、规范化，完善党务公开、政务公开、司法公开和各领域办事公开制度，让人民监督权力，让权力在阳光下运行。"[④]要建章立制，"要注意创新联系和服务群众的工作方式，建立健全党政机关广大干部和各级领导干部直接联系群众的制度"[⑤]，如建立健全党员干部密切联系群众长效机制、群众工作中的教育引导机制等。同时，认真抓好制度机制的贯彻落实，防止把制度写在纸上、挂在墙上。要"眼睛向下、脚步向下"开展调查研究。习近平总书记重视将调查研究方法贯穿于党处理群众工作的整个实践活动中，指出："重视调查研究，坚持眼睛向下、脚步向下，

---

① 习近平：《之江新语》，浙江人民出版社 2007 年版，第 238 页。

② 《习近平谈治国理政》第 1 卷，外文出版社 2018 年版，第 381 页。

③ 习近平：《深入学习中国特色社会主义理论体系　努力掌握马克思主义立场观点方法》，《求是》2010 年第 7 期。

④ 《习近平谈治国理政》第 2 卷，外文出版社 2017 年版，第 298 页。

⑤ 习近平：《坚持不懈推进党的先进性和纯洁性建设——在全国创先争优理论研讨会上的讲话》，《党建研究》2012 年第 6 期。

了解基层群众所思、所想、所盼，使改革更接地气。”[①]习近平总书记如是言、如是行。在地方主政期间，习近平就坚持深入一线做调查、搞研究，善于在调查研究中分析问题、总结经验，孕育新思想、谋划新举措。习近平的工作调研涉及经济社会生活的各个领域各个方面，内容细致全面，为做好群众工作提供了重要方向。习近平在召开调查会、实地走访等传统调研方法的基础上，又提出了许多与当下经济社会发展相适应的调研方法，如网络调查方法等，并逐步将更多的现代信息技术融入调研领域，优化和创新了党的调研渠道和群众工作方法。

再次，发挥基层党组织在群众工作中的战斗堡垒作用。基层党组织是党的全部工作和战斗力的基础，党支部则是党的基层组织的基础，担负着直接联系群众、宣传群众、组织群众、团结群众和把党的路线方针政策落实到基层的重要责任。基层党组织和基层干部是做好群众工作、进行社会治理的基础性力量，是我们党执政为民最重要的组织基础。习近平总书记高度重视基层党组织在做好群众工作中的重要作用。习近平总书记在党的十九大报告中指出：“要以提升组织力为重点，突出政治功能，把企业、农村、机关、学校、科研院所、街道社区、社会组织等基层党组织建设成为宣传党的主张、贯彻党的决定、领导基层治理、团结动员群众、推动改革发展的坚强战斗堡垒。”[②]

习近平总书记认为要发挥基层党组织的作用，基层党组织必须要明确自身所担负的职责。习近平总书记强调：“要建立严密的基层党组织工作制度，推动服务群众、做群众工作制度化、常态化、长效化，把基层党组织的工作重心转到服务发展、服务民生、服务群众、服务党员上来，使基层党组织领导方式、工作方式、活动方式更加符合服务群众的需要。”[③]基层党组织的组织纪律要严明，要自觉承担起教育、管理、监督党员和组织、宣传、服务群众的职责；基层干部要正确看待自己的地位和作用，要经常俯下身子，深入基层群众，把握群众的思想动态，疏导群众负面情绪，并严格要求自己，把基层群众的要求集中起来，把上级的任务落实到基层群众中去，在服务群众中解

① 中共中央宣传部编：《习近平总书记系列重要讲话读本（2016年版）》，学习出版社、人民出版社2016年版，第84页。

② 习近平：《决胜全面建成小康社会　夺取新时代中国特色社会主义伟大胜利——在中国共产党第十九次全国代表大会上的报告》，人民出版社2017年版，第65页。

③ 中共中央文献研究室编：《习近平关于全面从严治党论述摘编》，中央文献出版社2021年版，第224页。

决群众所遇到的难题，倾力做好群众工作。习近平总书记非常重视基层党组织建设和发挥党建引领作用。新的形势使农村和城市各个领域的党建工作面临更多挑战，加强各领域的党建工作、提高党建水平是当务之急。“要进一步把农村党组织建设成为坚强的战斗堡垒，多渠道发挥农村党员先锋模范作用，带领村民一起建设社会主义新农村。”[①]党员干部要不断增强自身的组织领导能力和组织观念，在工作中充分发挥模范带头作用，从而带动和影响人民群众，使人民群众以主人翁的姿态积极投入到中国特色社会主义事业的建设中来。

最后，让互联网成为同群众交流沟通的新平台。当前，网络技术的迅速普及，颠覆着传统的信息传播途径，网络以开放性和交互性等优势，能够使群众的民意表达跨越时间、空间的界线，已经成为党和人民直接对话、平等沟通的重要平台。在信息网络时代，习近平总书记高度重视和倡导网络群众工作方法。习近平总书记强调：“各级党政机关和领导干部要学会通过网络走群众路线，经常上网看看，潜潜水、聊聊天、发发声，了解群众所思所愿，收集好想法好建议，积极回应网民关切、解疑释惑。善于运用网络了解民意、开展工作，是新形势下领导干部做好工作的基本功”，“让互联网成为我们同群众交流沟通的新平台，成为了解群众、贴近群众、为群众排忧解难的新途径，成为发扬人民民主、接受人民监督的新渠道”。[②] 为此，一是要积极转变网络群众工作思路。习近平总书记强调：“各级领导干部特别是高级干部要主动适应信息化要求、强化互联网思维。”[③]在瞬息万变的网络环境下，领导干部要紧跟时代发展新变化，将创新思维融入网络群众路线工作方法中。二是要有效利用网络群众工作载体。“网民来自老百姓，老百姓上了网，民意也就上了网。群众在哪儿，我们的领导干部就要到哪儿去，不然怎么联系群众呢？”[④]三是要建立健全网络群众工作机制。群众工作是任何时候都不能松懈的一项工作。中国共产党要在虚拟信息社会用好网络群众路线方法，必须要建立科学规范的网络群众工作机制。“健全制度，完善网络，

---

① 《习近平在调研指导兰考县党的群众路线教育实践活动时强调 大力学习弘扬焦裕禄精神 继续推动教育实践活动取得实效》，《人民日报》2014 年 3 月 19 日。

② 《习近平谈治国理政》第 2 卷，外文出版社 2017 年版，第 336 页。

③ 中共中央党史和文献研究院编：《习近平关于网络强国论述摘编》，中央文献出版社 2021 年版，第 11 页。

④ 《习近平谈治国理政》第 2 卷，外文出版社 2017 年版，第 336 页。

规范工作”[①]，健全网络舆情治理机制，完善网络政绩考评机制，优化新媒体人才培养机制等。

习近平总书记站在新的历史起点上，结合新的时代特征和现阶段国情，立意深远、高屋建瓴地提出了一系列具有鲜明时代特色的群众工作新观点、新方法，将党的群众工作提升到了党的生命线高度来认识，并自觉将其贯彻落实到党治国理政的各个环节、各个方面。习近平总书记关于群众工作的重要论述，不仅丰富和发展了马克思主义群众工作的理论成果，成为新时代群众工作的理论标杆，而且为奋进新征程开展群众工作提供了实践指南，具有深刻的理论内涵和重大的实践价值。

① 习近平：《妥善化解社会矛盾　全力维护社会稳定》，《求是》2004年第3期。

15.提高群众工作能力

吴荣生*

党的十八大以来，习近平总书记就新的历史条件下党员干部如何进一步提高群众工作能力，保持党同人民群众的血肉联系发表了一系列重要论述，这些重要论述是习近平新时代中国特色社会主义思想的重要组成部分，进一步丰富了马克思主义群众观，为新时代全党提高群众工作能力指明了方向。

一、做好群众工作是党的优良传统和看家本领

2014 年 1 月 20 日，习近平总书记在党的群众路线教育实践活动第一批总结暨第二批部署会议上的讲话中指出："群众观点是马克思主义政党的根本观点，群众路线是党的生命线和根本工作路线。"①

党的十三届六中全会通过的《中共中央关于加强党同人民群众联系的决定》将党的群众观点丰富发展为"六个基本点"：牢固树立人民群众是历史创造者的观点，向人民群众学习的观点，全心全意为人民服务的观点，干部的权力是人民赋予的观点，对党负责与对人民负责相一致的观点，党要依靠群众又要教育和引导群众前进的观点。② 2010 年，党中央又提出和增加了立党为公、执政为民的观点与群众利益无小事的观点。这八个方面既一脉相承又紧密联系，构成了党的群众观点的有机整体。

---

* 吴荣生，中共山东省委党校(山东行政学院)党的建设教研部主任、教授。

① 中共中央文献研究室、中央党的群众路线教育实践活动领导小组办公室编：《习近平关于党的群众路线教育实践活动论述摘编》，党建读物出版社、中央文献出版社 2014 年版，第 39 页。

② 参见《中共中央关于加强党同人民群众联系的决定》，人民出版社 1990 年版，第 13 页。

一切为了群众是我们党一切工作的根本出发点和落脚点。党的一切工作与努力，都是为了人民的利益。人民的利益高于一切是每个共产党员思想与行为的最高准则。一切依靠群众是我们党一切工作的力量源泉。它要求党在一切工作中，必须相信群众、依靠群众，并组织群众用自己的力量去解决自己的问题。从群众中来、到群众中去是我们党的根本领导方法和工作方法。在集中群众意见的基础上制定方针政策，交给群众讨论、执行，并在这一过程中不断根据群众的意见进行修改，使之逐步完善。

（一）历史逻辑：党的群众工作从哪里来？

党的二大提出："我们既然是为无产群众奋斗的政党，我们便要'到群众中去'要组成一个大的'群众党'。"[①]1929 年 9 月，周恩来在《中共中央给红军第四军前委的指示信》中第一次提出了"群众路线"的概念。1929 年 12 月，毛泽东在古田会议决议中提出："一切工作，在党的讨论和决议之后，再经过群众去执行。"[②]延安整风时，毛泽东提出"领导和群众相结合"，"从群众中来，到群众中去"。[③] 在党的七大上，刘少奇提炼出四个方面"群众观点"，并论述了群众观点与群众路线的关系。在党的八大上，邓小平提出："每一个党员必须养成为人民服务、向群众负责、遇事同群众商量和同群众共甘苦的工作作风。"[④]毛泽东思想活的灵魂是贯穿其中的立场、观点、方法，它们有三个基本方面，这就是实事求是、群众路线、独立自主。

（二）理论逻辑：党的群众工作为什么行？

2013 年 12 月 3 日，习近平总书记在中共十八届中央政治局第十一次集体学习时指出："如何认识人民群众在历史上的作用，是社会历史观的重大问题。同历史唯心主义英雄史观相对立，历史唯物主义群众史观第一次彻底解决了这个重大问题，提出人民是历史的创造者。遵循历史唯物主义这一观点，我们党提出了群众路线，并把它作为党的生命线和根本工作路线。"[⑤]第一，群众观点和群众路线是历史唯物主义的基本观点。马克思、恩

---

① 中共中央文献研究室、中央档案馆编：《建党以来重要文献选编（1921～1949）》第 1 册，中央文献出版社 2011 年版，第 162 页。

② 《毛泽东选集》第 1 卷，人民出版社 1991 年版，第 88 页。

③ 《毛泽东选集》第 3 卷，人民出版社 1991 年版，第 897、899 页。

④ 《邓小平文选》第 1 卷，人民出版社 1994 年版，第 217 页。

⑤ 习近平：《论党的宣传思想工作》，中央文献出版社 2020 年版，第 38 页。

格斯在《共产党宣言》中指出:“无产阶级的运动是绝大多数人的,为绝大多数人谋利益的独立的运动。”[①]第二,群众观点和群众路线是马克思主义政党区别于其他政党的显著标志。毛泽东指出:“我们共产党人区别于其他任何政党的又一个显著的标志,就是和最广大的人民群众取得最密切的联系。”[②]第三,群众观点和群众路线是共产党人的根本政治立场。邓小平同志指出:“中国共产党员的含意或任务,如果用概括的语言来说,只有两句话:全心全意为人民服务,一切以人民利益作为每一个党员的最高准绳。”[③]2019 年 5 月 31 日,习近平总书记在“不忘初心、牢记使命”主题教育工作会议上的讲话中指出:“每个共产党员都要弄明白,党除了人民利益之外没有自己的特殊利益。”[④]《中国共产党章程》规定:“中国共产党党员必须全心全意为人民服务,不惜牺牲个人的一切,为实现共产主义奋斗终身。中国共产党党员永远是劳动人民的普通一员。”[⑤]

(三)实践逻辑:党的群众工作为什么对?

党的十九大报告明确指出:“我们党来自人民、植根人民、服务人民,一旦脱离群众,就会失去生命力。”[⑥]我们党的最大政治优势是密切联系群众。

1963 年,毛泽东在会见印度尼西亚军事友好代表团时说:“我们跟蒋介石和日本一共打了二十二年,主要一条经验是,要同群众结合起来。什么时候跟群众合作得好,我们就得到发展;什么时候脱离群众,我们就犯错误,就失败。”[⑦]

当时在苏联访学的中国社会科学院苏联史研究专家闻一,描绘了苏联亡党亡国时的情景:“我顾不上关掉电视,就匆匆下了楼。院子里死一般的沉寂,只有黑暗中的树叶被风刮起的阵阵沙沙声,居民楼上的窗户已经黑了

---

① [德]马克思、恩格斯:《共产党宣言》,中共中央马克思恩格斯列宁斯大林著作编译局编译,人民出版社 2018 年版,第 39 页。

② 《毛泽东选集》第 3 卷,人民出版社 1991 年版,第 1094 页。

③ 《邓小平文选》第 1 卷,人民出版社 1994 年版,第 257 页。

④ 习近平:《在“不忘初心、牢记使命”主题教育工作会议上的讲话》,人民出版社 2019 年版,第 4 页。

⑤ 《中国共产党章程》,人民出版社 2022 年版,第 13～14 页。

⑥ 习近平:《决胜全面建成小康社会　夺取新时代中国特色社会主义伟大胜利——在中国共产党第十九次全国代表大会上的报告》,人民出版社 2017 年版,第 66 页。

⑦ 中共中央文献研究室编:《毛泽东年谱(1949～1976)》第 5 卷,中央文献出版社 2013 年版,第 210 页。

一大片，戈尔巴乔夫在电视上的出现并没有使它们再闪烁起亮光来。对这毫无表示的夜的沉默，我不习惯，也感到惊讶。我觉得，在几近消瘦的戈尔巴乔夫的身影如此凄凉地消失之后，总该有点什么，嚷嚷声也好，唏嘘声也好，咒骂声也好，哪怕是切切私语声也好。是的，总该有点什么吧。可是，却毕竟什么也没有。”①

2013 年 12 月 26 日，习近平总书记在纪念毛泽东同志诞辰 120 周年座谈会上的讲话中强调：“不论过去、现在和将来，我们都要坚持一切为了群众，一切依靠群众，从群众中来，到群众中去，把党的正确主张变为群众的自觉行动，把群众路线贯彻到治国理政全部活动之中。”②

二、脱离群众是当前做好群众工作的最大拦路虎

（一）总体看好与问题不少

2013 年 6 月 18 日，习近平总书记在党的群众路线教育实践活动工作会议上的讲话中指出：“总体上看，当前各级党组织和党员、干部贯彻执行党的群众路线情况是好的，党群干群关系也是好的，广大党员、干部在改革发展稳定各项工作中冲锋陷阵、忘我奉献，发挥了先锋模范作用，赢得了广大人民群众肯定和拥护。这是主流，必须充分肯定。同时，我们必须看到，面对世情、国情、党情的深刻变化，精神懈怠危险、能力不足危险、脱离群众危险、消极腐败危险更加尖锐地摆在全党面前，党内脱离群众的现象大量存在，一些问题还相当严重，集中表现在形式主义、官僚主义、享乐主义和奢靡之风这‘四风’上。”③

“在形式主义方面，主要是知行不一、不求实效，文山会海、花拳绣腿，贪图虚名、弄虚作假。有的不认真学习党的理论和做好工作所需要的知识，学了也是为应付场面，蜻蜓点水，浅尝辄止，不求甚解，无心也无力在实践中认真运用。有的习惯于以会议落实会议、以文件落实文件，热衷于造声势、出风头，把安排领导出场讲话、组织发新闻、上电视作为头等大事，最后工作却不了了之。有的抓工作不讲实效，不下功夫解决存在的矛盾和问题，难以给

① 闻一：《解体岁月》，北方文艺出版社 1998 年版，第 9 页。

② 习近平：《在纪念毛泽东同志诞辰 120 周年座谈会上的讲话》，人民出版社 2013 年版，第 17 页。

③ 《习近平谈治国理政》，外文出版社 2014 年版，第 368 页。

领导留下印象的事不做，形不成多大影响的事不做，工作汇报或年终总结看上去不漂亮的事不做，仪式一场接着一场，总结一份接着一份，评奖一个接着一个，最后都是‘客里空’。有的下基层调研走马观花，下去就是为了出镜头、露露脸，坐在车上转，隔着玻璃看，只看‘门面’和‘窗口’，不看‘后院’和‘角落’，群众说是‘调查研究隔层纸，政策执行隔座山’。有的明知报上来的是假情况、假数字、假典型，也听之任之，甚至通过挖空心思造假来粉饰太平。”①

“在官僚主义方面，主要是脱离实际、脱离群众，高高在上、漠视现实，唯我独尊、自我膨胀。有的对实际情况不了解不关注，不愿深入困难艰苦地区，不愿帮助基层和群众解决实际问题，甚至不愿同基层和普通群众打交道，怕给自己添麻烦，工作上敷衍塞责、推诿扯皮、得过且过。有的不顾地方实际和群众意愿，喜欢拍脑袋决策、拍胸脯表态，盲目铺摊子、上项目，最后拍屁股走人，留下一堆后遗症。有的对上吹吹拍拍、曲意逢迎，对下吆五喝六、横眉竖目，门难进、脸难看、事难办，甚至不给钱不办事，收了钱乱办事。有的对待上级部署囫囵吞枣、断章取义，执行上级决定照本宣科、等因奉此，或者照猫画虎、生搬硬套，以前怎么做就怎么做，别人怎么做就怎么做，完全不顾本地本部门实际情况。有的官气十足、独断专行，老子天下第一，一切都要自己说了算，拒绝批评帮助，容不下他人，听不得不同意见。”②

“在享乐主义方面，主要是精神懈怠、不思进取，追名逐利、贪图享受，讲究排场、玩风盛行。有的意志消沉、信念动摇，奉行及时行乐的人生哲学，‘今朝有酒今朝醉’，‘人生得意须尽欢’。有的追求物质享受，情趣低俗，玩物丧志，沉湎花天酒地，热衷灯红酒绿，纵情声色犬马。有的拈轻怕重，安于现状，不愿吃苦出力，满足于现有学识和见解，陶醉于已经取得的成绩，不立新目标，缺乏新动力，‘清茶报纸二郎腿，闲聊旁观混光阴’。”③

“在奢靡之风方面，主要是铺张浪费、挥霍无度，大兴土木、节庆泛滥，生活奢华、骄奢淫逸，甚至以权谋私、腐化堕落。有的修建豪华气派的办公大楼，甚至占地上百亩、耗资几个亿，搞得富丽堂皇，吃喝玩乐一应俱全。有的热衷于造节办节，节庆泛滥成灾，动辄花费几百万、几千万，劳民伤财啊！有的热衷于个人享受，住房不厌其大其多，车子不厌其豪华，菜肴不厌其精美，

① 《习近平谈治国理政》，外文出版社 2014 年版，第 368～369 页。

② 《习近平谈治国理政》，外文出版社 2014 年版，第 369 页。

③ 《习近平谈治国理政》，外文出版社 2014 年版，第 370 页。

穿戴讲究名牌，对超出规定的生活待遇安之若素，还总嫌不够。有的要求超规格接待，住高档酒店，吃山珍海味，喝美酒佳酿，觥筹交错之后还要‘意思意思’。有的兜里揣着价值不菲的会员卡、消费卡，在高档会馆里乐不思蜀，在高级运动场所流连忘返，在名山秀水间朝歌夜弦，在异国风情中醉生梦死，有的甚至到境外赌博场所挥金如土啊！有的作风不检点，甚至道德败坏、生活放荡，不以为耻、反以为荣。”①

“作风问题关系人心向背，关系党的执政基础。对‘四风’问题，必须下大气力惩治。形式主义实质是主观主义、功利主义，根源是政绩观错位、责任心缺失，用轰轰烈烈的形式代替了扎扎实实的落实，用光鲜亮丽的外表掩盖了矛盾和问题。官僚主义实质是封建残余思想作祟，根源是官本位思想严重、权力观扭曲，做官当老爷，高高在上，脱离群众，脱离实际。有些领导干部爱忆苦思甜，口头上说是穷苦家庭出身，是党和人民培养了自己，但言行不一，心里想的是自己当上官了，终于可以扬眉吐气了，要好好享受一下当官的尊荣，摆起官架子来比谁都大。享乐主义实质是革命意志衰退、奋斗精神消减，根源是世界观、人生观、价值观不正确，拈轻怕重，贪图安逸，追求感官享受。奢靡之风实质是剥削阶级思想和腐朽生活方式的反映，根源是思想堕落、物欲膨胀，灯红酒绿，纸醉金迷。‘四风’的后果，就是浪费了有限资源，延误了各项工作，疏远了人民群众，败坏了党风政风，最终会严重损害党的先进性和纯洁性、严重损害党的执政基础和执政地位。如果沉迷在‘四风’之中，还讲什么无数革命先烈流血牺牲打下的红色江山永不变色，那是多么大的讽刺啊！无数革命先烈流血牺牲打下的红色江山就是让一些人去挥霍败坏的吗?！如果领导干部弄不清‘为了谁、依靠谁、我是谁’，如果‘四风’问题蔓延开来又得不到有效遏制，就会像一座无形的墙把党和人民群众隔开，就会像一把无情的刀割断党同人民群众的血肉联系，那后果就严重了。”②

“解决‘四风’问题，要对准焦距、找准穴位、抓住要害，不能‘走神’，不能‘散光’。反对形式主义，要着重解决工作不实的问题，教育引导党员、干部改进学风文风会风，改进工作作风，在大是大非面前敢于担当、敢于坚持原则，真正把心思用在干事业上，把功夫下到察实情、出实招、办实事、求实效

---

① 《习近平谈治国理政》，外文出版社 2014 年版，第 370 页。

② 中共中央党史和文献研究院编：《习近平关于力戒形式主义官僚主义重要论述选编》，中央文献出版社 2020 年版，第 24～25 页。

上。反对官僚主义，要着重解决在人民群众利益上不维护、不作为的问题，教育引导党员、干部深入实际、深入基层、深入群众，坚持民主集中制，虚心向群众学习，真心对群众负责，热心为群众服务，诚心接受群众监督，坚决整治消极应付、推诿扯皮、侵害群众利益的问题。反对享乐主义，要着重克服及时行乐思想和特权现象，教育引导党员、干部牢记'两个务必'，克己奉公，勤政廉政，保持昂扬向上、奋发有为的精神状态。反对奢靡之风，要着重狠刹挥霍享乐和骄奢淫逸的不良风气，教育引导党员、干部坚守节约光荣、浪费可耻的思想观念，做到艰苦朴素、精打细算，勤俭办一切事情。解决'四风'问题，要从实际出发，抓住主要矛盾，什么问题突出就着重解决什么问题，什么问题紧迫就抓紧解决什么问题，找准靶子，有的放矢，务求实效。"①

(二)看似新表现与实则老问题

《形式主义、官僚主义新表现值得警惕》文章指出，党的十八大以来，从制定和执行中央八项规定开始，全党上下纠正"四风"取得重大成效，但形式主义、官僚主义在一定程度上仍然存在，如一些领导干部调研走过场、搞形式主义，调研现场成了"秀场"；一些单位"门好进、脸好看"，就是"事难办"；一些地方注重打造领导"可视范围"内的项目工程，"不怕群众不满意，就怕领导不注意"；有的地方层层重复开会，用会议落实会议；部分地区写材料、制文件机械照抄，出台制度决策"依葫芦画瓢"；一些干部办事拖沓敷衍、懒政庸政怠政，把责任往上推；一些地方不重实效重包装，把精力放在"美化材料"上，搞"材料出政绩"；有的领导干部热衷于将责任下移，"履责"变"推责"；有的干部知情不报、听之任之，态度漠然；有的干部说一套做一套、台上台下两个样。习近平总书记作出指示，指出："文章反映的情况，看似新表现，实则老问题，再次表明'四风'问题具有顽固性反复性。纠正'四风'不能止步，作风建设永远在路上。各地区各部门都要摆摆表现，找找差距，抓住主要矛盾，特别要针对表态多调门高、行动少落实差等突出问题，拿出过硬措施，扎扎实实地改。各级领导干部要带头转变作风，身体力行，以上率下，形成'头雁效应'。在即将开展的'不忘初心、牢记使命'主题教育中，要力戒形式主义，以好的作风确保好的效果。"②

---

① 《习近平谈治国理政》，外文出版社2014年版，第374～375页。

② 《习近平近日作出重要指示强调　纠正"四风"不能止步　作风建设永远在路上》，《人民日报》2017年12月12日。

(三)最大的政治优势与执政后最大的危险

"'四风'的后果,就是浪费了有限资源,延误了各项工作,疏远了人民群众,败坏了党风政风,最终会严重损害党的先进性和纯洁性、严重损害党的执政基础和执政地位。"①保持党密切联系群众这一最大政治优势,需要党员干部深入群众、扑下身子、挑起担子,把人民拥护不拥护、赞成不赞成、高兴不高兴、答应不答应作为衡量一切工作得失的根本标准,在联系群众、服务群众中守初心、担使命。②

习近平总书记强调:"共产党就是为人民谋幸福的,人民群众什么方面感觉不幸福、不快乐、不满意,我们就在哪方面下功夫,千方百计为群众排忧解难。"③保持党密切联系群众这一最大政治优势,重在撸起袖子、挑起担子,以实际行动为人民群众办实事、解难事。进入新时代,人民群众期盼有更好的教育、更稳定的工作、更满意的收入、更可靠的社会保障、更高水平的医疗卫生服务、更舒适的居住条件、更优美的环境、更丰富的精神文化生活,期盼孩子们能成长得更好、工作得更好、生活得更好。党员干部密切联系群众,就要抓住一个"干"字,紧盯一个"实"字,从细节处入手,从小事情做起,着力解决群众的操心事、烦心事,以为民谋利、为民尽责的实际成效取信于民,更好满足人民日益增长的美好生活需要。④

三、干部特别是年轻干部必须提高群众工作能力

习近平总书记在2020年秋季学期中央党校(国家行政学院)中青年干部培训班开班式上强调:"历史总是在不断解决问题中前进的。我们党领导人民干革命、搞建设、抓改革,都是为了解决我国的实际问题。提高解决实际问题能力是应对当前复杂形势、完成艰巨任务的迫切需要,也是年轻干部成长的必然要求。面对复杂形势和艰巨任务,我们要在危机中育先机、于变局

---

① 中共中央党史和文献研究院编:《习近平关于力戒形式主义官僚主义重要论述选编》,中央文献出版社2020年版,第24～25页。

② 参见李志雄:《在联系群众、服务群众中守初心、担使命 保持党密切联系群众这一最大政治优势》,《人民日报》2019年12月9日。

③ 《习近平李克强栗战书汪洋王沪宁赵乐际韩正分别参加全国人大会议一些代表团审议》,《人民日报》2018年3月8日。

④ 参见李志雄:《在联系群众、服务群众中守初心、担使命 保持党密切联系群众这一最大政治优势》,《人民日报》2019年12月9日。

中开新局，干部特别是年轻干部要提高政治能力、调查研究能力、科学决策能力、改革攻坚能力、应急处突能力、群众工作能力、抓落实能力，勇于直面问题，想干事、能干事、干成事，不断解决问题、破解难题。”①就如何提高群众工作能力，习近平总书记要求：第一，“要坚持从群众中来、到群众中去，真正成为群众的贴心人”；第二，“要心中有群众，时刻把群众安危冷暖放在心上，认真落实党中央各项惠民政策，把小事当作大事来办，切实解决群众‘急难愁盼’的问题”；第三，“要落实党中央关于逐步实现全体人民共同富裕的要求，带领群众艰苦奋斗、勤劳致富，在收入、就业、教育、社保、医保、医药卫生、住房等方面不断取得实实在在的成果”；第四，“要注意宣传群众、教育群众，用群众喜闻乐见、易于接受的方法开展工作，提高群众思想觉悟，让他们心热起来、行动起来”；第五，“要自觉运用法治思维和法治方式深化改革、推动发展、化解矛盾，维护社会公平正义”。②

(一)始终把人民放在心中最高位置

坚持群众观点，贯彻群众路线，“知”是基础、是前提，“行”是重点、是关键，必须以知促行，以行促知，做到知行合一。坚持群众路线，核心的问题是党要始终保持同人民群众的血肉联系，一刻也不脱离群众。密切联系群众，是党的性质和宗旨的体现。我们党是在同人民群众的密切联系中成长、发展、壮大起来的，是通过宣传群众、组织群众、依靠群众起家，从胜利走向胜利的。党的最大政治优势是密切联系群众，党执政后的最大危险是脱离群众。能否保持党同人民群众的血肉联系，决定着党的事业的成败。要从政治的高度深刻认识密切联系群众的重要性。“在任何时候任何情况下，与人民群众同呼吸共命运的立场不能变，全心全意为人民服务的宗旨不能忘，坚信群众是真正英雄的历史唯物主义观点不能丢。”③群众路线是我们党始终坚持的根本工作方法。党领导工作的正确方法，就是将群众意见集中起来形成正确的决策，再到群众中宣传解释，将决策化为群众的行动，并在群众实践中检验这些决策是否正确。

2021年2月20日，习近平总书记在党史学习教育动员大会上的讲话中

① 《习近平在中央党校(国家行政学院)中青年干部培训班开班式上发表重要讲话强调　年轻干部要提高解决实际问题能力　想干事能干事干成事》，《人民日报》2020年10月11日。

② 《习近平在中央党校(国家行政学院)中青年干部培训班开班式上发表重要讲话强调　年轻干部要提高解决实际问题能力　想干事能干事干成事》，《人民日报》2020年10月11日。

③ 江泽民：《在庆祝中国共产党成立八十周年大会上的讲话》，人民出版社2001年版，第11页。

指出："我们党的章程开宗明义明确，中国共产党是中国工人阶级的先锋队，同时是中国人民和中华民族的先锋队。党章也明确规定，党坚持全心全意为人民服务，在任何时候都把群众利益放在第一位，同群众同甘共苦，保持最密切的联系。这就要求我们必须坚持尊重社会发展规律和尊重人民历史主体地位的一致性、为崇高理想奋斗和为最广大人民谋利益的一致性、完成党的各项工作和实现人民利益的一致性，永不脱离群众，与群众有福同享、有难同当，有盐同咸、无盐同淡。要教育引导全党深刻认识党的性质宗旨，坚持一切为了人民、一切依靠人民，始终把人民放在心中最高位置、把人民对美好生活的向往作为奋斗目标，推动改革发展成果更多更公平惠及全体人民，推动共同富裕取得更为明显的实质性进展，把14亿中国人民凝聚成推动中华民族伟大复兴的磅礴力量。"[①] 习近平总书记是这样说的，更是这样做的。

（二）依靠人民创造历史伟业

人民是历史的创造者，人民是真正的英雄。离开了人民，我们就会一事无成。只有坚持历史唯物主义这一基本原理，才能把握历史前进的基本规律；只有按历史规律办事，才能无往而不胜。勤劳勇敢的中国人民是中华民族生生不息、发展壮大的脊梁。"波澜壮阔的中华民族发展史是中国人民书写的！博大精深的中华文明是中国人民创造的！历久弥新的中华民族精神是中国人民培育的！中华民族迎来了从站起来、富起来到强起来的伟大飞跃是中国人民奋斗出来的！"[②] 必须深刻认识人民群众是历史发展和社会进步的主体力量，紧紧依靠人民创造历史伟业。

坚持人民主体地位，充分调动人民积极性，始终是我们党立于不败之地的强大根基。老百姓是天，老百姓是地。中国共产党之所以能够发展壮大，中国特色社会主义之所以能够不断前进，正是因为依靠了人民。谋划发展，最了解实际情况的，是人民群众；推动改革，最大的依靠力量，也是人民群众。"改革开放在认识和实践上的每一次突破和发展，改革开放中每一个新生事物的产生和发展，改革开放每一个方面经验的创造和积累，无不来自亿

① 习近平：《在党史学习教育动员大会上的讲话》，人民出版社2021年版，第16页。

② 中共中央党史和文献研究院编：《十九大以来重要文献选编》（上），中央文献出版社2019年版，第386～387页。

万人民的实践和智慧。”[1]无论遇到任何困难和挑战，只要有人民支持和参与，就没有克服不了的困难，就没有越不过去的坎，就没有完成不了的任务。人民群众有着无尽的智慧和力量，在人民面前，我们永远是小学生。必须充分尊重人民所表达的意愿、所创造的经验、所拥有的权利、所发挥的作用，自觉拜人民为师，向能者求教，向智者问策。要把政治智慧的增长、执政本领的增强、领导艺术的提高深深扎根于人民群众的实践沃土中，不断从人民群众中吸取营养和力量。始终与人民心心相印，与人民同甘共苦，与人民团结奋斗，使全体人民都满腔热情地投身到建设祖国的美好未来和创造自己的幸福生活中去。

习近平总书记指出：“时代是出卷人，我们是答卷人，人民是阅卷人。”[2]“人民是我们党的工作的最高裁决者和最终评判者。党的执政水平和执政成效都不是由自己说了算，必须而且只能由人民来评判，最终都要看人民是否真正得到了实惠，人民生活是否真正得到了改善，人民权益是否真正得到了保障。”[3]新时代，我们面临的挑战和问题依然严峻复杂，党面临的“赶考”远未结束。要坚持把人民拥护不拥护、赞成不赞成、高兴不高兴、答应不答应作为衡量一切工作得失的根本标准，努力向历史、向人民交出新的更加优异的答卷。

进入新时代，我们走上了创造美好生活、逐步实现全体人民共同富裕的新征程。共同富裕是中国特色社会主义的根本原则，实现共同富裕是我们党的重要使命。习近平总书记强调，“我们追求的发展是造福人民的发展，我们追求的富裕是全体人民共同富裕”[4]，要“让发展成果更多更公平惠及全体人民，不断促进人的全面发展，朝着实现全体人民共同富裕不断迈进”[5]。经过长期艰苦奋斗，我们党在实践中形成了先富带动后富、逐步实现共同富裕的规律性认识，推动人民生活质量和社会共享水平显著提升。“粮票、布票、肉票、鱼票、油票、豆腐票、副食本、工业券等百姓生活曾经离不开的票证已经进入了历史博物馆，忍饥挨饿、缺吃少穿、生活困顿这些几千年来困扰

---

① 中共中央文献研究室编：《习近平关于实现中华民族伟大复兴的中国梦论述摘编》，中央文献出版社2013年版，第46页。

② 《习近平谈治国理政》第3卷，外文出版社2020年版，第70页。

③ 郝永平、黄相怀等：《伟大梦想与立党兴党强党》，人民出版社2021年版，第229页。

④ 《征求对中共中央关于制定国民经济和社会发展第十三个五年规划的建议的意见 中共中央召开党外人士座谈会》，《人民日报》2015年10月31日。

⑤ 习近平：《在纪念马克思诞辰200周年大会上的讲话》，人民出版社2018年版，第21页。

我国人民的问题总体上一去不复返了!”[①]中国人民迎来了从温饱不足到小康富裕的伟大飞跃。

(三)永远把人民对美好生活的向往作为奋斗目标

不忘初心,方得始终。为人民谋幸福,是中国共产党人的初心。习近平总书记指出:“人民对美好生活的向往就是我们的奋斗目标。”[②]“一切为了群众”必须始终把人民放在心中最高的位置,始终全心全意为人民服务,始终为人民利益和幸福而努力奋斗。人民性是马克思主义最鲜明的品格。始终同人民在一起,为人民利益而奋斗,是马克思主义政党同其他政党的根本区别。中国共产党作为马克思主义政党,党性和人民性从来都是一致的、统一的,除了国家、民族、人民的利益,没有任何自己的特殊利益。不谋私利才能谋根本、谋大利,才能从党的性质和根本宗旨出发,从人民根本利益出发,全心全意为人民服务。纵观历史,我们党干革命、搞建设、抓改革,都是为人民谋利益,让人民过上好日子。党领导人民打土豪、分田地,是为人民根本利益而斗争;领导人民开展抗日战争、赶走日本侵略者,是为人民根本利益而斗争;领导人民推翻“三座大山”、建立新中国,是为人民根本利益而斗争;领导人民开展社会主义革命和建设、改变一穷二白的国家面貌,是为人民根本利益而斗争;领导人民实行改革开放、推进社会主义现代化、实现中华民族伟大复兴,同样是为人民根本利益而斗争。[③] 对幸福生活的追求是推动人类文明进步最持久的力量。进入新时代,人民对美好生活的向往更加强烈,期盼有更好的教育、更稳定的工作、更满意的收入、更可靠的社会保障、更高水平的医疗卫生服务、更舒适的居住条件、更优美的环境、更丰富的精神文化生活,期盼孩子们能成长得更好、学习得更好、生活得更好。我们要永远保持共产党人的奋斗精神,永远保持对人民的赤子之心,始终把人民利益摆在至高无上的地位,始终同人民想在一起、干在一起,以人民忧乐为忧乐,以人民甘苦为甘苦,努力为人民创造更美好、更幸福的生活。

(四)自觉运用法治思维和法治方式维护社会公平正义

“当前,一些领导干部还不善于运用法治思维和法治方式推进工作,领

---

① 习近平:《在庆祝改革开放40周年大会上的讲话》,人民出版社2018年版,第15页。

② 《习近平谈治国理政》第4卷,外文出版社2022年版,第58页。

③ 参见孙经国、李志军主编:《学经典　悟原理:马克思主义经典著作精选导读》,人民出版社2022年版,第39页。

导干部心中无法、以言代法、以权压法是法治建设的大敌。各级领导干部必须强化法治意识，带头尊法学法守法用法，做制度执行的表率。”[①]习近平总书记多次强调正确处理依法治国和依规治党的关系，发挥依规治党对党和国家事业发展的政治保障作用，形成国家法律和党内法规相辅相成的格局。特别是在中央全面依法治国工作会议上，习近平总书记指出：“坚持抓住领导干部这个‘关键少数’。领导干部具体行使党的执政权和国家立法权、行政权、监察权、司法权，是全面依法治国的关键。各级领导干部要坚决贯彻落实党中央关于全面依法治国的重大决策部署，带头尊崇法治、敬畏法律，了解法律、掌握法律，不断提高运用法治思维和法治方式深化改革、推动发展、化解矛盾、维护稳定、应对风险的能力，做尊法学法守法用法的模范。要把法治素养和依法履职情况纳入考核评价干部的重要内容，让尊法学法守法用法成为领导干部自觉行为和必备素质。”[②]

（五）用群众喜闻乐见、易于接受的方法开展工作

“不论过去、现在和将来，我们都要坚持一切为了群众，一切依靠群众，从群众中来，到群众中去，把党的正确主张变为群众的自觉行动，把群众路线贯彻到治国理政全部活动之中。”[③]毛泽东在《关心群众生活，注意工作方法》中指出：“一切工作，如果仅仅提出任务而不注意实行时候的工作方法，不反对官僚主义的工作方法而采取实际的具体的工作方法，不抛弃命令主义的工作方法而采取耐心说服的工作方法，那末，什么任务也是不能实现的。”[④]坚持走群众路线，绝不是喊喊口号、走走过场，而是要诚心诚意、实打实做。要善于通过提出并贯彻正确的理论和路线方针政策带领人民前进，善于从人民的实践创造和发展要求中完善政策主张，善于从群众中寻找解决问题的方案和办法，使作出的决策和决策的执行充分体现民心民意。深入研究新形势下群众工作的规律和特点，把党的优良传统和新情况新变化结合起来，与时俱进地提高做好群众工作的本领。

---

① 中共中央党史和文献研究院编：《十九大以来重要文献选编》（中），中央文献出版社 2021 年版，第 420 页。

② 《习近平谈治国理政》第 4 卷，外文出版社 2022 年版，第 298 页。

③ 习近平：《在纪念毛泽东同志诞辰 120 周年座谈会上的讲话》，人民出版社 2013 年版，第 17 页。

④ 《毛泽东选集》第 1 卷，人民出版社 1991 年版，第 140 页。

16.提高新时代群众工作能力:理论与践行

张金平*

中国共产党是从做群众工作起家的,群众工作能力一直是中国共产党人的拿手本领。党的十八大以来,党中央先后组织开展的群众路线教育实践活动、“三严三实”专题教育、“两学一做”学习教育、“不忘初心、牢记使命”主题教育和党史学习教育,既是为了推进党的自我革命,增强党的创造力、凝聚力、战斗力,也是密切党群关系、深化党的宗旨的需要。2015 年 7 月 6 日,习近平总书记在中央党的群团工作会议上明确指出:“做好群众工作,保持党同人民群众的血肉联系,是当前全党重大而紧迫的政治任务,各级党委和每个党组织、每个党员、每个干部都要身体力行地密切党群关系、干群关系。”①群众工作是党的生命,群众路线是党的生命线和根本工作路线。在 2020 年秋季学期中央党校(国家行政学院)中青年干部培训班开班式上,习近平总书记寄语年轻干部:“要坚持从群众中来、到群众中去,真正成为群众的贴心人。要心中有群众,时刻把群众安危冷暖放在心上,认真落实党中央各项惠民政策,把小事当作大事来办,切实解决群众‘急难愁盼’的问题。”②不断提高群众工作能力,是新时代党员干部的必修课。只有做好群众工作,保持党同人民群众的血肉联系,才能巩固党的执政地位,才能带领全国人民早日实现中华民族伟大复兴的中国梦。

---

* 张金平,中共山东省委党校(山东行政学院)马克思主义学院教授。

① 中共中央文献研究室编:《习近平关于社会主义政治建设论述摘编》,中央文献出版社 2017 年版,第 187 页。

② 《习近平在中央党校(国家行政学院)中青年干部培训班开班式上发表重要讲话强调 年轻干部要提高解决实际问题能力 想干事能干事干成事》,《人民日报》2020 年 10 月 11 日。

一、群众工作是我们的看家本领

习近平总书记指出:“群众工作是我们的看家本领,我们党靠群众工作起家,同样要靠群众工作实现长期执政。”[①]这一科学论断精辟地阐明了群众工作对于我们党事业发展的重要性。

(一)理论维度:群众观点是马克思主义的基本观点

马克思主义是人类历史上最具人民性的科学理论。马克思主义创立者马克思和恩格斯的毕生使命就是为人类解放而斗争,他们在探索人民解放道路的伟大实践中发现了人民群众的历史伟力,阐明了人民群众在社会历史发展中的作用,以及人民群众是真正的英雄和历史的创造者,从而确立了无产阶级政党的根本立场——人民立场。马克思主义的群众观有两个基本观点:一是人民群众是历史的创造者,人民群众既是物质财富的创造者,也是精神财富的创造者,是推动社会发展的决定性力量;二是人民群众是实践和认识的主体,人的认识来自实践,来自群众丰富而生动的社会实践。《共产党宣言》指出:“无产阶级的运动是绝大多数人的,为绝大多数人谋利益的独立的运动。”[②]马克思主义及其指导下的共产党人的奋斗,就是为绝大多数人谋利益,这是共产主义政党区别于历史上剥削阶级政党的根本不同。

中国共产党是马克思主义政党,是中国工人阶级的先锋队,是中国人民和中华民族的先锋队,除了人民的利益以外没有任何自身的特殊利益。坚持一切为了人民,是中国共产党全部工作的出发点和落脚点。在革命、建设、改革时期,中国共产党都始终如一地坚持以人民的需要为需要,以人民的追求为追求,以人民的幸福为幸福,时刻把人民冷暖挂在心上,始终为中国人民谋利益。2010 年 3 月 1 日,习近平在中央党校春季学期开学典礼上讲话时系统回顾了中国共产党人对马克思主义人民观的继承与创新发展,指出:“从马克思、恩格斯在《共产党宣言》中明确提出共产党人始终坚持为无产阶级、为绝大多数劳动人民谋利益,到列宁强调党是无产阶级的先进部队,要为人民群众服务、代表他们的利益;从毛泽东同志关于共产党人必须

① 中共中央党史和文献研究院编:《习近平关于力戒形式主义官僚主义重要论述选编》,中央文献出版社 2020 年版,第 134 页。

② [德]马克思、恩格斯:《共产党宣言》,中共中央马克思恩格斯列宁斯大林著作编译局编译,人民出版社 2018 年版,第 39 页。

全心全意为人民服务的重要思想，到邓小平同志关于必须把人民拥护不拥护、赞成不赞成、高兴不高兴、答应不答应作为衡量改革和一切事业根本标准的重要思想，到江泽民同志关于中国共产党必须始终代表最广大人民根本利益的重要思想，到胡锦涛同志关于必须把最广大人民的根本利益作为贯彻落实科学发展观的根本出发点和落脚点的重要思想，从中我们可以清楚地看到一条一脉相承又与时俱进的思想主线，这就是：始终站在人民大众立场上，一切为了人民、一切相信人民、一切依靠人民，诚心诚意为人民谋利益。"[①]习近平进一步强调指出："始终站在人民大众立场上，始终不脱离、不动摇这个立场，这是共产党人掌握马克思主义世界观的重大问题，因而也是我们广大党员干部学习贯彻中国特色社会主义理论体系要解决好的重大问题。"[②]

党的十八大以来，习近平总书记提出以人民为中心的发展思想，强调共产党人的初心和使命是为中国人民谋幸福、为中华民族谋复兴，强调始终站在人民立场上，牢记对人民的责任，把人民对美好生活的向往作为奋斗目标。习近平总书记满怀深情地指出："江山就是人民、人民就是江山，打江山、守江山，守的是人民的心。中国共产党根基在人民、血脉在人民、力量在人民。中国共产党始终代表最广大人民根本利益，与人民休戚与共、生死相依，没有任何自己特殊的利益，从来不代表任何利益集团、任何权势团体、任何特权阶层的利益。"[③]中国共产党人必须始终把人民放在心中最高位置，始终坚持以人民为中心的工作导向，以造福人民为最大政绩，以百姓心为心。要朝着全体人民共同富裕的目标稳步迈进，不断促进人的全面发展。这些重要论述和科学论断，进一步丰富和发展了马克思主义的群众观，充分彰显了新时代中国共产党人的鲜明价值取向。

（二）历史维度：群众路线是我们党的重要传家宝

中国共产党的百年奋斗史，就是与人民群众血肉相连、同甘共苦的历史，就是我们党践行群众路线、宣传和组织群众、凝聚和服务群众、成就党和人民伟大事业的光辉奋斗史。

---

① 习近平：《深入学习中国特色社会主义理论体系　努力掌握马克思主义立场观点方法》，《求是》2010年第7期。

② 习近平：《深入学习中国特色社会主义理论体系　努力掌握马克思主义立场观点方法》，《求是》2010年第7期。

③ 《习近平谈治国理政》第4卷，外文出版社2022年版，第9页。

习近平总书记指出:“我们党能够在那么弱小的情况下发展壮大起来,能够在千难万险中一次次浴火重生,根本原因就在于我们党始终牢记初心使命,忠实践行全心全意为人民服务的根本宗旨,从而赢得了人民衷心拥护和支持。人民是我们党的生命之根、执政之基、力量之源。”[①]中国共产党成立之后,党的先驱们就深入厂矿、农村发动群众、服务群众。在革命、建设、改革的历史进程中,我们党紧紧依靠人民,跨过一道又一道沟坎,取得一个又一个胜利;红军时期,人民群众是党和人民军队的“铜墙铁壁”;抗日战争时期,我们党广泛发动群众,使日寇陷入人民战争的“汪洋大海”;淮海战役的胜利是人民群众用小车推出来的,渡江战役的胜利是老百姓用小木船划出来的;社会主义革命和建设的伟大成就是人民群众干出来的,人民群众用小铁锹挖出了大庆油田,把贫油的帽子甩到了太平洋;改革开放的历史伟剧是亿万人民群众主演的。正如邓小平所指出的:“改革开放中许许多多的东西,都是群众在实践中提出来的。”[②]

回顾党的百年奋斗历程,在做好群众工作方面形成了许多值得学习和借鉴的成功经验和方法,其中主要有以下几点。

1.始终坚守初心使命

习近平总书记指出:“中国共产党一经诞生,就把为中国人民谋幸福、为中华民族谋复兴确立为自己的初心使命。”[③]一百多年来,从石库门到天安门,从兴业路到复兴路,我们党所付出的一切努力、进行的一切斗争、作出的一切牺牲,都是为了人民幸福和民族复兴。正是由于始终坚守初心使命,始终与人民群众同呼吸共命运,我们党才能在极端困境中发展壮大,才能在濒临绝境中突出重围,才能在困顿逆境中毅然奋起。

2.政策反映社会发展方向和人民需求

一百多年来,中国共产党始终站在时代的最前列,始终保持强烈的历史主动性。土地革命战争时期,我们党就深刻地认识到解决农民土地要求是民主革命的主要问题,是密切党群关系、做好群众工作的根本。“打土豪、分田地”使广大农民的革命热情迅速高涨,也为人民军队壮大和革命的发展赢

---

① 《习近平谈治国理政》第4卷,外文出版社2022年版,第63页

② 中共中央文献研究室编:《邓小平年谱(1975~1997)》(下),中央文献出版社2004年版,第1350页。

③ 《习近平谈治国理政》第4卷,外文出版社2022年版,第4页。

得了最重要的政治基础和无穷的力量源泉。

3.关心群众生活,注意工作方法

早在1934年,毛泽东同志就指出:“一切群众的实际生活问题,都是我们应当注意的问题。假如我们对这些问题注意了,解决了,满足了群众的需要,我们就真正成了群众生活的组织者,群众就会真正围绕在我们的周围,热烈地拥护我们。”[①]从关心群众衣食住行的细微小事做起,群众就会发自内心地说“共产党真正好,什么事情都替我们想到了”。真心实意地为群众谋利益,解决群众的生产生活问题,解决群众的一切问题,广大群众就会热切地拥护我们党和人民军队,从而形成良好的群众工作局面。

4.用全心服务、优良作风凝聚民众

当年,中央苏区曾流行这样一首民歌:“苏区干部好作风,自带干粮去办公。日穿草鞋干革命,夜走山路访贫农。”这首民歌生动形象地反映了当年苏区干部的良好作风。正是这种优良作风密切了党群干群关系,凝聚了民心。习近平总书记强调:“干部心系群众、埋头苦干,群众就会赞许你、拥护你、追随你;干部不务实事、骄奢淫逸,群众就会痛恨你、反对你、疏远你。”[②]

5.形成党的根本工作路线——群众路线

群众路线是毛泽东思想活的灵魂之一,是党的生命线和根本工作路线,也是做好群众工作的基本方法要求。它表明,党的一切智慧和力量来源于群众的实践,党的路线方针政策只有和群众相结合,真正为群众所掌握,才会发挥出它的伟大力量。毛泽东同志1943年在《关于领导方法的若干问题》中系统阐述了党的群众路线:“在我党的一切实际工作中,凡属正确的领导,必须是从群众中来,到群众中去。这就是说,将群众的意见(分散的无系统的意见)集中起来(经过研究,化为集中的系统的意见),又到群众中去作宣传解释,化为群众的意见,使群众坚持下去,见之于行动,并在群众行动中考验这些意见是否正确。然后再从群众中集中起来,再到群众中坚持下去。如此无限循环,一次比一次地更正确、更生动、更丰富。”[③]《中国共产党章程》

---

① 《毛泽东选集》第1卷,人民出版社1991年版,第137页。

② 中共中央党史和文献研究院编:《习近平关于力戒形式主义官僚主义重要论述选编》,中央文献出版社2020年版,第126～127页。

③ 《毛泽东选集》第3卷,人民出版社1991年版,第899页。

明确规定:“党在自己的工作中实行群众路线,一切为了群众,一切依靠群众,从群众中来,到群众中去,把党的正确主张变为群众的自觉行动。”①

从价值观角度讲,中国共产党一切工作都是以人民为中心展开的。“一切为了群众”是党的根本宗旨的体现。坚持人民群众的利益高于一切,是每个共产党员必须遵循的最高政治原则。“一切依靠群众”是实现“一切为了群众”的根本手段,马克思主义政党坚信人民群众能够自己解放自己,党要相信群众、发动群众、带领群众为实现共产主义远大目标而奋斗。习近平总书记指出:“人民群众是我们力量的源泉。我们深深知道,每个人的力量是有限的,但只要我们万众一心、众志成城,就没有克服不了的困难;每个人的工作时间是有限的,但全心全意为人民服务是无限的。”②“一切为了群众”是党的工作的价值目标,“一切依靠群众”是实现价值目标的手段,两者有机统一构成了中国共产党群众路线的价值观。

从方法论角度讲,“从群众中来,到群众中去”是党的根本领导方法和工作方法,强调了党的路线方针政策的制定要充分了解群众意见、汇集群众智慧,在决策执行过程中也要不断听取群众意见进行修改和完善,决策执行的结果更要经得起人民群众和实践的检验。

党的百年历史实践证明,坚持党的群众路线,党的事业和人民群众的利益就会欣欣向荣,生机勃勃;背离党的群众路线,党的事业和人民群众的利益就会受到损害。习近平总书记强调:“群众路线是我们党的生命线和根本工作路线,是我们党永葆青春活力和战斗力的重要传家宝。不论过去、现在和将来,我们都要坚持一切为了群众,一切依靠群众,从群众中来,到群众中去,把党的正确主张变为群众的自觉行动,把群众路线贯彻到治国理政全部活动之中。”③

(三)现实维度:群众工作是党实现长期执政的必然要求

长期执政在使得我们党带领人民群众不断创造历史伟业的同时,也让部分党员干部产生了忽视群众的念头,在工作和生活中增加了脱离群众的危险。1956 年,邓小平同志在党的八大上指出:“由于我们党现在已经是在全国执政的党,脱离群众的危险,比以前大大地增加了,而脱离群众对于人

① 《中国共产党章程》,人民出版社 2022 年版,第 11 页。

② 《习近平谈治国理政》第 1 卷,外文出版社 2018 年版,第 5 页。

③ 习近平:《论中国共产党历史》,中央文献出版社 2021 年版,第 61 页。

民可能产生的危害，也比以前大大地增加了。”[①]在党的八大及以后的讲话中，邓小平同志还多次强调：“脱离实际和脱离群众的结果，必然发展主观主义，即教条主义和经验主义的错误，这种错误在我们党内不是比前几年减少而是比前几年增加了。执政党的地位，还很容易在共产党员身上滋长着一种骄傲自满的情绪。”[②]正是基于这种忧患意识，我们不断强调党员干部要密切联系群众，正确处理与人民群众的关系。党离不开人民，人民也离不开党。脱离群众的后果是非常严重的。苏联共产党在长期执政后，严重脱离群众，漠视人民群众的愿望和要求，党群关系日益疏远和紧张，最终酿成了苏共垮台和苏联解体的悲剧。前车之鉴，后事之师。要带领全国人民实现中华民族伟大复兴的中国梦，我们党必须做好群众工作，密切党群关系，把党的正确主张变为人民群众的自觉行动。

二、当前群众工作面临的新挑战

当今，中国与世界的关系正在发生历史性变化，当代中国的前途命运与世界的前途命运联系也更加紧密，只有清醒地把握时代潮流和世界大势，把握历史机遇和风险挑战，才能做好我们的工作。我国正处于发展关键期、改革攻坚期和矛盾凸显期，改革发展稳定任务之重前所未有，矛盾风险挑战之多前所未有，治国理政考验之大前所未有。人们的工作、生活和社会环境都发生了深刻变化，各种价值取向和思想观念相互激荡，我们党自身建设也面临一系列新情况新问题，做好新时代群众工作必须全面认识和把握面临的新形势、新任务、新挑战。

（一）世情变化带来的新挑战

当今世界正处于百年未有之大变局，是党的十八大之后习近平总书记科学分析世界形势变化而提出并反复强调的一个重大战略判断。百年未有之大变局与世纪疫情叠加，不稳定性不确定性因素日益突出，世界变化中的险滩、暗礁凸显，各类风险挑战加速积聚。近年来，敌对势力把社会主义中国的发展壮大视为对资本主义道路和制度的挑战，不断变换策略和手法实施西化分化图谋，加大对中国政治误导、战略遏制、全面施压的力度，加大抹

① 《邓小平文选》第1卷，人民出版社1994年版，第221页。

② 《邓小平文选》第1卷，人民出版社1994年版，第214页。

黑中国道路、理论、制度、文化的力度,这一切使得我们群众工作面临的形势日益复杂,困难日益增大。与此同时,党的十八大以来,以习近平同志为核心的党中央高度重视民生工作,特别是在百年不遇的疫情防控过程中,中国坚持人民至上、生命至上,筑牢疫情防控屏障,巩固疫情防控成果,最大限度保护人民生命健康,最大限度稳住经济社会发展基本盘,充分彰显了中国共产党的坚强领导和社会主义制度的巨大优越性。

(二)国情变化带来的新挑战

党的十九大报告指出:“经过长期努力,中国特色社会主义进入了新时代,这是我国发展新的历史方位。”[①]中国特色社会主义新时代是中国特色社会主义发展的新阶段,群众工作面临着发展起来以后的新挑战、经济社会发展转变带来的新挑战、网络社会快速发展带来的新挑战等,其中最主要的是社会主要矛盾转化带来的新挑战。

党的十九大作出“我国社会主要矛盾已经转化为人民日益增长的美好生活需要和不平衡不充分的发展之间的矛盾”[②]这一重大政治判断,体现了矛盾运动和社会变化的辩证统一,是习近平新时代中国特色社会主义思想的重要理论创新和重大成果。从社会需求看,随着生活水平的显著提高,人们的需要不仅日益广泛多元,而且需求层次明显提高,已经从对物质文化的需要升级为对美好生活的需要。人们不仅对物质文化生活水平提出了更高要求,而且对民主、法治、公平、正义、安全、环境等方面提出了更多更高要求,更加追求人的全面发展和社会的全面进步。正如习近平总书记所指出的:“我们的人民热爱生活,期盼有更好的教育、更稳定的工作、更满意的收入、更可靠的社会保障、更高水平的医疗卫生服务、更舒适的居住条件、更优美的环境,期盼孩子们能成长得更好、工作得更好、生活得更好。人民对美好生活的向往,就是我们的奋斗目标。”[③]从社会生产看,经过改革开放 40 多年的快速发展,过去长期存在的短缺经济和供给不足的状况已经发生了根本性变化。党的十八大以来,现行标准下 9899 万农村贫困人口全部脱贫,832 个贫困县全部摘帽,12.8 万个贫困村全部出列,历史性地解决了绝对贫

---

① 习近平:《决胜全面建成小康社会　夺取新时代中国特色社会主义伟大胜利——在中国共产党第十九次全国代表大会上的报告》,人民出版社 2017 年版,第 10 页。

② 习近平:《决胜全面建成小康社会　夺取新时代中国特色社会主义伟大胜利——在中国共产党第十九次全国代表大会上的报告》,人民出版社 2017 年版,第 11 页。

③ 《习近平谈治国理政》第 1 卷,外文出版社 2018 年版,第 4 页。

困问题，创造了人类减贫史上的奇迹；全面建成小康社会，我国社会发展已呈现出新的阶段性特征。还要看到，经过长期努力，我国社会生产力水平总体上显著提高，社会生产能力在很多方面进入世界前列，存在的突出问题是发展不平衡不充分。社会主要矛盾的历史性转化表明，人民不再满足于衣食住行等基本生活需求，更要在政治生活上追求民主法治，在社会生活上追求公平正义，在生态文明上追求美丽中国。做好群众工作，必须转变思维方式，深入群众，深刻细致地研究了解群众需要的新变化、新规律，下大气力满足人民对美好生活的新期盼，着力解决民生领域的新短板。

（三）党情变化带来的挑战

截至 2022 年 12 月 31 日，中国共产党党员总数为 9804.1 万名，中国共产党现有基层组织 506.5 万个。[①] 党员队伍规模进一步壮大，党员队伍结构持续优化，党员教育管理不断加强，基层党组织不断夯实巩固，基层党组织的战斗堡垒作用也在不断提升。特别是党的十八大以来，以习近平同志为核心的党中央以作风建设起步，以坚定的决心、顽强的意志、空前的力度推进全面从严治党，聚力正风肃纪、反腐惩恶，开创了党的建设新的伟大工程崭新局面。党中央把脱贫攻坚摆在治国理政的突出位置，把脱贫攻坚作为全面建成小康社会的底线任务，组织开展了声势浩大的脱贫攻坚人民战争。党和人民披荆斩棘、栉风沐雨，发扬钉钉子精神，敢于啃硬骨头，攻克了一个又一个贫中之贫、坚中之坚，脱贫攻坚取得了重大历史性成就。正如习近平总书记所指出的："贫困地区广大群众听党话、感党恩、跟党走，都说'党员带头上、我们跟着干、脱贫有盼头'，'我们爱挂国旗，因为国旗最吉祥'，'吃水不忘挖井人，脱贫不忘共产党'，党群关系、干群关系得到极大巩固和发展！"[②]

党的十八大以来，以习近平同志为核心的党中央团结带领全国人民取得了历史性成就、发生了历史性变革，同时我们也清醒地看到，全面从严治党依然任重道远，管党治党一刻也不能松懈。正如习近平总书记在党的十九大报告中所指出的："要深刻认识党面临的执政考验、改革开放考验、市场经济考验、外部环境考验的长期性和复杂性，深刻认识党面临的精神懈怠危险、能力不足危险、脱离群众危险、消极腐败危险的尖锐性和严峻性，坚持问

---

① 参见《中国共产党党内统计公报》，《人民日报》2023 年 7 月 1 日。

② 《习近平谈治国理政》第 4 卷，外文出版社 2022 年版，第 130 页。

题导向,保持战略定力,推动全面从严治党向纵深发展。”①

(四)群众变化带来的挑战

一是代际更迭带来认同的变化。党执政初期的老一代群众随着岁月的流逝已大多退出历史,现在活跃在时代舞台上的新一代群众,大多数对社会的基本政治制度和社会制度是认可的,但对党的认同已经从过去单纯的感情认同转变为法理认同和利益认同。

二是群众的维权意识、民主意识、法治意识显著增强,执政早期群众对党和政府的无条件信任和服从的现象在一定程度上已经让位于对个体权利的追求。

三是随着改革开放的逐步深入,社会结构深刻变动,利益格局深刻调整,思想观念深刻变化,群众的需求和价值观念也日益分化,并且越来越分散。要做好新时代群众工作,就必须了解这些时代特征,并准确把握与时代任务相适应的基本工作要领。习近平总书记指出:“群众流动频繁、分布不断变化,群团组织设置必须及时调整。要巩固已有的组织基础,加快新领域新阶层组织建设,形成完善的组织体系,实现有效覆盖。工会、共青团、妇联要探索以多种方式构建纵横交织的网络化组织体系,做到哪里有群众、哪里就要有自己的组织,怎么有利于做好工作、就怎么建组织。”②

四是网民与网络社会快速发展。中国互联网络信息中心(CNNIC)第51次《中国互联网络发展状况统计报告》显示,截至2022年12月,我国网民规模达10.67亿,较2021年12月增长3549万,互联网普及率达75.6%,较2021年12月提升2.6个百分点。我国已成为名副其实的世界网络大国,这给群众工作带来了新的挑战。比如,互联网的大众性、开放性、互动性、快捷性、时效性等特点,使得信息意见发布更加方便、快捷、随意。这一方面有助于及时了解群众呼声,另一方面铺天盖地的海量信息真伪难辨,也可能形成错误的舆论引导,甚至会造成网络热点事件,极易导致信息走偏。再如,网络的迅猛发展既有利于群众对党和政府的工作进行监督,也容易对政府公信力造成影响。面对网络社会的变化,习近平总书记要求领导干部要学会

---

① 习近平:《决胜全面建成小康社会 夺取新时代中国特色社会主义伟大胜利——在中国共产党第十九次全国代表大会上的报告》,人民出版社2017年版,第61页。

② 中共中央文献研究室编:《习近平关于社会主义政治建设论述摘编》,中央文献出版社2017年版,第199页。

做网上群众工作，指出："建设网络良好生态，发挥网络引导舆论、反映民意的作用"，"网民来自老百姓，老百姓上了网，民意也就上了网。群众在哪儿，我们的领导干部就要到哪儿去，不然怎么联系群众呢？"①

三、贯彻党的群众路线，提高新时代群众工作能力

要以习近平总书记关于贯彻党的群众路线的一系列重要论述为指导，认真研究和把握新形势下群众工作的特点和规律，探索新途径、新方法，努力提高做好新时代群众工作能力。

（一）用深厚感情做群众工作

习近平总书记在2022年春季学期中央党校（国家行政学院）中青年干部培训班开班式上强调："贯彻党的群众路线，首先要对群众有感情，真正把自己当作群众的一员、把群众的事当作自己的事。"②只有满怀对人民群众的感情，才会忧民之忧，乐民之乐。只有真正把自己当作群众的一员，走好群众路线，做好群众工作，才会把群众的事情办好。

对群众有感情，就要不忘根本，从内心深处拉近与群众的情感。要把人民群众当作自己的亲人，常怀对人民群众的感恩之情，时刻把群众的冷暖安危挂在心上、落实到行动上，倾注情感去办。要真心同人民群众交朋友。只有深入群众的生产生活，与人民群众打成一片，融入人民群众中去，真正了解他们的所思所想，才能真正体会到人民群众的伟大、可爱、可敬，才会发自内心地对人民群众产生深厚感情。

焦裕禄"心里装着全体人民，唯独没有他自己"，带领干部群众治理"三害"，兰考人民至今"看到泡桐树，想起焦裕禄"；孔繁森把自己当泥土，群众献上哈达将他铭记。对人民群众有感情，才会心里时刻想着人民群众，摆正位子、放下架子、俯下身子，时常与群众换位思考，将自己放在群众中想问题，真正成为人民群众的贴心人，赢得人民群众的认可和支持。

对群众有感情，才能在工作中时刻牵挂群众利益，才能不畏艰难，以钉钉子精神解决群众"急难愁盼"的问题。习近平总书记指出："干部要怀着强

---

① 《习近平谈治国理政》第2卷，外文出版社2017年版，第335、336页。

② 《习近平在中央党校（国家行政学院）中青年干部培训班开班式上发表重要讲话强调　筑牢理想信念根基树立践行正确政绩观　在新时代新征程上留下无悔的奋斗足迹》，《人民日报》2022年3月2日。

烈的爱民、忧民、为民、惠民之心,心里要始终装着父老乡亲,想问题、作决策、办事情都要想一想是不是站在人民的立场上,是不是有助于解决群众的难题,是不是有利于增进人民福祉,不断增强人民群众获得感、幸福感、安全感。"①

(二)从民生入手做群众工作

群众工作说到底是要让人民群众真正过得幸福。中国共产党团结带领人民进行革命、建设、改革,根本目的就是让人民过上好日子。所以,做群众工作就要从解决好人民群众普遍关心的突出问题入手,要不断满足人民群众对美好生活的新期盼。习近平总书记指出:"民生工作离老百姓最近,同老百姓生活最密切。"②要始终坚持发展为了人民、发展依靠人民、发展成果由人民共享。在推动经济持续健康发展的基础上,保证全体人民在共建共享发展中有更多获得感、幸福感、安全感。要想群众之所想,急群众之所急,解群众之所困,做好普惠性、基础性、兜底性民生建设。

要深入研究新时代民生工作存在的短板,如教育方面存在的学前教育入学难、义务教育择校热、农村教育发展滞后、进城务工人员随迁子女入学难等问题,就业方面存在的高校毕业生就业压力大、职工劳动强度大、劳动条件差、劳动权益难保障等问题,收入分配方面存在的城乡和地区间居民收入差距大、中等收入群体规模偏小等问题,社会保障方面存在的部分社会保险没有实现全覆盖、部分社会救助水平偏低和社会福利需求增长过快等问题,医疗卫生方面存在的看病贵、看病难未彻底缓解等问题,民生服务方面存在的供给不足等问题。这是当前保障和改善民生的着力点,也是做好群众工作的切入点。习近平总书记特别强调要对群众"最盼、最急、最忧、最怨"的问题抓住不放,主动调研。

保障和改善民生,要求各级党员干部发扬钉钉子精神,持之以恒抓下去,锲而不舍向前走,要做到件件有着落、事事有回音,让群众真正看到变化,得到实惠。要一件事情接着一件事情办,一年接着一年干,要实打实做好群众工作,着力解决群众反映强烈的突出问题,在事关基本民生的关键领域持续取得新进展。

---

① 《习近平谈治国理政》第3卷,外文出版社2020年版,第520页。

② 《习近平谈治国理政》第2卷,外文出版社2017年版,第361页。

(三)继承创新群众工作方法

时代在发展,中国共产党人全心全意为人民服务的宗旨没有变,“一切为了群众,一切依靠群众,从群众中来,到群众中去,把党的正确主张变为人民群众的自觉行动”的群众路线没有变,做好新时代群众工作,要继承我们党历史上行之有效的优良传统和方法,也要与时俱进创新发展。

在群众工作方法上要处理好几对关系:一是坚持思想教育与需要满足相结合,防止出现“一手硬、一手软”的问题。既要满足群众不断增长的美好生活需要,不断增强群众的获得感、幸福感、安全感,也要注意加强精神引领。要建好基础设施、用好文化设施,引导群众开展健康有益的文化活动,丰富群众的文化生活,提高群众的素质。更要把培育和践行社会主义核心价值观作为基层精神文明创建的根本任务,使之与人们日常生产生活深度融合,成为全体人民群众日用而不觉的行为准则,为群众工作创造良好精神文明氛围。二是坚持一般与个别相结合,领导与群众相结合。毛泽东同志指出:“我们共产党人无论进行何项工作,有两个方法是必须采用的,一是一般和个别相结合,二是领导和群众相结合。”[①]这是马克思主义辩证法在实践中运用的范例。做群众工作既要有一般的普遍的号召,使广大群众都能普遍知晓,并认识到工作的重要性而迅速行动起来,又要由领导者深入实际,及时发现先进人物和典型事例,解剖麻雀,取得经验,并利用这种经验去指导其他工作。总结经验的过程,也是学习的过程;推广经验的过程,也是检验完善的过程。几个反复之后,实现螺旋式上升,经验进一步丰富完善,水平进一步提高。三是教育指导与服务引导相结合。周恩来同志指出:“领导党的方式和领导群众的方式是不同的,领导群众的方式和态度要使他们不感觉我们是在领导。”[②]邓小平同志指出:“领导就是服务。”[③]领导群众不同于党内工作,不能强迫命令,不能以势压人。既要坚持教育说服,也要有共产党人为人民服务的态度和精神,寓群众工作于服务当中。四是坚持情与理的结合。既动之以情,又晓之以理,不摆架子,不耍官气。五是坚持自律与他律相结合。积极引导群众用先进思想文化教育自己、提高自己,同时采取多种形式坚持不懈地抓好公民学法、懂法、普法工作,在全社会形成遵规守

---

① 《毛泽东选集》第3卷,人民出版社1991年版,第897页。

② 《周恩来选集》(上),人民出版社1980年版,第131页。

③ 《邓小平文选》第3卷,人民出版社1993年版,第121页。

法的良好风气。六是坚持传统与创新相结合。把行之有效的传统方式与应运而生的新方法结合起来,把运用现代高科技手段与其他手段结合起来,把针对普通群众与面向特殊群众的教育方式结合起来,以多姿多彩、生动活泼、更具实效的多样化形式,不断开创新形势下群众工作的新局面。

总之,新时代群众工作方法要加强个性化、多样性、动态性、综合性,春风化雨,润物无声,务实有效。

(四)用良好形象做群众工作

习近平指出:“广大干部群众的眼睛是雪亮的,他们不但要看我们是怎么说的,更要看我们是怎么做的。‘其身正,不令而从;其身不正,虽令不从’,讲的就是这个道理。有的领导干部之所以在广大干部群众中威信高、影响力大,其中一个重要方面就是自身模范作用好、人格魅力强。”[①]做群众工作也好,做其他工作也好,领导干部都要树立良好形象,保持人格魅力。要求群众做到的领导干部自己要首先做到,要求群众不做的领导干部自己首先不做,以自己的行为教育和影响群众。

廉洁自律是共产党人为官从政的底线。习近平总书记多次强调:“鱼和熊掌不可兼得,当官发财两条道,当官就不要发财,发财就不要当官。要始终严格要求自己,把好权力关、金钱关、美色关,做到清清白白做人、干干净净做事、坦坦荡荡为官。要加强对亲属和身边工作人员的教育和约束,要求他们守德、守纪、守法。焦裕禄同志曾经亲自起草了《干部十不准》,规定干部在任何时候都不搞特殊化。他得知儿子‘看白戏’,立即拿出钱叫儿子到戏院补票。”[②]领导干部有了高尚的人格魅力,在群众中才有威信,群众工作才有说服力。

(五)健全完善群众工作制度

实现党群、干群关系的制度化是做好群众工作的重要保证。改革开放之初,邓小平在总结“文化大革命”的深刻教训时曾经鞭辟入里地指出:“不是说个人没有责任,而是说领导制度、组织制度问题更带有根本性、全局性、稳定性和长期性。”[③]在中国特色社会主义新时代,习近平总书记进一步阐发

---

① 习近平:《之江新语》,浙江人民出版社 2007 年版,第 114 页。

② 《习近平谈治国理政》第 2 卷,外文出版社 2017 年版,第 148 页。

③ 《邓小平文选》第 2 卷,人民出版社 1994 年版,第 333 页。

这一重要观点，并把制度建设摆到更加突出的位置。从做群众工作的角度来看，好的制度会对怎样联系群众作出明确、具体、可供操作的规定。有了规章制度，党员干部联系群众不再是随意的、个人的行为。党的任何组织和任何个人，都不得以任何理由和借口，拒绝到群众中去解决问题、接受监督。制度更具有强制性。好的制度，会对党员干部联系群众产生较强的约束力。有了规章制度，党员干部联系群众不再是可做可不做的事情。好的制度，会在相当长的时间里发挥作用，从而促进群众工作长期稳定规范发展。

1.要建立健全群众工作总体格局

要形成党委统一领导、组织部门牵头协调、统战部门和群团组织具体负责、有关部门各司其职，齐抓共做的群众工作大格局。全体党员都要在脑海中增强群众工作意识，通过一系列举措落实每一个党员做群众工作的职责，使每一位党员都成为群众工作的主体。

2.要建立健全民意表达机制

必须适应形势的发展变化，形成畅通的利益表达渠道。一要制定民意表达的规章制度，让群众有说话，有反映问题的地方，有敢说话的制度保障，有愿意反映问题的措施，保证人民群众“知无不言，言无不尽”。二要建立定期或不定期的民意调查制度，确定目标任务，完善奖惩措施，完整地掌握群众的思想脉搏，准确地把握民情民意。三要建立有效的信息通报制度，既要将党的方针政策及时传达到广大群众中，又要迅速将群众的意见和建议收集反映上来，保证民意能够充分表达，为完善党的方针政策、确保执政为民奠定坚实基础。

3.要健全群众工作的决策保障机制

要保证群众工作决策的正确，就必须实现决策的民主化、科学化、制度化，使党的决策与人民群众的利益和愿望相吻合。通过建立和健全群众工作的各项决策制度，包括完善决策的规则和程序、建立社情民意反映制度、建立与群众利益密切相关的重大事项社会公示制度和社会听证制度、完善专家咨询制度、实行决策的论证制和责任制等，防止决策的随意性。

4.要建立科学有效的群众工作评价督查考核机制

一是制定评价的原则和标准，最主要的标准应是群众满意、党群关系密切、社会和谐等。二是扩大群众工作绩效评价的主体,要把群众工作的对象纳入评估主体范畴,把整体性群众工作和各项具体工作交由人民群众进行评判。三是通过督查考核,检查为民办实事各种项目的落实情况,真正在为民服务中把实事办好,好事办实。

习近平总书记指出:“职务越高越要强化群众观念、增强公仆意识,越要在思想上尊重群众、感情上贴近群众,保持对人民的赤子之心。”[①]党员干部要牢记习近平总书记的嘱托,牢记初心使命,努力提高群众工作能力,始终保持党同人民群众的血肉联系,团结带领全国人民实现中华民族伟大复兴中国梦。

① 《习近平谈治国理政》第3卷,外文出版社2020年版,第508页。

17.新时期党员干部的群众工作能力:挑战与对策

何　丽*

习近平总书记在2020年秋季学期中央党校(国家行政学院)中青年干部培训班开班式上指出:"干部特别是年轻干部要提高政治能力、调查研究能力、科学决策能力、改革攻坚能力、应急处突能力、群众工作能力、抓落实能力。"①"七种能力"是习近平总书记立足当前复杂形势和艰巨任务对年轻干部提出的本领要求,也是新时代年轻干部必备的七种能力。在这七种能力中,群众工作能力是年轻干部应该具备的最基础、最核心的能力。当前,党面对的历史方位、时代背景和执政环境都发生了巨大变化,群众工作出现了新特点、新内容,对各级党员干部的群众工作能力也提出了新的更高要求。特别是年轻干部应主动适应新形势,增强工作本领,切实提高群众工作能力,做好新时代的群众工作。

一、群众工作的理论与历史逻辑

群众工作就是在党的群众路线的指导下,相信群众、依靠群众、组织群众、发动群众,为群众谋利益的一系列的工作的总称,其内核是实现、维护、保障和发展群众利益。从性质上讲,群众工作既是一种工作方法,也体现了一种工作作风,既是一种组织原则,也反映了共产党人的价值取向。从狭义上来讲,群众工作就是直接和群众打交道的工作;从广义上来讲,党和国家

---

* 何丽,中共山东省委党校(山东行政学院)科学社会主义教研部副教授。

① 《习近平在中央党校(国家行政学院)中青年干部培训班开班式上发表重要讲话强调　年轻干部要提高解决实际问题能力　想干事能干事干成事》,《人民日报》2020年10月11日。

的全部工作都包含和渗透着群众工作,群众工作贯穿于党和国家治理的全过程、各领域。

(一)群众观点植根于中国传统政治文化中的民本思想

中国共产党的群众路线理论及实践并非凭空产生,而是有着深刻的文化基因。“以民为本”是中国传统政治文化中的一个核心观点。中国古代社会的农民起义和政治更迭无不体现出一个社会定律,即民心向背是决定政治兴衰和政权存亡的关键因素。中国传统民本思想源远流长,早在殷商时期就出现了民本思想的萌芽。例如,《尚书》中提到“民为邦本,本固邦宁”[①],此后历朝历代都有一些进步思想家对民本思想进行探索和发展。孔子较早提出重民、养民思想,“道千乘之国,敬事而信,节用而爱人,使民以时”[②],意思是治理拥有千辆兵车的诸侯国,施政者应当恭恭敬敬地对待自己所从事的工作,讲求信用,节省开支,爱护百姓,役使百姓应该在农闲时间。孟子在此基础上提出了“仁政”学说,在政治上提倡“以民为本”,形成了比较完整的民本思想体系。“民为贵,社稷次之,君为轻”“是故得乎丘民而为天子”[③]等一系列论述充分体现出对民众的敬畏。荀子通过“君舟民水”的理论来形象比喻君民关系,“水则载舟,水则覆舟”[④]对君与民的关系在认识上进行了深化。由此可见,重民、保民、恤民、养民构成了中国传统政治文化中民本思想的核心,也为中国共产党群众观点的形成提供了深厚的文化根基。

中国共产党的群众观点虽然植根于中国传统政治文化,但与传统民本思想又有着本质的区别。首先,两者的最终目标不同。尽管传统民本思想也体现出古代思想家的人道主义和人文关怀,但始终没有超出封建意识形态的思想范畴。传统民本思想的出发点是以肯定和维护封建统治为前提,其最终目的是巩固皇权。其次,两者的最大差异在于对民众的地位和定位存在本质区别。传统民本思想中的民众在社会发展中并不具有主体性。“民”是与“君”“官”相对应的,“民”是属于“君”的子民,处于从属地位和被统治地位。中国共产党很早就认识到“只有人民才是历史的创造者”这一真理,人民群众才是历史和现实社会的主人。这一本质区别充分体现出中国共产党群众观点的先进性,而这一先进性来自马克思主义理论。

---

① 《尚书·夏书·五子之歌》。

② 《论语·学而》。

③ 《孟子·尽心下》。

④ 《荀子·王制》。

(二)马克思主义群众观点是中国共产党群众观点的理论来源

马克思主义群众史观的核心是尊重人民群众的主体作用,承认人民群众是历史的创造者,这也正是马克思主义理论的先进性所在。在人类历史发展中,人民群众是社会物质财富和精神财富的创造者,是社会变革的决定力量。恩格斯在讲到历史发展动力和历史发展规律的时候指出:“如果要去探究那些隐藏在——自觉地或不自觉地,而且往往是不自觉地——历史人物的动机背后并且构成历史的真正的最后动力的动力,那么问题涉及的,与其说是个别人物,即使是非常杰出的人物的动机,不如说是使广大群众、使整个整个的民族,并且在每一民族中间又是使整个整个阶级行动起来的动机;而且也不是短暂的爆发和转瞬即逝的火光,而是持久的、引起重大历史变迁的行动。”①马克思主义的群众观点回答和解决了三个问题:相信谁、依靠谁、为了谁。《共产党宣言》指出:“过去的一切运动都是少数人的,或者为少数人谋利益的运动。无产阶级的运动是绝大多数人的,为绝大多数人谋利益的独立的运动。”②这句话既深刻揭示了无产阶级运动与“过去的一切运动”的本质区别,也为无产阶级革命提供了根本的价值遵循。无产阶级政党的权力是人民赋予的,权力来自人民,因此党要相信人民、依靠人民,把群众路线作为党的根本工作路线,并始终牢记党的宗旨,把人民利益放在首位。可见,“相信谁、依靠谁、为了谁,是否始终站在最广大人民的立场上,是区分唯物史观和唯心史观的分水岭,也是判断马克思主义政党的试金石”③。中国共产党从中国传统文化中继承了民本思想,从理论上理解吸收了马克思主义的群众观点,结合中国革命的具体实际,在长期实践中形成了中国共产党的群众观点。

(三)群众路线贯穿于中国共产党的百年历史进程,密切联系群众是我们党最大的政治优势

历史和实践一再证明,一个政党的前途命运最终取决于人心向背。在中国共产党的百年发展历程中,党的诞生、发展、壮大和成熟始终离不开人民群众。中国共产党历代领导人都特别重视群众路线和群众工作。毛泽东

---

① 《马克思恩格斯文集》第4卷,人民出版社2009年版,第304页。

② [德]马克思、恩格斯:《共产党宣言》,中共中央马克思恩格斯列宁斯大林著作编译局编译,人民出版社2018年版,第39页。

③ 胡锦涛:《在“三个代表”重要思想理论研讨会上的讲话》,人民出版社2003年版,第16页。

把“从群众中来,到群众中去”的群众路线作为党的三大优良作风之一。毛泽东在党的七大上明确指出:“我们共产党人区别于其他任何政党的又一个显著的标志,就是和最广大的人民群众取得最密切的联系。全心全意地为人民服务,一刻也不脱离群众;一切从人民的利益出发,而不是从个人或小集团的利益出发;向人民负责和向党的领导机关负责的一致性;这些就是我们的出发点。”①邓小平把“人民群众拥护不拥护,赞成不赞成,高兴不高兴,答应不答应”作为各项改革政策制定的出发点和归宿。江泽民关于“三个代表”的经典论述,集中体现了党践行为人民服务的宗旨使命应当作为一个永恒的课题。胡锦涛则强调要始终把“实现好、维护好、发展好最广大人民的根本利益”作为党和国家一切工作的出发点和落脚点。进入新时代,习近平总书记明确将群众路线上升到中国共产党的生命线和根本工作路线的高度来看待,强调:“我们党的最大政治优势是密切联系群众,党执政后的最大危险是脱离群众。”②群众路线是我们党永葆青春活力和战斗力的重要传家宝。2019 年,党的十九届四中全会从 13 个方面对我国国家制度和国家治理体系的显著优势进行了全面总结,其中之一就是“坚持人民当家作主,发展人民民主,密切联系群众,紧紧依靠人民推动国家发展的显著优势”③。

二、新时期群众工作面临的形势与挑战

新时期中国共产党所处的历史方位、所面对的执政环境和时代背景都发生了巨大的变化,社会主要矛盾发生了转变,群众的需求在变。在复杂形势下开展群众工作,绝不能脱离当前的时代背景和历史方位去空谈,否则就会陷入一种形而上之中,无异于刻舟求剑。

(一)群众工作的客观形势之变

1.深刻认识社会主要矛盾的变化给群众工作带来的新挑战新要求

党的十九大报告明确指出:“中国特色社会主义进入新时代,我国社会主要矛盾已经转化为人民日益增长的美好生活需要和不平衡不充分的发展

① 《毛泽东选集》第 3 卷,人民出版社 1991 年版,第 1094~1095 页。

② 《习近平谈治国理政》第 1 卷,外文出版社 2018 年版,第 28 页。

③ 《中共中央关于坚持和完善中国特色社会主义制度　推进国家治理体系和治理能力现代化若干重大问题的决定》,人民出版社 2019 年版,第 3 页。

之间的矛盾。”[①]社会主要矛盾的变化必然对党的群众工作提出新的更高要求。解决问题要善于抓住主要矛盾和矛盾的主要方面，这是唯物辩证法的一个基本原理。党的各项工作尤其是群众工作必须围绕某个特定时段的社会主要矛盾展开，紧扣当下社会主要矛盾。供给和需求之间的关系就是主要矛盾，在这个主要矛盾当中，供给的一方是矛盾的主要方面，抓住了供给就抓住了新时代社会主要矛盾的“牛鼻子”。换言之，新时期能否走好群众路线，就取决于党和政府作为供给方能否满足人民群众升级的需求。人民对美好生活的向往，为当前群众工作指明了道路和方向。正如习近平总书记所强调的：“人民对美好生活的向往就是我们的奋斗目标。”[②]

2.当前社会结构以及群众概念发生巨大变化，群众工作的对象日趋多元化

“群众”是一个历史范畴的概念，是一个相对的概念，也是一个动态的概念。随着时代发展，社会结构正处于急剧变化的阶段。社会的财富结构、职业结构以及年龄结构都发生了巨变，“群众”这一概念包含的具体指向也发生了变化。从社会财富结构的变化来看，当前我国社会结构已经从之前的“倒丁字型”转变为“土字型”，中下层收入群体所占比重较大，解决民生和发展问题仍然是第一要务；从职业结构来看，随着时代发展和科技进步，产生了大量的新业态、新阶层和新职业群体，新职业新阶层也相应带来了更加多元化的心理和诉求；从整个社会的人口结构来看，现阶段老龄化问题日益突出。第七次全国人口普查数据显示，2020 年，全国人口[③]中 60 岁及以上的老年人口总量为 2.64 亿人，已占到总人口的 18.7%。[④] 预计“十四五”期间，我国将从轻度老龄化迈入中度老龄化阶段。一系列社会结构的急剧变化必然会给群众的主体构成和心理诉求带来冲击和影响。群众的主体构成日趋多元化，由此带来群众诉求的复杂化和群众利益的差异化更加明显。利益差异化主要体现为不同群体的诉求存在巨大差异，有些甚至是冲突和矛盾的。

---

① 习近平：《决胜全面建成小康社会　夺取新时代中国特色社会主义伟大胜利——在中国共产党第十九次全国代表大会上的报告》，人民出版社 2017 年版，第 11 页。

② 《习近平谈治国理政》第 4 卷，外文出版社 2022 年版，第 58 页。

③ 全国人口是指大陆 31 个省、自治区、直辖市和现役军人的人口，不包括居住在 31 个省、自治区、直辖市的港澳台居民和外籍人员。

④ 参见国家统计局、国务院第七次全国人口普查领导小组办公室：《第七次全国人口普查公报（第五号）——人口年龄构成情况》，《中国统计》2021 年第 5 期。

诉求复杂化表现为群众需求涵盖的面极其广泛，群众所关心的热点、难点问题既有社会保障、民生就业、安居物管、环境改造等问题，也有干部作风、分配不公等问题，覆盖了社会、政治、经济、文化等诸多领域和诸多层面，这也使得当前群众工作中的利益协调难度大大增加。社会结构和群众主体的变化也要求新时期的群众工作要紧扣时代脉搏，从社会急剧变化中发现并及时调整我们群众工作的方向。

3.新媒体技术的迅猛发展给群众工作的环境带来新变化新挑战

进入网络社会后，党与群众沟通的传统模式发生了改变。传统媒体时代，信息传播是一种从上到下、"你说我听"的单向传播。互联网时代，信息的单向传播方式被彻底改变，特别是随着近年来自媒体的出现和兴起，各种网络社交平台逐渐成为群众利益表达的新通道。互联网这种传播特点给当前开展群众工作带来了机遇和挑战。一方面，社交平台的多元化形成了新的诉求表达渠道，群众通过互联网拥有了前所未有的话语权，近年来互联网各种社交平台已经成为各级党委政府改进工作作风、促进民主监督、提高工作效率的推进器，成为各级党委政府密切联系群众、开展群众工作的有力工具；另一方面，互联网也成为各种社会思潮的集散地和社会热点事件的放大器。网上各种信息良莠不齐，不同的意识形态和社会思潮相互激荡，特别是近年来社会热点事件频频引发的网络舆情危机，给群众的思想观念造成了很大冲击，也给我们做群众工作、争取民心带来更大挑战。

(二)群众工作主体面临的挑战

各级党员干部是践行群众路线、推动群众工作的主体。正确认识"主体"在实践中存在的问题与挑战是分析问题的一个重要视角。对此，我们必须坚持实事求是的态度，运用唯物辩证法一分为二的观点看待问题。习近平总书记在党的群众路线教育实践活动工作会议上明确指出："总体上看，当前各级党组织和党员、干部贯彻执行党的群众路线情况是好的，党群干群关系也是好的，广大党员、干部在改革发展稳定各项工作中冲锋陷阵、忘我奉献，发挥了先锋模范作用，赢得了广大人民群众肯定和拥护。这是主流，必须充分肯定。"①"同时，我们必须看到，面对世情、国情、党情的深刻变化，精神懈怠危险、能力不足危险、脱离群众危险、消极腐败危险更加尖锐地

① 《习近平谈治国理政》第1卷，外文出版社2018年版，第368页。

摆在全党面前，党内脱离群众的现象大量存在，一些问题还相当严重，集中表现在形式主义、官僚主义、享乐主义和奢靡之风这‘四风’上”[①]，这一判断在充分肯定成绩的同时也清醒地看到了党自身的问题和挑战，尤其是脱离群众的现象在党内比较突出。脱离群众的现象可以概括为三种情况：一是宗旨意识淡薄导致不愿做群众工作，二是工作方法欠缺导致不敢做群众工作，三是能力水平不高导致不会做群众工作。第一种情况是思想认识层面的问题，后两种情况是群众工作能力层面的问题。具体到工作实践中，能力不足突出表现在以下几个方面。

1.沟通协调能力不足

“会说”是党员干部做好群众工作的基本功。良好的沟通可以在党员干部和群众之间架起一座桥梁，实现双方信息、思想和感情上的相通，从而形成共识、凝聚力量。党员干部的所有工作，无一不需要与人民群众之间进行有效沟通从而推进落实、增进关系。因此，党员干部要掌握沟通的规律方法，不断提高沟通能力，切实提升群众工作质效和人民群众满意度。实践中，部分党员干部缺乏沟通意识和能力，忽视沟通技巧和艺术，在面对群众时没有充分考虑到沟通对象的特点，不善于运用群众语言，甚至在和群众沟通过程中只顾单方面的输出，不顾对方的反应，这就是一种无效沟通。

2.服务群众能力不足

服务群众是践行群众路线、做好群众工作的核心任务。群众利益无小事。然而，在实际工作中，部分政府机关和党员干部依然存在服务群众能力不足的现象，尤其是一些基层党组织并没有真正实现从管理型向服务型的职能转变，没有真正发挥其领导核心和战斗堡垒作用。一些地方基层党组织虽然建立了党群服务中心，但没有突出其服务功能，导致了硬件和软件上均存在滞后的现象。在硬件方面，有些党群服务中心并未充分考虑到群众的实际需求，在为群众服务的过程中，不能站在群众立场去真实感受群众的所思所盼，最终使党组织服务群众的工作效果脱离愿景目标。在软件方面，个别地方服务管理依然存在不规范、不到位的问题，如一些地方的网络服务平台因为更新不及时而难以实现“互联网＋”线上线下协调服务的功能。

---

① 《习近平谈治国理政》第1卷，外文出版社2018年版，第368页。

3.化解矛盾能力不足

唯物辩证法认为,矛盾是普遍的。习近平总书记指出:“要学习掌握事物矛盾运动的基本原理,不断强化问题意识,积极面对和化解前进中遇到的矛盾。”[①]这就要求各级领导干部将化解矛盾视为基本职责。矛盾和问题是客观存在的,具体到群众工作实践中,人民内部矛盾也大量存在,化解人民内部矛盾是践行群众路线、做好群众工作的主要内容之一。当前,一些党员干部面对矛盾时仍然存在畏难心理。一是不善于发现矛盾。个别党员干部对于社会各个层面的风险隐患,特别是潜在的风险缺乏问题意识和忧患意识。二是不敢正视矛盾、碰触矛盾。面对问题习惯性采取“鸵鸟政策”,视而不见,遇到矛盾绕道走。三是不善于解决矛盾。有的习惯于单一思维分析问题,头痛医头、脚痛医脚,看不到事物之间的内在联系,甚至是把人民内部矛盾简单理解为用金钱可以解决的矛盾;有的缺乏问题导向,不善于发现症结和抓住主要矛盾;有些党员干部在面对矛盾时缺乏法治思维,往往通过制造一个新的矛盾来掩盖旧的矛盾,拆东墙补西墙,结果造成矛盾积重难返,最终错失解决问题和化解矛盾的最佳时机。

4.调查研究能力不足

调查研究是我们党的传家宝,是领导干部必须具备的能力之一,更是做好群众工作的基本功和前提条件。调查研究是践行群众路线、开展群众工作的第一步,第一步走好了,才能确保决策的科学性,才能真正实现党和政府的各项决策“从群众中来,到群众中去”。调研能力不足在实践中突出表现为:有些党员干部在调查研究时只是将其作为一个工作程序,蜻蜓点水、走马观花;有些缺乏问题意识,只看样板不看短板;有些只有调查没有研究;等等。这些现象不仅是工作能力不足的问题,从深层次上更反映出党员干部的工作作风问题。调查研究不实不仅影响党员干部个人的群众基础和影响力、号召力,而且会损害党的形象和政府的公信力。

---

① 《习近平在中共中央政治局第二十次集体学习时强调　坚持运用辩证唯物主义世界观方法论　提高解决我国改革发展基本问题本领》,《人民日报》2015年1月25日。

三、提高群众工作能力的方法路径

群众工作贯穿于国家和社会治理的全过程各领域，所有的党政机关、各个职能部门，甚至是每名党员干部的个人言行无形之中都在影响和塑造着党群关系。对于党员干部来说，开展群众工作，既要有感情也要有方法，既要有想法更要有能力。领导干部要得到群众的信任，绝不是靠权力，而是要靠工作能力、工作业绩和人格魅力，靠做群众工作的方法和本领。[①] 如何提升党员干部的群众工作能力应当视为一个复杂的系统工程来看待，其中至少涉及三个维度，即价值理念、思维方式与工作方法，三个维度缺一不可。价值理念是做好群众工作的核心，思维方式是做好群众工作的基础，工作方法是达成目标的手段。

(一)价值理念

思想认识是我们一切行动的先导，更是提高能力水平的先导。做好群众工作要求各级党员干部一方面摒弃“官念”，另一方面牢固树立“观念”。摒弃“官念”，现阶段最重要的就是要持之以恒反对“四风”。习近平总书记明确指出：“作风问题，核心是党和人民群众的关系问题，根本是始终保持党同人民群众的血肉联系。”[②]“如果领导干部弄不清‘为了谁、依靠谁、我是谁’，如果‘四风’问题蔓延开来又得不到有效遏制，就会像一座无形的墙把党和人民群众隔开，就会像一把无情的刀割断党同人民群众的血肉联系，那后果就严重了。”[③]摒弃“官念”的同时，更要牢固树立为民服务的“观念”，树立以人民为中心的执政理念，解决好初心使命的问题。党的十八大以来，党中央在顶层设计上作出了一系列重大部署安排，开展党的群众路线教育实践活动、“三严三实”专题教育、“两学一做”学习教育、“不忘初心、牢记使命”主题教育以及党史学习教育，这一系列活动就是为了强化党员干部的理想信念和初心使命。习近平总书记在谈到党的群众路线教育实践活动时指出必须教育和实践两手抓。教育解决的是思想认识问题，实践解决的是如何做的问题，只有教育和实践相结合，才能实现知行合一。

---

① 参见中央党校党建部编著：《党员教育培训学习辅导》，人民出版社 2020 年版，第 140～141 页。

② 习近平：《在党的群众路线教育实践活动总结大会上的讲话》，人民出版社 2014 年版，第 5 页。

③ 中共中央文献研究室、中央党的群众路线教育实践活动领导小组办公室编：《习近平关于党的群众路线教育实践活动论述摘编》，党建读物出版社、中央文献出版社 2014 年版，第 24 页。

(二)思维方式

如果说理想信念是搞好群众工作的核心,那么思维方式就是做好群众工作的基础。党的十九届五中全会上提出将系统观念作为我们党在“十四五”时期的一个重要原则。以系统观念来审视我们的群众工作,实践中需要重点把握几点原则。

1.科学决策原则

现代社会是一个高度复杂的系统,每一项政府决策所涉及的利益关系也更加复杂,甚至牵一发而动全身。这就要求我们坚持问政于民、问需于民、问计于民,拜人民为师,广泛听取基层群众和专家学者的意见。决策的科学化至少要做到三步走:一是决策前认真听取群众的意见呼声,全方位、多层次了解群众所想、所需,保证决策“从群众中来”;二是决策中集中群众智慧,认真倾听群众呼声,保证决策体现群众意志和要求;三是决策后及时“到群众中去”,在群众的实践活动中接受检验并进一步完善决策。以上三个环节缺一不可,共同构成一个循环往复的过程。

2.法治思维原则

习近平总书记在2020年秋季学期中央党校(国家行政学院)中青年干部培训班开班式上对年轻干部提出明确要求:“要自觉运用法治思维和法治方式深化改革、推动发展、化解矛盾,维护社会公平正义。”[①]党的十八届四中全会作出了全面推进依法治国,建设社会主义法治国家的战略部署。只有依法开展群众工作,才能让群众心服口服。法治思维是党员干部开展群众工作的基本要求,实践中群众提出的要求是不是合法合理,各级政府和职能部门作出的判断和结论是否站得住脚,都要看在法律法规上能否立得住。党员干部要自觉带头运用法治思维,依法办事、严于律己,自觉把个人行为严格约束在法律的框架内;要学法懂法守法,按程序办事,按规定办事,按制度办事;主动将各项工作纳入法治的轨道,运用法律手段做好群众工作;运用法治思维审视发展问题、破解矛盾难题,养成遇事找法的思维方式,不断提高运用法治思维和法治方式做群众工作的能力。与此同时,针对现实中“信

---

① 《习近平在中央党校(国家行政学院)中青年干部培训班开班式上发表重要讲话强调 年轻干部要提高解决实际问题能力 想干事能干事干成事》,《人民日报》2020年10月11日。

访不信法，信上不信下”的现象，党员干部还要积极引导普通群众信法守法、遇事找法，推动全社会形成法治信仰，实现全社会健康有序发展。

3.差异化原则

群众就像一片汪洋大海，其中的个体千差万别。1943 年，毛泽东指出：“任何有群众的地方，大致都有比较积极的、中间状态的和比较落后的三部分人。故领导者必须善于团结少数积极分子作为领导的骨干，并凭借这批骨干去提高中间分子，争取落后分子。”[①]这段话既蕴含了党的领导方法，又体现了群众工作的方法。群众工作是做关于人的工作，要区别对待不同群体，因人而异。差异化思维，从本质上讲就是要掌握“什么钥匙开什么锁”的工作方法，工作对象不同，群众工作的方式方法也有所区别，不能一刀切。因人而异的同时还要具体问题具体分析。实践中，群众的诉求既有合理合法的，也有不合理不合法的，这就需要我们运用马克思主义的基本原理，对现实中的不同情况进行区分处理，在做好区分的基础上把握“四个到位”：合理的解决到位，即对法律法规和政策有明确规定的，要一次解决到位；不合理的解释到位，即对群众提出一些过高或不符合政策的诉求，要实事求是地加以说明和解释，耐心细致地做好思想疏导工作；有困难的帮扶到位，即对诉求不合理但生活确实有困难的，可以采取政府救助、社会救济、民间互助等方式进行帮扶；违法的打击到位，即对坚持无理要求、缠访闹访的违法人员，要依法严肃处理。

（三）工作方法

当前，面对群众工作对象更加多元、群众诉求更加多样、群众工作环境更加复杂的新情况新问题，党员干部要在群众工作的丰富实践中，不断学习和深入研究新形势下群众工作的特点和规律，用好群众工作方法的“三字诀”，推动群众工作创新发展。

1.真调研

调查研究是我们党的优良传统，也是做好各项工作的基本功。习近平总书记在 2020 年秋季学期中央党校（国家行政学院）中青年干部培训班开班

① 《毛泽东选集》第 3 卷，人民出版社 1991 年版，第 898 页。

式上明确提出要求:“年轻干部要提高调查研究能力。调查研究是做好工作的基本功。一定要学会调查研究,在调查研究中提高工作本领。”①调查研究是走好群众路线和开展群众工作的第一步,充分调查研究才能有效掌握实情,切合群众实际。调查研究的关键在于“真”,要察真情、求实效,带着真心服务群众的感情和为百姓解决问题的初心开展调研。调查研究更是检验党员干部工作作风的一扇窗口,在实践中要坚决克服调查研究走过场的现象。尤其对年轻干部来说,只有真正沉下心来、扑下身子,深入基层一线,才能听到真实的声音,才能在调查研究中增进同人民群众的感情、拉近与群众的关系,真正做到从群众中来、到群众中去。基层情况往往复杂棘手,只有通过亲身融入、亲身感受的实践调研,才能全方位了解问题,有的放矢地解决问题。

2.办实事

善于抓主要矛盾是唯物辩证法的重要方法论。具体到群众工作中,马克思主义这一基本原理要求我们从群众的切身利益出发开展群众工作,解决好群众当前最关切的实际问题和利益问题。习近平总书记明确指出:“要面对面、心贴心、实打实做好群众工作,把人民群众安危冷暖放在心上,雪中送炭,纾难解困,扎扎实实解决好群众最关心最直接最现实的利益问题、最困难最忧虑最急迫的实际问题。”②毛泽东也曾经告诉全党:“我们应该深刻地注意群众生活的问题,从土地、劳动问题,到柴米油盐问题。”“一切这些群众生活上的问题,都应该把它提到自己的议事日程上。”③提高群众工作水平,就是要聚焦群众身边的“急难愁盼”问题,增强为民服务的能力。从人民群众最关心、最直接、最现实的事情做起,从群众牵肠挂肚的民生实事做起,将其作为推动群众工作的抓手,努力让改革发展成果惠及全体人民。

---

① 《习近平在中央党校(国家行政学院)中青年干部培训班开班式上发表重要讲话强调 年轻干部要提高解决实际问题能力 想干事能干事干成事》,《人民日报》2020年10月11日。

② 习近平:《在庆祝“五一”国际劳动节暨表彰全国劳动模范和先进工作者大会上的讲话》,人民出版社2015年版,第8页。

③ 《毛泽东选集》第1卷,人民出版社1991年版,第138页。

3.善沟通

沟通是一门艺术,良好的沟通同样是党员干部做好群众工作的基本功。首先,了解和掌握群众心理是进行有效沟通的前提。了解掌握群众的心理情感变化规律,才能从感情上贴近群众,为下一步的沟通打下良好的基础。其次,沟通要注意方式。俗话说,“良言一句三冬暖”。党员干部在和群众打交道时要学会换位思考,体察群众情绪,善于化解群众的不良情绪。从理解群众、尊重群众的角度出发,以平等互动的方式与群众对话交流。用真心面对群众,用真诚引导群众,消除群众的心理障碍。最后,善于运用群众喜闻乐见的语言。恰当的语言可以引发共情,拉近双方的距离。跟基层群众说话,就要讲接地气的“土话”,善于运用群众语言。我们党的历代领导人都是善用“大白话”解释“大道理”的典范。毛泽东曾经指出:“共产党员如果真想做宣传,就要看对象,就要想一想自己的文章、演说、谈话、写字是给什么人看、给什么人听的,否则就等于下决心不要人看,不要人听。”①

4.借好力

新时期做好群众工作不仅要善于用力,更要善于“借力”。各级党员干部要充分发挥战斗堡垒和先锋模范作用,善于在群众工作上用力,在这个基础上还要调动一切可以调动的资源,通过全社会的广泛参与实现“接力跑”,打通服务群众、联系群众的“最后一公里”。

首先,做好群众工作要善于借互联网之力。当前,互联网的广泛运用和自媒体的快速发展在给群众工作带来挑战的同时也带来了更多的机遇。群众工作的场域从过去传统媒体时代的“面对面”转变为“键对键”。截至 2022 年 12 月,我国网民规模达 10.67 亿。② 网络社会是现实社会的延伸,新时代的群众路线要做到“从网民中来,到网民中去”,将“面对面”与“键对键”相结合。习近平总书记指出:“网民来自老百姓,老百姓上了网,民意也就上了网。”③“各级党政机关和领导干部要学会通过网络走群众路线,经常上网看

---

① 《毛泽东选集》第 3 卷,人民出版社 1991 年版,第 836 页。

② 参见中国互联网络信息中心:《第 51 次〈中国互联网络发展状况统计报告〉》,2023 年 3 月 2 日,https://www.cnnic.net.cn/n4/2023/0303/c88-10757.html。

③ 中共中央党史和文献研究院编:《习近平关于网络强国论述摘编》,中央文献出版社 2021 年版,第 4 页。

看,潜潜水、聊聊天、发发声,了解群众所思所愿,收集好想法好建议,积极回应网民关切、解疑释惑。"[①]走好网上群众路线,要求各级党员干部要懂网、用网。"懂网"就是要了解和掌握网络的传播规律。网络改变了舆论产生、传播的方式和政府舆论主导权的唯一性,当今社会的话语权呈现出明显的去中心化特征。在"懂网"的基础上还要善于"用网",树立互联网思维,积极运用网络了解民意、开展群众工作。例如,近年来各地出现的市长、县长直播带货,这种方式不仅可以带动当地经济的发展,还可以拉近与年轻网民的距离,成为新时期践行群众路线的一种新尝试。

其次,做好群众工作要善于借各类平台机制之力。群众工作无处不在,渗透到社会生活的方方面面,只有起点没有终点。在实践中,要充分发挥党和政府联系群众的各种渠道、机制和平台的作用。推动线上线下平台的融合贯通,善于运用大数据做好新时代的群众工作,形成服务群众的系统效应;充分发挥工青妇等群众团体联系特定群众的桥梁纽带作用,形成群众工作大家做、就近做、随时做的良好格局;充分发挥信访了解民情、维护民利的作用。习近平总书记明确指出:"信访是送上门来的群众工作,要通过信访渠道摸清群众愿望和诉求,找到工作差距和不足,举一反三,加以改进,更好为群众服务。"[②]

最后,做好群众工作要善于借群众之力。习近平总书记强调:"人民是历史的创造者,群众是真正的英雄。"[③]相信群众、依靠群众、发动群众本就是群众路线的应有之义,善于发动群众也是我们党的一个优良传统。如果仅凭各级政府部门和党员干部的力量单打独斗,不仅无法承担海量的治理工作,而且群众工作的效果也会大打折扣,尤其是在高度复杂的现代社会中,善于向群众借力对于实现善治尤为重要。只有充分调动广大群众的积极性、主动性,依靠民力、善用民智,凝聚干群力量参与社会治理,才能够推动改革发展各项工作顺利开展。"枫桥经验"之所以能够取得成功,正是因为当地干部充分发挥了群众的积极性、主动性,依靠群众、发动群众,实现就地

---

① 中共中央党史和文献研究院编:《习近平关于网络强国论述摘编》,中央文献出版社 2021 年版,第 4 页。

② 《习近平在中央党校(国家行政学院)中青年干部培训班开班式上发表重要讲话强调 筑牢理想信念根基树立践行正确政绩观 在新时代新征程上留下无悔的奋斗足迹》,《人民日报》2022 年 3 月 2 日。

③ 《习近平谈治国理政》第 1 卷,外文出版社 2018 年版,第 5 页。

解决问题。群众的智慧和力量是无穷的,在实践中要广泛挖掘群众中的各种专业人士、乡贤能人、社会工作者、专业团体和各行各业的带头人,将其纳入群众工作中统筹定位、精准发力,依靠群众力量做好群众工作,积极引导群众实现自治。总之,群众工作的实践是生动而具体的,需要我们在丰富的实践中不断探索和创新群众工作的方法,构建全方位、多层次和立体化的群众工作网络。

18.反对空谈　要抓落实

季冬晓*

事业的成功主要取决于两大因素：一是决策正确，二是落实到位。一分部署，九分落实。是不是讲政治，党性强不强，要看是不是坚决落实党组织的决策部署。

一、落实的基本理论问题

(一)"抓落实"的理论脉络

"抓落实"的理念来源于马克思主义的科学实践观。马克思主义认为实践是检验认识的唯一标准。人们不但要认识世界，更要改造世界。马克思主义坚决反对空谈而注重行动、强调实践，这是因为马克思主义哲学本身具有鲜明的践行实干的特性。马克思指出："哲学家们只是用不同的方式解释世界，问题在于改变世界。"①"一步实际运动比一打纲领更重要。"②行胜于言，行动者必然要面向实际，真抓落实。对于抓落实问题，列宁提倡共产党人要"少讲空话，多做实事"③。列宁曾多次引用拿破仑的名言："首先要投入真正的战斗，然后便见分晓。"④投入战斗，就是要实干、真干，一定要落实、干成，意在强调凡事不应夸夸其谈，重要的在于行动。抓落实的过程，是认识

---

* 季冬晓，中共山东省委党校(山东行政学院)党的建设教研部教授。

① 《马克思恩格斯选集》第1卷，人民出版社2012年版，第136页。

② 《马克思恩格斯选集》第3卷，人民出版社2012年版，第355页。

③ 《列宁全集》第34卷，人民出版社2017年版，第49页。

④ 《列宁全集》第43卷，人民出版社2017年版，第376页。

向实践飞跃的过程，是马克思主义科学实践观的重要表现。对于“抓落实”，我们党的主要领导同志先后都有过很多精辟的阐述。毛泽东同志在《党委会的工作方法》一文中通俗生动地讲解了要注重抓落实的道理：“什么东西只有抓得很紧，毫不放松，才能抓住。抓而不紧，等于不抓……不抓不行，抓而不紧也不行。”[①]党委对于主要的工作，不但要能够抓住，而且要能够抓紧。任何东西只有抓得很紧、没有丝毫放松，才能抓住。一方面抓与不抓是一个立场与态度的问题，另一方面抓而不牢、抓而不实是工作上存在莫大隐患和弊病的问题。这两者都涉及是否抓落实的根本问题。既要抓，又要抓实，党的任何一项工作和任务，归根到底都要在落实上下功夫。对于抓落实，邓小平同志同样有精彩的论述：“路线是非基本澄清了，规划制订了，措施提出来了，群众已经发动起来了。现在，摆在我们各级党组织面前的事情，就是要鼓实劲，要切实解决问题，要踏踏实实地工作。一句话，就是要落在实处。”[②]“进入改革开放的新时期后，邓小平同志突出强调，世界上的事情都是干出来的，不干，半点马克思主义都没有。”[③]这告诉我们，只有把嘴上说的、纸上写的、会议形成的决议转变成具体的行动、实际的效果和人民能够得到的利益，工作才算做到位、做到家。“江泽民同志强调‘落实，落实，再落实，因为这是做好一切工作的关键环节’。”[④]胡锦涛同志强调：“脚踏实地，埋头苦干，讲实效，办实事，坚决反对形式主义和官僚主义。”[⑤]这些论述，把抓落实的重要意义和基本要求讲得很清楚很深刻，体现了党的主要领导对抓落实这一问题的高度重视和深度把握。如果落实工作抓得不好，再好的方针、政策、措施也会落空，再伟大的目标任务也实现不了。

习近平总书记的抓落实思想正是继承了马克思主义的科学实践观，反对空谈，提倡实干，认真把各项工作落到实处。习近平指出：“抓落实，从各级党委、政府和领导干部工作方面讲，就是抓党和国家各项方针政策、工作部署和措施要求的落实。落实到哪里去？就是落实到实践中去，落实到基层中去，落实到群众中去，使之成为广大党员、干部、群众的自觉行动，以确

---

① 《毛泽东选集》第4卷，人民出版社1991年版，第1442页。

② 《邓小平文选》第2卷，人民出版社1994年版，第99～100页。

③ 中共中央文献研究室编：《改革开放三十年重要文献选编》(下)，中央文献出版社2008年版，第1688页。

④ 中共中央文献研究室编：《十七大以来重要文献选编》(下)，中央文献出版社2013年版，第196页。

⑤ 《胡锦涛文选》第2卷，人民出版社2016年版，第10页。

保党和国家确定的目标任务顺利实现。”[①]关于如何抓落实，习近平总书记在党的十九大报告中提出了明确要求：“增强狠抓落实本领，坚持说实话、谋实事、出实招、求实效，把雷厉风行和久久为功有机结合起来，勇于攻坚克难，以钉钉子精神做实做细做好各项工作。”[②]2020 年 10 月，习近平总书记在中央党校（国家行政学院）中青年干部培训班开班式上发表重要讲话，明确要求干部要提高包括抓落实能力在内的七种能力，并指出：“干事业不能做样子，必须脚踏实地，抓工作落实要以上率下、真抓实干。”[③]在习近平总书记抓落实思想的指导下，全国上下形成了“崇尚实干、狠抓落实”的思想共识和强大合力，各级领导自觉把“狠抓落实、敢于担当”作为自身的行动准则，社会风气焕然一新。

从习近平总书记强调抓落实的论述中我们不难看出，“抓落实”是习近平总书记多年来在实践中凝结成的深刻思想。抓落实考验的是党性，强调的是政治自觉。党员干部从在党旗下许下铮铮誓言那刻起，就要忠诚履行组织决定，自觉服从组织安排，不折不扣落实组织交办的工作，时时刻刻以党的标准规范自己，以党的要求指引行动。党员干部的岗位和职权都是党和人民赋予的，党员干部的责任就是要对党和人民负责。这就要求党员干部必须以习近平总书记提出的好干部要求为遵循，紧密联系自己的思想、工作实际，时时反查自己，自觉加强党性修养，始终做到心中有党、心中有民、心中有责、心中有戒，坚决做到令行禁止，始终把党性、纪律贯彻到抓落实的全过程，把抓落实作为一种政治自觉、一种能力要求、一种工作操守。

（二）落实的核心要义

落实指使计划、措施、政策得以实现，由主观到客观，由理论到实践的过程。落实是一种行为，而行为本质上受到观念、责任、意志、文化等因素的影响和制约。

第一，落实是一种观念。观念决定思想，思想支配行为，行为决定结果。观念能左右我们的思想和认识，能左右我们的行为和方式，能左右我们的目

---

① 中共中央文献研究室编：《十七大以来重要文献选编》（下），中央文献出版社 2013 年版，第 195 页。

② 习近平：《决胜全面建成小康社会 夺取新时代中国特色社会主义伟大胜利——在中国共产党第十九次全国代表大会上的报告》，人民出版社 2017 年版，第 69 页。

③ 《习近平在中央党校（国家行政学院）中青年干部培训班开班式上发表重要讲话强调 年轻干部要提高解决实际问题能力 想干事能干事干成事》，《人民日报》2020 年 10 月 11 日。

标和结果。我们要想落实好工作,就必须树立有利于落实的观念,克服阻碍落实的观念。强化干部抓落实能力,从根本上讲,就要坚定地培育塑造党政干部的理想信念、大力抓好党政干部的政治理论学习。理想信念是共产党人精神上的"钙",没有理想信念或理想信念不坚定,精神上就会缺"钙",就会患"软骨症"。坚定的理想信念,是鼓舞一代又一代共产党人前仆后继、英勇奋斗的无穷力量。每一位共产党员都要有渴望为中国特色社会主义事业作出贡献的决心和斗志,这是强化党政干部抓落实能力的永不枯竭的源泉。

第二,落实是一种责任。落实不仅是一种观念,更是一种责任。责任就是担当,就是付出,就是分内应该做的事。各级党政干部应将为党尽责、为民造福作为抓落实的出发点,把国家和人民的眼前利益和长远利益结合起来,把促进经济社会发展和促进国家富强、人民幸福结合起来,而不是把政绩当作树立形象、升迁铺路的资本。要把抓落实当作一种"干事光荣、避事可耻"的责任担当。现在有些干部工作落实不力、无所作为,其中一个重要原因就是缺乏责任意识和担当精神。要是各级领导干部都能够像共产党员的优秀代表焦裕禄、谷文昌、沈浩、张广秀那样,克己奉公,顾全大局,勇于开拓,敢于担责,还有什么局面打不开、什么工作推不动呢?每位领导干部,不管身处哪个行业、哪个职位,都要经常掂一掂肩上的担子有多重,想一想承担的责任有多大,确保人人履职、个个尽责,这样才能汇聚成发展的强大力量。

第三,落实是一种意志。真正以实际行动来实现目标、完成任务需要坚持不懈的努力,需要坚韧不拔的意志。世上最容易的事是坚持,最难的事也是坚持。说它容易,是因为只要愿意做,任何人都能做到;说它难,是因为真正能坚持做到的,终究只是少数人。落实,是一种意志的较量。有了坚定的意志,才能把简单的事情千百万次地做好;有了坚定的意志,才能把大家公认的非常容易的事情认真地做好;有了坚定的意志,才能把决策真正地实践好,最终达到设定的目标和标准。

第四,落实是一种文化。当所有的组织成员在头脑中都确立了落实的观念,对组织的任何一项制度、措施、政策、任务等都能坚持不懈地贯彻落实,并且形成一种落实的习惯时,落实也就成了一种文化。落实作为一种文化,对组织成员起着内驱力的作用。要想把工作完成得更好,必须在单位内努力营造一种人人讲落实、人人重落实的文化氛围。

因此,落实就是一种在观念、责任、意志、文化基础之上完成任务、实现计划的行为。落实能力就是完成任务、实现目标的能力。

二、探寻落实不力的根源

受复杂的历史和现实因素的影响，一些部门、单位和个人存在着工作不落实或落实不力的问题，这不能不引起我们的高度重视。比如，有的消极“避事”，工作拈轻怕重，岗位挑肥拣瘦，不愿去艰苦地方，主动要求退居二线或改任非领导职务；有的畏缩“避难”，遇到矛盾绕道走，碰到困难往后缩，面对群众诉求躲着行，满足于当四平八稳的“太平官”；有的推诿“避责”，为了不出事宁可不干事，层层上交矛盾、推诿责任，凡事都要找先例、找依据，对一些完全可以正常办理的事非要见到红头文件、会议纪要、领导签字才推进，对一些“边缘地带”的工作能推就推、能不做就不做。凡此种种，给我们的工作带来了很多危害。因此，需要我们探寻落实不力的根源，以便对症下药，真正抓好落实。

落实不力的根源，可以从主观和客观两个层面剖析。主观层面既有领导者又有落实者的原因。第一，就领导者而言，当下级出现落实不力问题的时候，领导有两个方面的责任是不可推卸的：一是领导者在作决策方面的责任，如果领导者的决策本身存在瑕疵，本身就不科学，那么在落实工作中是必然会出现问题的；二是领导者在选人用人方面的责任。总之，不要简单地把落实不力的问题全部归结为下级的问题，从领导自身找原因也是一种非常有效的解决思路。第二，就落实者而言，工作落实不力，一是抓落实的意识不够，二是抓落实的作风不良，三是抓落实的方法不当，四是抓落实的能力不足。客观层面存在的不利于落实的因素有：第一，组织内部没有形成真正有利于落实的文化。第二，组织内部缺少有效的保证落实的制度。一是缺少落实的目标责任制度，科学合理的目标责任制度必须确保任务、人员、标准、时限明确，但我们的许多组织却缺乏这种合理的目标责任制度；二是缺乏科学合理的监督检查制度，有些组织虽然安排了工作任务，但任务是否完成、完成得怎么样，却没有合理的监督检查制度，让落实任务的人处于放任自流的状态，这样是无法真正落实工作的；三是缺乏科学合理的奖惩追究制度，如果奖惩追究制度不合理，那么任务落实得好的人得不到合理的表扬奖励，落实得不好的人也没受到应有的惩罚，这势必会挫伤落实得好的人的积极性，大大影响落实效果。第三，落实的流程过于烦琐，流程的烦琐往往会令落实者无所适从，失去耐心，使落实效果大打折扣。

三、提高抓落实能力的途径

具体来说，我们可以从基本立场、总体思路、具体对策三个层面来提高抓落实能力。

（一）基本立场

抓落实的基本立场是人民立场。全心全意为人民服务是党的根本宗旨，党的各项工作都必须坚持以最广大人民的根本利益为出发点和落脚点。从这个意义上讲，是否抓落实直接反映着领导干部的宗旨意识和党性。在新时代中华民族伟大复兴的进程中，领导干部要始终牢记全心全意为人民服务的宗旨，积极为实现人民对美好生活的向往的目标而努力奋斗。领导干部抓落实的过程，就是全心全意为人民服务的过程，正所谓“为政之道，以顺民心为本，以厚民生为本”①。党的十八大以来，民生始终是习近平总书记念兹在兹的重大关切，贯穿于党中央治国理政的方方面面，在以习近平同志为核心的党中央的坚强领导下，惠民举措持续出台，民生改革不断深化，人民群众的获得感、幸福感不断增强，极大地凝聚了人心，提振了信心。实践启示我们，坚持以人民为中心的发展思想，必须把增进人民福祉、促进人的全面发展作为出发点和落脚点。国家富强、民族复兴，最终要体现在亿万人民生活不断改善上，体现在老百姓的好日子中。这是我们党不变的初心，也是我们这一代共产党人肩上沉甸甸的责任。“治国有常，而利民为本”②，落实以人民为中心的发展思想，不能只停留在口头上，而应突出问题导向、回应民生关切，想群众之所想、急群众之所急、解群众之所困，多做暖人心、得人心的实事。“民惟邦本，本固邦宁。”③各地各部门和各级干部谋划工作，要把民生放在更加重要的位置，坚持稳中求进工作总基调，在保持经济增长的同时，让改革发展成果更多更公平地惠及全体人民。“享天下之利者，任天下之患；居天下之乐者，同天下之忧”④，在以习近平同志为核心的党中央坚强领导下，落实以人民为中心的发展思想，把中央关于民生工作的决策部署落到实处，我们就能更好地凝心聚力，交出经济社会发展的新答卷，做到老

① 《程书分类·伊川文集·代吕晦叔应诏疏》。

② 《淮南子·氾论训》。

③ 《尚书·五子之歌》。

④ 苏轼:《赐新除中大夫守尚书右丞王存辞免恩命不允诏》。

百姓关心什么、期盼什么,改革就抓住什么、推进什么,通过改革给人民群众带来更多的幸福感、获得感和安全感。

(二)总体思路

抓落实的总体思路包括三个方面:坚持科学思维,构建落实文化,突出团队协作。

1.坚持科学思维

在抓落实的过程中,有许多矛盾需要有效解决,有许多关系需要正确处理,有许多难题需要积极破解,要做到这些,离不开科学思维。这需要我们以辩证思维谋篇布局,以战略思维把握形势,以历史思维认识规律,以创新思维开拓思路,以法治思维解决矛盾,以底线思维化解风险。比如,善用战略思维抓落实。各级领导干部要提高政治站位,努力从战略上把握发展走向,从全局上破解改革难题;要从增强"四个意识",坚定"四个自信",做到"两个维护"的高度,落实好习近平新时代中国特色社会主义思想,努力成为党的政治建设的引领者、实践者、推动者;要从推进国家治理体系和治理能力现代化的高度,落实好党和国家的决策部署。又如,善用创新思维抓落实。改革开放以来取得的成就充分证明,只有不间断地解放思想、敢于创新,才会有一次次的超越发展。这就要自觉破除眼光局限,革除思维惯性,善于逆向思维,谋划思路和出路,解决矛盾和问题。

2.构建落实文化

良好的落实文化,对组织成员起着巨大的激励和引导作用;不良的落实文化,则制约着组织成员落实能力的发挥,最终影响落实。一般说来,在一个组织中,落实文化主要包括认同文化和求实文化。

一是构建认同文化。在落实工作中,很多组织的所谓落实力缺陷,是因为认同感没有建立起来。所以,落实力的问题很多时候是一个情绪和情感引导的问题。这就给领导干部提出了比较高的要求,要求领导干部必须真懂下级的心理,必须要在布置任务的过程中敏锐地捕捉到下级的心理状态和情绪状态,然后想方设法地巧妙地引导他们接受这个任务。因此,我们要高度重视认同文化的建立,它对落实力有着最基础的影响。

二是构建求实文化。求实的本质就是实事求是。毛泽东同志在《改造我们的学习》中指出:"'实事'就是客观存在着的一切事物,'是'就是客观事物的内部联系，即规律性，‘求’就是我们去研究。”①“实事求是”不仅是我们党的思想路线，也是我们各级各类组织抓好落实工作的一项最基本的原则。实践证明，凡是能够有效落实的单位，都是具有求实文化氛围的单位。弘扬实事求是精神，首要的就是要树立科学发展观和正确政绩观，把中央政策和本地实际结合起来，切实转变经济增长方式，统筹城乡发展、区域发展、经济社会发展、人与自然和谐发展，实现经济发展和人口、资源、环境相协调，坚持走生产发展、生活富裕、生态良好的文明发展道路，保证一代接一代地永续发展。习近平指出：“求真务实、真抓实干的对立面，就是弄虚作假，搞形式主义。”②形形色色的形式主义有一个共同的特点：只重形式不讲内容，只喊口号不去行动。这势必助长弄虚作假、华而不实、投机取巧、好大喜功的浮夸作风，必然与求真务实的优良作风格格不入。因此，党政干部要真正做到抓落实，就一定要树立求真务实的工作作风。大力发扬实事求是精神，还需要继续完善干部选拔任用制度，探索科学合理的考核标准和方法。靠制度制约，坚决消除那些搞“形象工程”“数字升官”等的不正常现象，对那些品行端正、埋头本职工作、作风扎实的党员干部在职级、待遇等方面给予倾斜。通过正确用人导向，创造人人想干事、能干事、干成事，个个以服务群众为己任的良好氛围。

3.突出团队协作

一个团结协作的集体，落实各项工作就不是难事，这就需要我们创建优秀的落实团队。一是以德才服人。领导干部的职务是组织任命的，但职务仅仅是权力、影响力，最终履职尽责更多地要靠能力水平和品格魅力，否则，德才不配位，事必无所成。因此，领导干部在抓落实过程中，应通过持续深入地学习，不断积累、沉淀，提升自己。要崇尚品德，做到有容人之量、有助人之心、有君子之风；要崇尚才干，做到有目标、有思路、有重点、有能力、有魄力、有成就、有业绩。唯有此，才能以德才服人，才能做到春风化雨、润物无声。二是以公心做事待人。领导干部为官一任、主政一方，因为手中有权，群众莫不求之，下属莫不畏之，同事莫不敬之，领导干部当以公心示人，方能以公心服众，抓好工作落实，成就一番事业。“公”就是公正做事、公道

① 《毛泽东选集》第3卷，人民出版社1991年版，第801页。

② 中共中央文献研究室编：《十七大以来重要文献选编》（下），中央文献出版社2013年版，第201页。

用人，不以个人好恶、亲疏、关系为处事标准，一碗水端平，按规章制度办事。三是以慧眼识人用人。要想党和人民的事业不断发展，就要把各方面人才更好地使用起来，聚天下英才而用之。“行有不得者，皆反求诸己”[①]，工作难落实的原因，往往不是无人可用，而是领导干部没有对人员进行科学调度，没有做到识才用人，没有把最适合的人摆在最关键的位置上。每个人都有长处，要充分发挥团队中每个人的长处，使全体人员心往一块想、劲往一处使。

（三）具体对策

抓落实主要包括六个具体对策：率先垂范抓落实，因地制宜抓落实，突出重点抓落实，雷厉风行抓落实，持之以恒抓落实，完善制度抓落实。

1.率先垂范抓落实

“火车跑得快，全靠车头带”，领导干部对于抓落实的重视程度、工作力度以及是否身体力行率先垂范，极大地影响着抓落实工作的成效。领导干部是改革发展的决策者，是各项工作的推动者，更是抓落实谋突破的先行者。各级领导干部要牢固树立“提升一级想问题，降低一级抓落实”的理念，带头到基层一线去，到项目现场去，到困难和问题多的地方去；要以身作则、率先垂范，凡是要求同志们做到的，自己首先要做到，凡是要求同志们不做的，自己首先不做，坚决不搞“双重标准”。坚持领导带头、率先垂范，是我们党落实工作的最基本途径。

2.因地制宜抓落实

矛盾的普遍性和特殊性及辩证统一原理是唯物辩证法关于矛盾问题的精髓。抓落实，说到底就是抓好党和国家的路线、方针、政策及上级决策部署的贯彻落实。党的路线方针政策是面向全局和具有普遍指导意义的，但各地情况千差万别，这就要求各级领导干部必须把上级精神同具体实际相联系，因地制宜抓落实。不同地区、不同部门和不同单位发展情况各不相同，有各自优势长处，也面临不同的短板弱项。要真正做到抓落实，就必须结合实际，因地制宜，就好比敲钉子不能光凭蛮力，逢墙乱钉，而是要根据墙面的不同情况来区别对待，碰到容易脱落或者开裂的墙面时，要想办法先修

① 《孟子·离娄章句上》。

补墙面，打好敲钉子的基础。因此，我们在抓落实工作中要密切联系本地区本部门本单位的具体实际情况，而不是依葫芦画瓢、照搬照套、上下一般粗，更不能简单地"以会议落实会议，以文件落实文件"。只有深入调查，吃透上情、摸清下情，才能理清头绪，找准上级精神和本地实际的具体结合点，制定具体科学的工作目标和工作举措。

3.突出重点抓落实

事物的主要矛盾决定着事物的发展，抓住了主要矛盾，就抓住了解决问题的关键。抓落实，说起容易做来难。我们的工作千头万绪，错综复杂。我们很多时候有可能会被一些日常的现象牵着鼻子走，被动应对，非常辛苦，非常忙碌，但收效和付出却不成正比，工作局面难以有大的突破。问题出在哪里？有一条是很重要的，在于看不清什么是主要的、起决定作用的因素，什么是次要的、处于服从地位的因素；在于看不清什么是一时起作用的因素，什么是长远起作用的因素，从而不能及时抓住并集中力量解决主要矛盾。在抓落实的过程中，"全面"不是撒胡椒面，"系统"不是平均用力，举一纲万目张，解一卷众篇明，必须突出重点抓落实。要胸怀"国之大者"抓落实。提升政治判断力、政治领悟力、政治执行力，自觉把本单位工作置于党和国家全局中思考和谋划，深入贯彻习近平总书记的重要指示精神，确保党中央决策部署在本单位不折不扣地落实。要聚焦"责之重者"抓落实。抓落实，要立足新发展阶段，贯彻新发展理念，融入新发展格局，全力推动高质量发展。要锚准"事之难者"抓落实。深入困难最多、问题最大的地方，挑最重的担子，啃最硬的骨头。打通堵点，消除痛点，攻克难点，确保各项工作抓紧抓实、抓出成效。心系"民之盼者"抓落实。江山就是人民，人民就是江山。民生无小事，在群众"最盼"上见真情，在群众"最急"上动真招，在群众"最难"上下真功，从根本上提升人民群众的获得感和幸福感。突出重点抓落实，是工作方法，更是工作能力。要心中有数抓得准，把握关键主体、关键环节，以重点带全局，要学会弹钢琴，把两点论和重点论统一起来，要统筹兼顾，更要善于抓重点，牢牢把握工作主动权，确保各项目标任务圆满完成。

4.雷厉风行抓落实

抓落实，就必须强化时间观念和效率意识，弘扬"立即行动，马上就办"的工作理念，克服工作懒散、办事拖拉的不良习惯。当上级领导部署工作后，我们要及时跟进，及时回应，及时反馈；当我们布置一项任务后，要及时督查，及时纠偏，及时评价等。只有强化效率意识，才能把握住落实的时效性，才能使落实更有效。当情况已经弄清、决心已经下定后，工作抓得紧不紧、狠不狠便成为关键。当任务确定后，毛泽东同志便全力以赴、雷厉风行，千方百计采取有力措施来打开局面。毛主席在新中国成立之初领导“三反”运动时，不仅提出方针而且亲自督办，不仅提出任务而且交代方法。在“三反”运动的紧张日子里，毛主席几乎每天晚上都要听取汇报，经常参加办公会议并亲自指导。到“三反”运动后期，毛主席又以很大力量来落实工作，确定具体的政策原则和处理方法，树立典型示范案例，妥善处理运动过程中发生的问题，做好善后工作，而不是草草收兵。“三反”运动前后共半年左右时间，对于治理刚开始蔓延的贪污腐败行为、树立廉洁勤政新风起了巨大作用，为国家进行大规模经济建设创造了良好的社会氛围。习近平同志刚到福州担任市委书记时，福州一些干部精神不振、作风懒散的问题比较突出，习近平同志便要求发扬“马上就办”的工作精神，认真落实，改进工作。经过短短一年多的时间，“马上就办”成为福州的一句流行语。讲效率、抓落实，成为福州各级干部的行动指南。“马上就办，真抓实干”的优良传统，是习近平同志留给福州干部群众的宝贵精神财富，彰显了雷厉风行、紧抓快办的工作作风，忠诚担当、无私奉献的实干精神，不忘初心、为民服务的公仆情怀。我们抓落实，就必须强化时间观念和效率意识，克服工作懒散、办事拖拉的不良习惯。

5.持之以恒抓落实

领导干部在抓落实过程中，还要有“功成不必在我”的理念和境界，注意防止和纠正各种急功近利的行为，不贪一时之功，不图一时之名，多干打基础、利长远的事。右玉是一片风沙成患的不毛之地。解放之初，全县森林覆盖率不足0.3%，土地沙化率达到76%。经过70多年的不懈努力，右玉20多任县委书记带领全县干部群众接力植树，一任接着一任，一届接着一届，林木覆盖率高出全国平均水平近20个百分点，将一个不毛之地变成了塞上绿洲，创造了塞北高原的绿色奇迹。当地老百姓真心感激这些领导，自发地为他们立碑纪念，正可谓“金杯银杯不如老百姓的口碑”。右玉的可贵之处，就在于始终发扬自力更生、艰苦创业、功在长远的实干精神，在于始终坚持为人民谋利益的政绩观。一张蓝图，一个点子，如果实践证明效果是显著的，群众是满意的，就要抓住不放，一抓到底，抓出实效。最怕年年提出不同口号，岁岁转移工作重点，频频转换工作频道，结果是什么点子都浅尝辄止，什么创意都半途而废。我们要按照习近平总书记的要求，有“功成不必在我”的理念和境界，以滴水穿石、聚沙成塔的意志品格，一锤接着一锤敲，锲而不舍，久久为功，善作善成。

6.完善制度抓落实

健全完善的制度对于落实工作至关重要。要制定出高质量的目标责任制度、监督检查制度和奖惩激励制度，着力解决不落实、不认真落实和落实不好的问题。一是采取切实的措施，鼓励务实创新。鼓励党政干部用好用活用足政策，凡是现行法律法规没有明令禁止的，凡是得到改革授权和政策规定的，都应允许进行积极的探索实践。对于工作中出现的一些失误，则要予以宽待包容，以利于抓出成效。二是发挥制度的激励功能。对于那些勤政务实、会干事、干成事的干部，该重用的要重用，该破格提拔的要提拔，以引导党政干部形成积极向上、勇于创新、敢于担当的干事氛围。对于那些锐意进取、干事创业的党政干部，当他们遇到问题和困难时，要及时地为他们排忧解难、化解矛盾，免除他们的后顾之忧，让他们干劲十足地投入工作。三是发挥制度的监督功能。监督在于奖勤罚懒，扶正祛邪。对真抓实干的党员干部要提供平台，论功行赏；对慵懒懈怠的干部则要敢于亮剑，严加管束。要彻底清除干与不干、干多干少、干好干差都一样，甚至不干比干还要好的顽瘴痼疾，把对领导干部抓落实能力的考核纳入科学化、规范化、制度化的轨道，切实推动干部提高抓落实能力。

推荐阅读书目：

[1]洪向华主编:《党员干部要提升抓落实能力》，人民日报出版社 2021 年版。

备课参考书目：

[2]刘玉瑛:《关键在于落实》，新华出版社 2016 年版。

19.年轻干部要着力提高抓落实能力

朱晓静[*]

习近平总书记在2020年秋季学期中央党校(国家行政学院)中青年干部培训班开班式上的讲话中明确强调:“年轻干部要提高抓落实能力。干事业不能做样子,必须脚踏实地,抓工作落实要以上率下、真抓实干。特别是主要领导干部,既要带领大家一起定好盘子、理清路子、开对方子,又要做到重要任务亲自部署、关键环节亲自把关、落实情况亲自督查,不能高高在上、凌空蹈虚,不能只挂帅不出征。干事业就要有钉钉子精神,抓铁有痕、踏石留印,稳扎稳打向前走,过了一山再登一峰,跨过一沟再越一壑,不断通过化解难题开创工作新局面。”①

一、狠抓落实是马克思主义的世界观和方法论

实践第一是马克思主义的根本观点,马克思主义哲学本身具有非常鲜明的践行实干的特性。马克思在《关于费尔巴哈的提纲》中批判德国国内的唯心主义哲学家时指出:“哲学家们只是用不同的方式解释世界,问题在于改变世界。”②所以,马克思主义者更重视行动和实干。马克思还指出:“一步实际运动比一打纲领更重要。”③

---

* 朱晓静,中共山东省委党校(山东行政学院)公共管理教研部副教授。

① 《习近平在中央党校(国家行政学院)中青年干部培训班开班式上发表重要讲话强调　年轻干部要提高解决实际问题能力　想干事能干事干成事》,《人民日报》2020年10月11日。

② 《马克思恩格斯选集》第1卷,人民出版社2012年版,第136页。

③ 《马克思恩格斯选集》第3卷,人民出版社2012年版,第355页。

(一)狠抓落实是中国共产党的优良传统

毛泽东、邓小平等党的主要领导同志对于以实干精神狠抓工作落实极为重视,曾作出很多精辟的阐述。

毛泽东要求共产党员一定要有认真实干的精神,强调:"一件事不做则已,做则必做到底,做到最后胜利。"①1949 年 3 月,毛泽东在党的七届二中全会上系统阐述了党委会的工作方法。十二条工作方法中就有一个方法叫"抓紧",毛泽东强调:"党委对主要工作不但一定要'抓',而且一定要'抓紧'。什么东西只有抓得很紧,毫不放松,才能抓住。抓而不紧,等于不抓。"②

邓小平同志反复强调要少说空话、多干实事,凡事都要落在实处,指出:"开会、讲话都要解决问题。"③在 1978 年全国科学大会开幕式上,邓小平同志说:"一句话,就是要落在实处。追求表面文章,不讲实际效果、实际效率、实际速度、实际质量、实际成本的形式主义必须制止。说空话、说大话、说假话的恶习必须杜绝。"④这显然是基于前期中国所走的弯路提出的。事实上,也正是从 1978 年开始,中国开启了大踏步发展的历程。

江泽民同志强调:"要落实、落实、再落实,因为这是做好一切工作的关键环节。"⑤江泽民同志严厉指出:"不要在层层表态、层层开会、层层造声势上做文章,而要在层层抓落实、层层抓解决问题上下功夫。"⑥

胡锦涛同志强调:"坚持发扬共产党人革命精神和坚持科学务实态度的统一,脚踏实地,埋头苦干,讲实效,办实事,坚决反对形式主义和官僚主义。"⑦

习近平同志在福州工作期间就致力于倡导"马上就办,真抓实干"的工作作风。在浙江主政期间,习近平同志又提出要"干在实处,走在前列"。到了中央工作之后,习近平同志更是在多次讲话中对全国广大领导干部提出狠抓落实的指示要求。

落实就是生产力。中国共产党的百年发展史不仅是中华民族的伟大复

---

① 中央文献出版社编:《建国以来毛泽东文稿》第 4 册,中央文献出版社 1998 年版,第 330 页。

② 《毛泽东选集》第 4 卷,人民出版社 1991 年版,第 1442 页。

③ 《邓小平文选》第 2 卷,人民出版社 1994 年版,第 283 页。

④ 《邓小平文选》第 2 卷,人民出版社 1994 年版,第 99~100 页。

⑤ 江泽民:《论党的建设》,中央文献出版社 2001 年版,第 150 页。

⑥ 江泽民:《论党的建设》,中央文献出版社 2001 年版,第 545 页。

⑦ 《胡锦涛文选》第 2 卷,人民出版社 2016 年版,第 10 页。

兴史,更是善谋划、抓落实的创业史。建党100多年来,新中国成立70多年来,我们的革命、建设和改革事业之所以能取得一个又一个的伟大胜利,不仅是因为中国共产党能把马克思主义基本原理同中国具体实际结合起来,形成正确的理论路线和方针政策,而且在于党能团结带领人民群众,一步一个脚印地把这些路线方针政策落到实处。可见,狠抓工作落实既是中国共产党的优良传统,又是中国高速发展的成功密码。

(二)狠抓落实是解决现实问题的客观需要

“近年来,从中央到地方都加大了抓落实的工作力度,并已取得明显成效……但是也要看到,在有些地方、部门和单位,中央的一些方针政策和重大部署,口头上讲了、文件上也写了,而贯彻落实得却不好;一些中央三令五申、明令禁止的事情,依然我行我素、屡禁不止。不重视抓落实、不善于抓落实的问题仍然存在。”[①]这虽然是习近平2011年的讲话,但是其中的判断至今仍然适用。

不重视抓落实的问题时有发生。2021年反腐纪录片《零容忍》热播,从中可以看出,即使在当下严厉的反腐高压态势之下也仍然有人铤而走险,对纪律要求不重视不落实。其中,“95后”张雨杰在短短三年内侵吞公款6900多万元,这与其所在单位滁州市不动产登记中心长期以来各项监管制度形同虚设、不重视不落实的问题密切相关。

不善于抓落实的问题比比皆是。2021年底西安在新冠疫情防控中发生了一系列匪夷所思的事件:西安一码通崩了、非法馒头协会联合涨价、城中村小伙买馒头被打、产妇因核酸问题无法入院导致流产、一男士突发心绞痛但因被拒诊不幸离世……疫情暴发是突发事件,涉及面广、问题复杂,全国各地都在统筹疫情防控与经济发展。西安市政府显然不是不想落实好疫情防控,而是不会落实。落实应该是一整套谋事、干事、成事的方法,是一个有机整体。显然西安市政府还没有掌握这一套落实的方法。

总之,当今世界正经历百年未有之大变局,国内国际正发生很多前所未有的新变化,为解决现实中复杂的实际问题,领导干部必须掌握抓落实的方法,不断锤炼抓落实的能力。

---

① 习近平:《关键在于落实》,《求是》2011年第6期。

(三)抓落实是领导工作中的重要环节

“抓落实是领导工作中一个极为重要的环节,是党的思想路线和群众路线的根本要求,也是衡量党员领导干部世界观正确与否和党性强不强的一个重要标志。”①

1.从领导干部职责看

职责,是职务上应尽的责任。虽然领导干部有各种各样的职责,但从领导活动的一般过程上讲,领导干部的基本职责主要有两项:一是作出正确的决策,二是抓好决策的落实。正如国务院参事、中国人民大学附属中学校长刘彭芝所言,校长抓工作,着眼点和着力点均应放在两头,一头是事前出思路、做计划、定目标,一头是事后检查抓落实。

2.从领导干部肩负的使命看

领导干部是党执政的骨干力量,肩负着为中国人民谋幸福、为中华民族谋复兴的历史使命。为中国人民谋幸福、为中华民族谋复兴,显然不是喊喊口号就能实现的。要实现人民幸福,就需要满足人民群众对物质文化生活的高要求,满足人民群众在民主、法治、公平、正义、安全、环境等方面的多元化要求,实现幼有所育、学有所教、劳有所得、病有所医、老有所养、住有所居、弱有所扶。而这些目标的实现都离不开狠抓落实。

3.从新时代新要求看

当前,党和国家工作处在“两个一百年”的历史交汇期,党的十九届五中全会审议通过了《中共中央关于制定国民经济和社会发展第十四个五年规划和二〇三五年远景目标的建议》。山东省也在2021年4月发布《山东省国民经济和社会发展第十四个五年规划和2035年远景目标纲要》。山东省第十二次党委会围绕“走在前、开新局”提出了12个方面的重点任务。宏伟蓝图已经绘就,关键在于落实。各级领导干部狠抓落实是实现蓝图的关键。

---

① 习近平:《关键在于落实》,《求是》2011年第6期。

二、落实不力的表现及原因

当前，随着行政效能建设的不断推进，各级领导干部的工作作风得到了有效改善。但在实践中，尤其在基层中，还存在个别干部对上级决策精神和安排部署政令不畅、落实不力、效率不高的问题。总结归纳起来，这些问题可分为四种情况：不落实、慢落实、假落实、乱落实。

(一)落实不力的表现

1.不落实

不落实的第一种表现是抗令不行。比如新冠疫情发生后，我国的经济社会发展遇到了很大困难，党中央、国务院出台了不少助企纾困的好政策，但是在具体落实时却发现有的单位拒不执行。根据国务院第八次大督查通报，重庆市化工研究院就被点名批评未对符合条件的租户免除租金。2020 年，天津市南开区澄江路房管站为商户减免四个多月房租，但是 2021 年却又将房租上调了近一倍，不仅抵消了新冠疫情期间房租减免的政策红利，还加重了租户负担。这些都是典型的抗令不行。

不落实的第二种表现是有禁不止。2022 年 2 月，包括昆明市委、市政府等在内的 29 家单位、58 名责任人被问责，原因是其对中央环保禁令落实不力。自 2015 年开始，滇池边长腰山被过度开发用来修建别墅群。2016 年 11 月，中央环保督察组责令云南省进行整改，并特别指出《云南省滇池保护条例》中对生态文化建设项目和房地产项目界定不明确，要求整改。然而，2017 年昆明市上报的修改文本中未落实整改要求，内容仍然模糊不清，打着康养旅游的幌子为企业进行房地产开发留下了“暗门”。涉事企业本来只侵占了一级保护区，昆明新规出台后又占用了二级保护区，建设了 437 栋别墅。这是典型的有禁不止，不仅影响了滇池的生态保护，还对政府公信力、政府形象造成了严重破坏。

2.慢落实

慢落实的第一个典型表现是行动迟缓。根据中央纪委国家监委的公开通报，2020 年 8 月哈尔滨市道里区医保中心在新冠疫情防控常态化后恢复了现场办公，但在明明每天可以办理 120 个医保预约号的情况下，每天只发放60个号，造成群众办理医保事项非常困难。医保中心个别工作人员甚至与中介公司内外勾结，违规插队办理医保业务，并从中收受好处费。在群众多次反映医保预约难、彻夜排队抢号、“黄牛”倒号等问题后，道里区人社局也未及时有效处理，致使问题长期得不到解决。事实上，虽然当下全国各地积极开展最多跑一次、一次办好改革，并且也取得了一定的效果，但是基层程序复杂、数据壁垒、多方跑腿等现象依然存在，行动迟缓的问题时有发生。

慢落实的第二个典型表现是推诿怠惰。有利的事抢着干，无利的事相互推诿，找借口，找托词，导致问题难解决，甚至损害群众利益。《问政山东》曾经有一期节目报道新建小区外新修一条道路，没有红绿灯，交通混乱，垃圾也没有及时清理。群众找区政府，区政府说没有道路管理的权限，让找街道办或交通局；街道办说现在没法解决，要等等；交通局建议打12345。这种典型的相互推诿不仅没有解决群众反映多次的问题，而且损害了政府形象。

3.假落实

假落实比较典型的表现是以会议代替落实、以材料代替落实。在一些地方，抓落实就等同于开会和发文件。一些党政干部把心思用在传达精神上，精心安排会议，讲程序、讲规格，坚定的决心在会上回荡，激动的言语在会上流传，确实让人振奋万分。然而，会议开完后一切就无声无息，再也没有下文了。还有一些地方的干部，“以文件落实文件，以政策落实政策”：有的是“转发型”，就是上级某项政策出台了，只为批转这个文件发了一个通知，讲上几句要高度重视、认真贯彻的话，实际上起不到任何作用；有的是“复制型”，就是围绕上级的文件又出了一些相关的补充说明的文件，实际上是照猫画虎、叠床架屋、刻意重复。这些假落实的表现实质上是典型的形式主义、官僚主义，危害非常大。

4.乱落实

有些基层单位也想好好落实，但是落实方法不对，机械落实、粗暴落实，比如郑州市乱赋红码事件。2022年6月13日，多家媒体报道了部分河南村镇银行储户健康码被“赋红码”的情况。6月16日，有媒体记者致电河南省多个相关职能部门，得到回复为“不知情”或电话无法接通。这在网上引发了轩然大波，有人甚至调侃此举为“豫赐红码，虽远必朱”。6月22日，郑州市纪委监委通报，包括郑州市委政法委常务副书记在内的五人因为乱赋红码被追责问责。通报显示这五名同志法治意识、规矩意识淡薄，违反《河南省新冠肺炎疫情防控健康码管理办法》及健康码赋码转码规则，擅自对不符合赋码条件的人员赋红码，严重损害健康码管理使用规定的严肃性，造成严重不良社会影响，是典型的乱作为。

健康码是以实际真实数据为基础，客观呈现群众健康状况的电子凭证，旨在更加精准、科学、高效、便捷地实施防疫，在我国疫情防控中发挥了重要作用，是疫情防控的有效手段。但是健康码只能用于防疫，不能滥用。郑州乱赋红码的风波给我们上了印象深刻的一堂课，那就是用码有范围，权力有边界。

(二)落实不力的原因

落实不力既有主观层面的原因，也有客观层面、思想意识层面、方式方法层面的原因，归根结底是要不要落实、会不会落实和能不能坚持落实三个方面的原因。

要不要落实是思想认识问题。现实中，很多落实不力问题的根源就在于相关人员思想境界和工作标准不高、作风不严不实。如昆明滇池事件、祁连山别墅事件，涉事人员思想境界低、缺少政治意识和大局意识，所以才敢于抗令不行、有禁不止。而在郑州随意赋红码事件中，相关人员有权乱用，根本上是依法行政理念缺失，法治意识、规矩意识淡薄。

会不会落实是方式方法问题。现实中，很多乱作为的现象根源就在于相关人员缺少有效的落实方法，很多人在解决问题中有严重的路径依赖，总是用老办法，如强制手段、行政手段，但中国特色社会主义已经进入新时代，发展中遇到的问题发生了很大变化，问题中涉及的群众需求也发生了很大变化，此时要解决新的发展问题必须采用新的方法。

能不能坚持落实是制度体制问题。邓小平同志曾经指出："这些方面的制度好可以使坏人无法任意横行，制度不好可以使好人无法充分做好事，甚至会走向反面。"①现实中，很多落实不力的问题之所以发生，正是由于缺乏相应的目标责任制度、督查督办制度和奖惩追究制度等，此类制度不完善就无法保证落实的规范性和可持续性。

由此可见，狠抓落实不是一个简单的事件，而是一个系统；不是一个人的行为，而是一个组织的系统性流程。

---

① 《邓小平文选》第2卷，人民出版社1994年版，第333页。

三、狠抓落实的路径和着力点

领导干部提高抓落实能力应该从思想意识、方式方法、制度保障三个大的方面着手。既要有想抓的激情、狠抓的决心,又要有善抓的本领,还要有相关的制度保障。

(一)强化狠抓落实的思想意识

1.为民服务,狠抓落实

习近平指出:"各级领导干部不论职务高低,不论在什么岗位工作,都要身体力行党的宗旨,把以人为本、执政为民贯穿到各项工作的落实中去,努力为群众办实事办好事,切实做到权为民所用、情为民所系、利为民所谋。把握住这一点,就把握住了抓落实的根本,就能把全部心思和精力用到抓落实上。"①

领导干部抓落实,必须牢记全心全意为人民服务的根本宗旨,坚持以人为本、执政为民。一件事情如果对老百姓有利就应该做,如果对老百姓不利就坚决不做。

为了人民抓落实要有对人民的真感情,这是干好工作、抓好落实的心理基础。领导干部只有带着感情抓落实,才能想人民之所想,急人民之所急,解人民之所困,在工作中体现出共产党以人民为中心的发展思想;才能真正做到珍惜民力,在真抓实干中把党的惠民举措落到实处。

为了人民抓落实要树立正确的政绩观。要把搞改革、抓落实的出发点和归宿放到为民造福上,把抓落实的着力点放到立足现实、着眼长远、打好基础上,主动从群众关注的焦点、生活的痛点难点中寻找改革切入点和着力点,推动顶层设计和基层探索良性互动、有机结合。有了这样的政绩观,自然就不会有调门高落实差的"口号式"落实、把说得好当作做得好的"表态式"落实,也绝不会搞劳民伤财做展板、写材料的"包装式"落实以及各种花样翻新的"形象工程""政绩工程"。

---

① 习近平:《关键在于落实》,《求是》2011年第6期。

2.马上就办,办就办好

马上就办,是一种良好的工作作风,也是一种高效的抓落实方法。抓落实的要素有很多,其中一个关键要素就是“快”。“兵贵神速”,战场上速度起到决定性的关键作用,现实中抓落实更是如此。上级的决策确定了,工作任务下达了,领导干部就要立即去狠抓落实,立即去落实。

3.求真务实,踏石有痕

“求真”就是了解真实情况,探寻出事物发展变化的客观规律;“务实”就是要以实事求是的态度,提出符合实际的解决矛盾和问题的办法。

习近平曾形象地指出:“抓落实就好比在墙上敲钉子:钉不到点上,钉子要打歪;钉到了点上,只钉一两下,钉子会掉下来;钉个三四下,过不久钉子仍然会松动;只有连钉七八下,这颗钉子才能牢固。”[①]“我们要有钉钉子的精神,钉钉子往往不是一锤子就能钉好的,而是要一锤一锤接着敲,直到把钉子钉实钉牢,钉牢一颗再钉下一颗,不断钉下去,必然大有成效。”[②]干事业就要有钉钉子精神,抓铁有痕、踏石留印,坚决防止出现轰轰烈烈走过场、一丝不苟搞形式、标语贴得满墙是但实际问题没解决的现象。

(二)掌握狠抓落实的方式方法

1.厘清落实内容,统筹兼顾抓落实

在领导干部职责范围内需要落实的工作往往千头万绪,每项工作投入的时间、精力及其他资源越多,抓落实的整体效果就越好,而掌握的资源都是有限的,这就要统筹兼顾、综合平衡。不能没有主次、不分先后,眉毛胡子一把抓,要首先分清需要落实的工作中的轻重缓急,然后再决定投入的时间、精力及其他资源。

分清轻重缓急可以借助图1所示的分析工具。[③] 横轴表示紧迫性,表示对落实工作的时间要求,从左到右时间要求由缓到急;纵轴表示重要性,表示落实工作与中央决策部署及本地区本单位本部门全局工作目标的关联

---

① 习近平:《之江新语》,浙江人民出版社2007年版,第241页。

② 《习近平谈治国理政》,外文出版社2014年版,第400页。

③ 参见刘炳香:《领导干部要改进抓落实方法、提高抓落实效果》,《中国党政干部论坛》2022年第4期。

度，从下到上重要性逐渐增加。两条坐标轴把领导干部所有需要落实的工作分为四类：既重要又紧急的、重要但不紧急的（长期谋略、长期任务）、不重要但很紧急的、不重要也不紧急的。利用这个分析工具，能够迅速确定全部落实工作的轻重缓急。

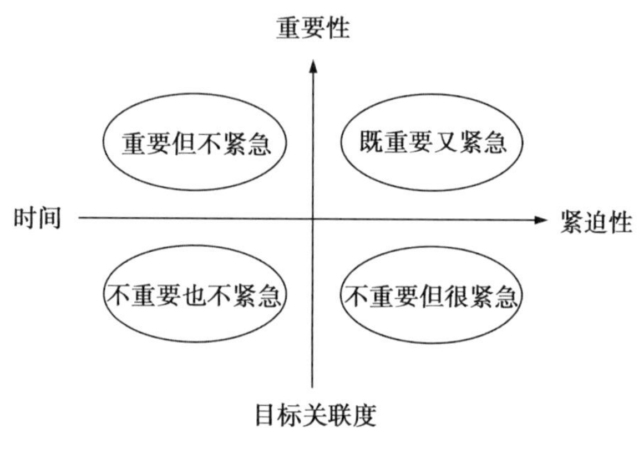

图1　分析工具

从紧迫性维度看，坚持统筹缓急，远近结合抓落实。对当务之急，要立说立行、紧抓快办，不能慢慢吞吞、拖拖拉拉。要有敏锐的洞察力，有言必信、行必果的作风，有马上就办的态度，有案无积卷、手无积事的紧迫感和执行力，不观望、不等待，以眼前的快速行动和立竿见影的效果一步步接近未来远大目标。立即执行并不是盲目蛮干，而是要结合实际、遵循规律、审时度势，巧干、实干，既重效率又重效果。

对事关战略全局、长远发展、人民福祉的长期任务，要聚集精力，保持战略定力和耐心，坚持一张蓝图绘到底，滴水穿石，久久为功。一方面，要将长远大目标分解成具体小目标。设置总目标，可使人感到工作有方向、有奔头，但总目标的实现是一个长期、复杂、曲折的过程，因此还要善于运用目标分解法，将大目标分解成小目标。一个个小目标的实现，能够让人从中看到希望、受到鼓舞、提振信心，最终集腋成裘、积跬步至千里。另一方面，要对需要长抓才能落实的项目和任务排出进度表、画出路线图，明确具体标准、工作举措，标出关键时间节点，把握好工作节奏。同时，要做好过程管理，时刻追踪目标实现的过程，如果发现目标偏离要及时纠正，目标进展过慢要及时督促，并寻找必要的资源支持。

从重要性维度看，坚持以点带面，点面结合抓落实。一是要抓“点”，分清主次、轻重,突出重点。这就要善于抓主要矛盾和矛盾的主要方面,全力以赴抓要事、攻难事,集中充足的人力、物力、财力、精力,结合本地区本部门工作,找准着力点、切入点,把关键问题、棘手问题及时突破,把重点工作抓出亮点。二是要以点带面,点面结合。如同弹钢琴,每件事都要点一下,但不能平均用力、同时用力,要把握好轻重缓急,以重点工作的突破带动全局工作的开展。

2.整合团队,凝聚力量抓落实

这个方法解决的是谁来抓落实的问题。抓落实不能让领导干部单打独斗,而是需要一个团队,这个团队至少包括三个主体:领导干部、落实团队以及人民群众。

(1)领导干部以身作则、率先垂范。一个单位或部门的落实能力本质上是由领导干部的行为决定的。如果领导干部以身作则、崇尚实干,并在单位公开奖励抓落实的行为、批评形式主义的行为,这个单位自然而然就会形成崇尚落实的文化。

领导干部以身作则至少应从以下三方面着手。

首先,想要群众理解的,领导干部首先要理解。2013 年,习近平总书记在山东考察时强调:“要准确推进改革,认真执行中央要求,不要事情还没弄明白就盲目推进。”[①]对中央工作部署,要准确领会政策要点和要领,不能随意解读,想怎么干就怎么干。随意解读,想怎么干就怎么干,就会偏离正确的航向,落实也就成了落空。落实党的路线方针政策,落实上级战略部署和战略目标,离不开对党的路线方针政策的理解,离不开对上级战略决策和战略目标的准确把握。怎样才能准确把握?必须深入学习,因此领导干部要带头认真学,并且应该比群众学得更深更透。

其次,想让群众做到的,领导干部首先要做到。领导心理学的研究表明,群众接受领导者的示范或暗示。领导者如果想要使本组织的工作和任务落实到位,就必须以身作则。“其身正,不令而行;其身不正,虽令不从。”[②]以身作则,能使组织成员的行为方式朝着领导干部的方向转变发展,能增强组织成员的凝聚力,从而激发出他们落实的力量。领导干部做到了,群众就

---

① 《习近平在山东考察时强调 认真贯彻党的十八届三中全会精神 汇聚起全面深化改革的强大正能量》,《人民日报》2013 年 11 月 29 日。

② 《论语·子路》。

不会不做。大家同心同德,没有克服不了的困难,没有落实不了的工作任务。

最后,要求群众不做的,领导干部首先要不做。律人先律己。要求群众不做的事情,领导干部要带头遵守禁令。否则,不许百姓点灯,自己却在放火,怎么能服众?但是,现在有禁不止的现象依然很严重。作为党员干部,一定要带头落实中央八项规定等精神,在厉行勤俭节约、严格遵守廉洁从政有关规定上发挥“头雁作用”。

(2)知人善任、打造有落实力的团队。一个地区、一个单位、一个部门的主要领导对抓落实负总责,但绝不是一个人包打天下。一个组织有没有落实能力,关键还在于能不能建立一个有落实力的团队。

首先,树立正确选人用人导向。习近平指出:“用好一个干部,就是树立一面旗帜,就会在一个地方、一个部门、一个单位形成良好的工作氛围。一些地方、部门和单位之所以出现形式主义、官僚主义问题,往往同用人导向有关。”[①]领导干部抓落实,打造落实型团队,必须树立崇尚实干的用人导向。要让老实人不吃亏,要让敢于担当的人有位子。只有树立了这样的用人导向,才能调动广大干部群众落实的积极性,并在本单位、全社会形成崇尚实干的氛围。

其次,善于识别落实型人才。一般来说,落实型人才有以下几个特征:一是有较高的政策理论水平,只有具有较高的政策理论水平,才能正确理解中央的政令、上级政府的决策和本地区本部门的工作要求;二是有高尚的道德品质修养,包括服从的观念、忠诚的精神、负责的态度、诚信的品质等;三是有完成工作任务的能力,如果没有完成工作任务的能力,能力恐慌,那么即使是想落实也无能为力。

最后,要激发团队成员的潜能。团队建起来了,下一步就是激发团队成员的工作积极性。“水激石则鸣,人激志则宏。”领导干部抓落实,要善于运用正向激励来调动团队成员的工作积极性、主动性和创造性。物质激励是正向激励的一种重要方法。这种方法就是通过提升工资、颁发奖金、分配住房以及提高其他福利待遇来调动团队成员的积极性、主动性和创造性。运用物质激励应该注意以下两点:一是避免金钱至上,二是物质激励必须与工作成绩紧密结合在一起。目标激励是指通过设置恰当的目标来激发团队成员的行为动机,使他们产生旺盛的奋斗精神。实在具体的目标是一个人成

① 习近平:《关键在于落实》,《求是》2011年第6期。

长的重要参照物，当他有意识地明确自己的奋斗目标，并不断地把自己的行动与目标相对照，在对照中发现自己与目标的差距正在缩小时，他就会被激发出更大的积极性，从而一鼓作气实现其目标。运用目标激励，关键看如何设置目标。一般来说，目标的设置要高低适宜、总分结合、实在具体。榜样激励是通过树立先进典型来激发团队成员的激励方法。但是，通过树立先进典型来激励团队成员必须坚持实事求是的原则，不能为了政治需要而随意拔高，将平凡的人塑造成神。

(3)组织动员群众，形成强大合力

依靠群众抓落实，党的工作就会无往而不胜。我们党的根基在人民，力量在人民，群众的拥护和支持是党执政最牢固的政治基础和最深厚的力量源泉。中国共产党的百年发展史就是党依靠群众、带领群众奋斗创造的历史。一百多年来，党之所以能取得革命、建设、改革一个又一个的胜利，根本原因就在于党在一切工作中充分发动群众、依靠群众。当前，我们推进工作仍然必须深深植根于人民，充分尊重人民群众主体地位，发挥人民群众首创精神，从人民群众中汲取无穷智慧、汇聚磅礴伟力。

3.吃透精神，结合实际抓落实

抓工作落实，一定要吃透上级精神，把握好本地实际，找准两者的结合点，上下有机结合，创造性地落实。这是抓落实的一种重要技巧。从全国各地改革发展的经验可以看出，凡是地方经济发展好的地方，都在上下结合上做得好，都能吃透上级指示精神，并结合本地实际搞好落实。

首先，强化学习，吃透上级精神。要落实上级决策，首先要正确理解上级决策，而要吃透上级精神必须注重学习，学习是吃透上级精神的重要渠道。领导干部做好领导工作，需要各种各样的条件，但“学习是做好工作的一个条件，而且是一个必不可少的条件”[①]。习近平总书记一再强调：“领导干部加强学习，根本目的是增强工作本领、提高解决实际问题的水平。”[②]

其次，深入调研，把握本地实际。在深刻领悟上级精神的同时，还要把握本地区、本部门、本单位的具体实际情况，把中央精神和具体实际紧密结合起来，创造性地开展工作。要深入把握本地实际，就必须深入调查研究。

① 《陈云文选》第1卷，人民出版社1995年版，第188页。

② 习近平：《在中央党校建校80周年庆祝大会暨2013年春季学期开学典礼上的讲话》，《人民日报》2013年3月3日。

实际虽然是客观存在的，但并非所有人都能正确认识它。只有通过调查研究才能达到正确认识实际的目的。正如毛泽东同志所指出的："你对于那个问题不能解决吗？那末，你就去调查那个问题的现状和它的历史吧！你完完全全调查明白了，你对那个问题就有解决的办法了。一切结论产生于调查情况的末尾，而不是在它的先头。只有蠢人，才是他一个人，或者邀集一堆人，不作调查，而只是冥思苦索地'想办法'，'打主意'。须知这是一定不能想出什么好办法，打出什么好主意的。换一句话说，他一定要产生错办法和错主意。"①可见，调查研究是理论联系实际不可或缺的桥梁，是把握好本地实际的最佳途径。

最后，上下结合要积极探索"自选动作"。中央的决策、上级的指示精神具有宏观性，对下级有着普遍的指导意义，但下级的实际情况也有其特殊性。因此，应该具体问题具体分析，要在完成好"规定动作"的基础上，结合本地区、本单位、本部门的实际情况，积极探索"自选动作"，即结合实际对上级的政策进行创造性的应用、创造性的落实。要做到"不离上级谱，唱好自己的戏"，力戒"上下一般粗"，力戒教条主义的态度和方法。"自选动作"必须是在大局下的动作，是在政策规定范围内的动作，不能突破政策法规界限，搞"上有政策下有对策"。

（三）完善狠抓落实的制度保障

1.建立健全严格的目标责任制度

习近平同志指出："有些地方、部门和单位存在工作推诿扯皮现象，与目标责任不明确、工作任务没细化有很大关系。要科学进行责任分解，把目标任务分解到部门、具体到项目、落实到岗位、量化到个人，以责任制促落实、以责任制保成效，形成一级抓一级、层层抓落实的工作局面。"②通过建立健全目标管理责任制，全员、全程定目标、定任务、定标准、定奖惩，把落实的目标任务分解到各层级、各部门，落实到具体岗位、个人，使每一项工作都有着落，使每一件任务都能责任到人，使每一项工作都有完成时限和标准要求，建立健全纵向到底、横向到边的责任体系，实现人人负责、环环相扣，确保工作具体化，落实高效化。

---

① 《毛泽东选集》第1卷，人民出版社1991年版，第110页。

② 习近平：《关键在于落实》，《求是》2011年第6期。

2.建立健全严格的督查督办制度

顾名思义,“督查督办”就是监督检查、催促办事,也就是说,通过监督、检查,及时发现没有落实的问题,然后用监督、催促的手段,来推动落实,确保政令畅通。工作有布置,没有督办检查,就容易走过场。因此,必须建立抓落实的督查督办机制。

3.建立健全严格的奖惩追究制度

严格的奖惩追究制度是抓好落实的有效手段,因为一个团队奖励什么行为,就是鼓励团队成员多做类似的行为;反之,惩罚什么行为,就是希望在团队成员中抑制甚至杜绝此类行为的发生。山西省政协原副主席吕日周曾说了一句非常经典的话:“抓住不落实的事+追究不落实的人=落实。”狠抓落实,不仅要有严格的监督检查机制,还必须要有奖惩追究制度。

参考文献:

[1]蒋成会、张荣臣等:《提高领导干部七种能力》,国家行政管理出版社2020年版。

[2]张郁达:《中国特色的政府领导力》,知识产权出版社2017年版。

[3][美]拉里·博西迪等:《执行:如何完成任务的学问》,刘祥亚等译,机械工业出版社2021年版。

[4]刘玉瑛、马正立:《新时代领导干部必备的八大本领》,红旗出版社2019年版。

[5]刘玉瑛:《落实要讲方法》,新华出版社2007年版。

[6]习近平:《关键在于落实》,《求是》2011年第6期。

[7]刘炳香:《领导干部要改进抓落实方法、提高抓落实效果》,《中国党政干部论坛》2022年第4期。

20.在新时代伟大实践中不断提高抓落实能力

郭太龙*

2020年10月10日，习近平总书记在秋季学期中央党校（国家行政学院）中青年干部培训班开班式上强调："干部特别是年轻干部要提高政治能力、调查研究能力、科学决策能力、改革攻坚能力、应急处突能力、群众工作能力、抓落实能力。"[①]这"七大能力"丰富发展了干部能力系统的理论，建构了新时代中国特色社会主义干部素质体系，为培养造就一支具有责任担当意识、真抓实干、善作善成、实绩突出的干部队伍指明了方向。

在提高抓落实能力方面，习近平总书记强调："年轻干部要提高抓落实能力。干事业不能做样子，必须脚踏实地，抓工作落实要以上率下、真抓实干。特别是主要领导干部，既要带领大家一起定好盘子、理清路子、开对方子，又要做到重要任务亲自部署、关键环节亲自把关、落实情况亲自督查，不能高高在上、凌空蹈虚，不能只挂帅不出征。干事业就要有钉钉子精神，抓铁有痕、踏石留印，稳扎稳打向前走，过了一山再登一峰，跨过一沟再越一壑，不断通过化解难题开创工作新局面。"[②]在干部的"七大能力"中，列在最后的是抓落实能力，这说明干部的所有能力最终都要转化为说实话、干实事的抓落实能力，体现了内在的必然逻辑。强化抓落实能力是干部能力建设的重中之重，是一项需要当前完成的紧迫任务。

2013年11月，习近平总书记在山东考察时指出："党的十八届三中全会

---

* 郭太龙，中共山东省委党校（山东行政学院）公共管理教研部讲师。

① 《习近平在中央党校（国家行政学院）中青年干部培训班开班式上发表重要讲话强调 年轻干部要提高解决实际问题能力 想干事能干事干成事》，《人民日报》2020年10月11日。

② 《习近平在中央党校（国家行政学院）中青年干部培训班开班式上发表重要讲话强调 年轻干部要提高解决实际问题能力 想干事能干事干成事》，《人民日报》2020年10月11日。

已经胜利闭幕,军令状已经下达,集合号已经吹响。一分部署,九分落实。改革蓝图有了,现在的关键是把蓝图一步步变为现实。学习贯彻党的十八届三中全会精神,重点是坚定信心、凝聚共识、落到实处。”①“一分部署,九分落实”成为党阐述抓落实问题时常用的表述。

在中共山东省第十二次党代会上,李干杰提到:“今后五年的主要目标是,在‘走在前、开新局’上取得突破性进展,创造更多标志性成果,推动各方面工作实现新跃升。”②

山东省在2022年工作动员大会上提出,要抓好“十大创新”,其中第十大创新就是要加强推进落实创新。抓落实创新是山东省当前和今后一个时期的一项重点工作。无论是在“走在前、开新局”上取得突破性进展这一目标的实现,还是具体工作的创新,抓好落实是必经之路。

以习近平总书记关于抓落实的重要论述为根本遵循,围绕“在新时代伟大实践中不断提高抓落实能力”这一主题,接下来共同探讨交流三个方面的内容:一是抓落实的重要意义,二是抓落实不力的主要表现及原因,三是提高干部抓落实能力的路径。

首先需要搞清楚何为落实?落实的本质内涵源于马克思主义实践观。马克思在《关于费尔巴哈的提纲》中提出并阐明了马克思主义的实践观点,指出实践是人类改造世界的现实的感性活动,是人能动地改造自然的过程,发挥人的主观能动性改造世界,强调实践是检验真理的标准。在深刻领会马克思主义实践观的基础上,习近平指出:“抓落实,从各级党委、政府和领导干部工作方面讲,就是抓党和国家各项方针政策、工作部署和措施要求的落实。落实到哪里去?就是落实到实践中去,落实到基层中去,落实到群众中去,使之成为广大党员、干部、群众的自觉行动,以确保党和国家确定的目标任务顺利实现。”③可以说,中国共产党路线、方针、政策的落实是马克思主义实践观的生动展示。

落实是一种观念。观念支配行为,行为决定结果,一个人如果没有落实的观念,就很难有落实的行动,没有落实的行动,自然就不会出现落实的结果。落实观念的确立是落实的逻辑起点和前提条件。

---

① 《习近平在山东考察时强调 认真贯彻党的十八届三中全会精神 汇聚起全面深化改革的强大正能量》,《人民日报》2013年11月29日。

② 《牢记嘱托走在前 勇担使命开新局 为建设新时代社会主义现代化强省而努力奋斗——李干杰同志在省第十二次党代会上作的报告(摘登)》,《山东人大工作》2022年第5期。

③ 习近平:《关键在于落实》,《求是》2011年第6期。

落实是一种责任，责任是分内应该做的事。抓落实要有“天下兴亡，匹夫有责”和“一人做事一人当”的为国尽责、为己负责的情怀。

落实是一种意志。落实说起来简单，做起来难，需要坚韧不拔、坚持不懈的意志。古希腊哲学家苏格拉底曾要求学生们做一件简单且容易的事：每个人每天前后甩胳膊300下，他自己做了示范，学生们都感觉很简单，都感觉能够轻松做到。过了一个月苏格拉底发现大概有90%的学生能够坚持，又过了一个月大概80%的学生能够坚持，一年后只有一个人能够坚持，这个人便是古希腊另一位哲学大师柏拉图。这个故事形象地说明了“落实是一种意志”。从一定意义上讲，抓落实必须有坚定的意志。

落实还是一种文化，对任何组织成员都起着内驱力的作用。

为政之要，重在落实。蓝图再好、规划再科学，如果没有坚决彻底地抓好落实，都是纸上谈兵。抓好落实是党和国家各项方针政策真正开花结果的决定性因素。

一、抓落实的重要意义

马克思主义政党历来强调实践第一，注重工作落实。实践第一的观点是马克思主义的根本观点。马克思主义经典作家反复指出，马克思的整个世界观不是教义而是方法，它提供的不是现成的教条，而是进一步研究的出发点和供这种研究使用的方法。马克思指出空谈和实干是不可调和的对立面，“一步实际运动比一打纲领更重要”①，行胜于言，行动者必然要面向实际，真正抓落实。列宁也指出“生活、实践的观点，应该是认识论的首要的和基本的观点”②，强调少来一些政治空谈，少发一些书生理论，多深入生活，多注意工农群众怎样在日常生活中实际地创造新事物，共产党人要少讲空话、多做实事。列宁曾多次引用拿破仑的名言：“首先要投入真正的战斗，然后便见分晓。”③投入战斗，就是要实干、真干，要落实、干成。除此之外，列宁还强调政策的真正落实关键在人。中国共产党天生就是使命党和实干党。反对高谈阔论，强调真抓实干，注重落实，始终是中国共产党的优良传统。

---

① 《马克思恩格斯选集》第3卷，人民出版社2012年版，第355页。

② 《列宁全集》第18卷，人民出版社2017年版，第144页。

③ 《列宁全集》第43卷，人民出版社2017年版，第376页。

(一)注重抓落实是中国共产党的优良传统

从中国的近代史可以看出,实现中华民族伟大复兴是全民族最伟大的梦想,争取民族独立、人民解放和实现国家富强、人民幸福是中国人民的历史任务。中华民族有着自强不息的光荣传统,为了捍卫民族独立和尊严,从未停止过抗争。太平天国运动、洋务运动、戊戌变法、义和团运动、辛亥革命都以失败告终,特别是辛亥革命失败后,中国的先进分子处在苦闷和徘徊中,历史呼唤能够真正带领中华民族实现伟大复兴使命的承担者,这个任务落到了先进生产力的代表——中国工人阶级身上。1917 年,俄国十月革命一声炮响,给中国送来了马克思列宁主义。中国先进分子从马克思列宁主义科学真理中看到了解决中国问题的出路,以马克思主义为指导,积极投身到群众斗争实践中去。毛泽东同志曾指出:“如果有了正确的理论,只是把它空谈一阵,束之高阁,并不实行,那末,这种理论再好也是没有意义的。”①所以,党的早期组织十分注重实干,通过成立工会、开办夜校、组建社会主义青年团等方式宣传马克思主义。1920 年,邓中夏等到长辛店向工人宣传革命,开始同工人建立联系。1921 年 5 月,长辛店京汉铁路工会正式成立。各地工人纷纷到长辛店参观访问,他们觉得长辛店是工人的“天国”,称之为“北方劳动界的一颗明星”。从中可以看出,中国共产党的成立肩负着历史使命,同时中国共产党又是一个典型的实干型政党。

对于抓落实的重要性,党的主要领导同志先后有过很多精辟的重要阐述。毛泽东同志要求共产党员一定要有“认真实干”的精神,强调“一件事不做则已,做则必做到底,做到最后胜利”②。1949 年 3 月 13 日,毛泽东同志在党的七届二中全会上系统阐述了党委会的工作方法,并指出:“领导工作不仅要决定方针政策,还要制定正确的工作方法。有了正确的方针政策,如果在工作方法上疏忽了,还是要发生问题。”③毛泽东同志强调:“党委对主要工作不但一定要‘抓’,而且一定要‘抓紧’。什么东西只有抓得很紧,毫不放松,才能抓住。抓而不紧,等于不抓……不抓不行,抓而不紧也不行。”④

社会主义是干出来的。改革开放时期,邓小平同志非常重视实干精神,强调“少说空话,多做工作”,凡事都“要落在实处”,指出“开会、讲话都要解

① 《毛泽东选集》第 1 卷,人民出版社 1991 年版,第 292 页。

② 中央文献出版社编:《建国以来毛泽东文稿》第 4 册,中央文献出版社 1998 年版,第 330 页。

③ 《毛泽东选集》第 4 卷,人民出版社 1991 年版,第 1440 页。

④ 《毛泽东选集》第 4 卷,人民出版社 1991 年版,第 1442 页。

决问题”,“任何好主意不会自动实现。美好的前景如果没有切实的措施和工作去实现它,就有成为空话的危险”。[①] 1978 年 3 月 18 日,在全国科学大会开幕式上,邓小平同志强调:“一句话,就是要落在实处。追求表面文章,不讲实际效果、实际效率、实际速度、实际质量、实际成本的形式主义必须制止。说空话、说大话、说假话的恶习必须杜绝。”[②]

党的十三届四中全会以后,我国经济社会发展进入新的历史阶段。面对社会主义建设的新形势,江泽民同志强调,“现在,我们国家和军队建设的大政方针已经确定,发展目标也很明确,关键的问题就是要抓好落实”,“能否抓好落实,从根本上说是个党性问题,工作指导思想问题”,“要落实、落实、再落实,因为这是做好一切工作的关键环节”,“不要在层层表态、层层开会、层层造声势上做文章,而要在层层抓落实、层层抓解决问题上下功夫”。[③]

党的十六大以后,以胡锦涛同志为总书记的新一届中央领导集体强调脚踏实地,埋头苦干,讲实效,办实事,坚决反对形式主义和官僚主义。2004 年 1 月 12 日,在中共十六届中央纪律检查委员会第三次全体会议上,胡锦涛同志指出:“现在的关键就是要一项一项抓好落实。”[④]

党的十八大以来,中国特色社会主义进入新时代,面对当今世界百年未有之大变局,面对中华民族伟大复兴的战略全局,习近平总书记就抓落实工作作出系列重要论述,更加明确要求各级领导干部要狠抓工作落实。在抓落实的重要性方面,习近平总书记在党的十八届五中全会第二次全体会议上强调:“要把抓落实摆在突出位置。”[⑤]在抓落实的态度方面,习近平总书记要求:“各级主要负责同志要自觉从全局高度谋划推进改革,做到实事求是、求真务实,善始善终、善作善成,把准方向、敢于担当,亲力亲为、抓实工作。”[⑥]此外,在抓落实的主体、抓落实的方法等方面习近平总书记也作了重要论述,这些论述深刻揭示了新时代党员干部提高抓落实能力的精神实质和行动路径,为新时代党员干部提高抓落实能力指明了重要方向,提供了根本遵循。

---

① 《邓小平文选》第 2 卷,人民出版社 1994 年版,第 112、100、283、110 页。

② 《邓小平文选》第 2 卷,人民出版社 1994 年版,第 99～100 页。

③ 江泽民:《论党的建设》,中央文献出版社 2001 年版,第 148、148、150、545 页。

④ 《胡锦涛文选》第 2 卷,人民出版社 2016 年版,第 159 页。

⑤ 中共中央文献研究室编:《十八大以来重要文献选编》(中),中央文献出版社 2016 年版,第 836 页。

⑥ 《习近平谈治国理政》第 2 卷,外文出版社 2017 年版,第 106 页。

党的百年发展史不仅是中华民族的伟大复兴史，还是一部善谋划、抓落实的创业史。狠抓工作落实，既是中国共产党的优良传统，也是中国高速发展的成功密码。

(二)抓落实是干部工作能力的重要检验

习近平指出："抓落实的工作实践，检验着每个干部的思想品质、工作作风和实际能力，也是考察和选用干部的重要依据。""评价一个干部，重要的不是看他说什么，而是看他做什么，看他做得怎么样。要抓好工作落实，必须完善领导干部考核评价机制，对干部干与不干、干好干坏、干多干少要有明确的区分，褒奖那些埋头苦干、狠抓落实的干部，教育和调整那些只尚空谈、不干实事的干部，问责和惩处那些因弄虚作假、失职渎职造成重大损失和严重后果的干部，努力营造崇尚实干、恪尽职守、勇于奉献的工作氛围。优良的工作作风是一级一级带出来的，要注重发挥一把手的表率作用和督促作用。有了重视抓落实、善于抓落实的一把手，才能带出抓落实的好班子、好团队。"①

党员干部要具备很多本领和能力，其中重要的一项就是抓好落实。用这个标准衡量，如果党员干部既不抓落实也不善于抓落实，那么这样的党员干部就是不合格的、应该予以罢免的。

(三)抓落实是实现党的工作目标的重要手段

2021 年 1 月 28 日，习近平总书记在十九届中央政治局第二十七次集体学习时指出："党的十九届五中全会《建议》对'十四五'时期和未来 15 年我国全面建设社会主义现代化国家的指导方针、主要目标、工作重点、落实机制等都作了明确部署，现在的主要任务就是全力以赴抓落实。"②抓落实是实现我们党各项工作目标的重要手段。

中国共产党自成立以来始终坚持以马克思主义为指导，善于把远大目标、奋斗纲领同脚踏实地、埋头苦干紧密结合起来。在革命、建设、改革以及新时代各个历史时期，党和人民的事业之所以能够不断取得伟大成就，靠的就是马克思主义基本原理同中国具体实际结合起来形成的正确理论和路线方针政策，靠的就是党领导人民脚踏实地践行好这些理论路线方针政策。

---

① 习近平：《关键在于落实》，《求是》2011 年第 6 期。

② 习近平：《全党必须完整、准确、全面贯彻新发展理念》，《求是》2022 年第 16 期。

如果落实工作抓不好，再好的方针、政策、措施也会落空。

二、抓落实不力的主要表现及原因

（一）抓落实不力的主要表现

抓落实不力的主要表现有：慢落实，即行动迟缓、推诿怠惰、服务效能不高；不落实，即有令不行、有禁不止、监管不力；假落实，即照搬照抄、弄虚作假、以会议材料代替落实。这些抓落实不力的表现，现在也时有发生。据云南省纪委监委通报，2021 年 5 月 6 日中央第八生态环境保护督察组曝光“云南昆明晋宁长腰山过度开发严重影响滇池生态系统完整性”后，云南省纪委监委对“古滇名城”长腰山片区以及滇池南湾未来城五渔郕项目违规违建问题以事立案、直查直办，深挖细查违规违建背后的责任、作风、腐败等问题，决定对 29 个责任单位、58 名责任人严肃追责问责。

通报指出，经查，云南省级相关部门、昆明市、晋宁区党委政府和相关职能部门、部分领导干部存在以下突出问题：一是贯彻习近平生态文明思想浮于表面，践行“两个维护”不坚决不彻底；二是对中央环保督察指出的问题整改不力，敷衍整改、虚假整改、应付整改；三是政绩观扭曲，与民争湖、与民争利，公众利益让步于私人利益；四是法治意识、规矩意识淡薄，想方设法为项目建设铺路搭桥；五是权力观不正，责任意识不强，滥用职权、失职渎职。[①]我们从通报中可以看出很多问题的出现与抓落实不力息息相关。

当前我们还存在抓落实不够有力、抓落实不够有效等问题，这些问题反映到干部身上，呈现出了多种多样的类型。中央纪委、国家监委网站曾公布十种干部作风典型问题，刻画出了抓落实不力的干部面貌。类型一：“比划型”干部，突出表现为工作上下一般粗，机械式执行上级安排部署。以会议贯彻会议，以文件落实文件，缺乏具体工作措施。类型二：“说唱型”干部，突出表现为喊口号、装样子，喜欢做表面文章。表态多、调门高，行动少、落实差。类型三：“太极型”干部，突出表现为遇到问题左躲右闪、上推下卸，推诿扯皮、回避矛盾，不担当不作为不负责。类型四：“木偶型”干部，突出表现为

① 参见云南省纪委监委：《云南通报“古滇名城”长腰山片区及滇池南湾未来城五渔郕项目违规违建问题追责问责情况》，2022 年 2 月 18 日，https://www.ccdi.gov.cn/yaowenn/202202/t20220218_172548.html。

对待工作庸懒散拖、敷衍塞责，工作不推不动，推一下动一下，甚至推而不动。类型五："打盹型"干部，突出表现为精神萎靡不振，遇事装聋作哑，对群众反映问题无动于衷、消极应付。类型六："走秀型"干部，突出表现为华而不实、弄虚作假、虚报瞒报、遮掩问题，搞形式、走过场。类型七："梗阻型"干部，突出表现为吃拿卡要、冷硬横推、新官不理旧账、新人不理旧事。类型八："两面型"干部，突出表现为说一套做一套，阳奉阴违，贯彻上级部署打折扣、搞变通，不讲规矩，我行我素，自以为是。类型九："三拍型"干部，突出表现为搞"一言堂"，工作脱离实际，违反规定乱决策、乱拍板、乱作为，出了问题不解决、不报告。类型十："佛系型"干部，突出表现为当老好人、和稀泥、随波逐流、随遇而安，当一天和尚撞一天钟，不贪不占也不干。为什么会出现落实不力的情况？只有探寻抓落实不力的根源，才能找到问题的症结所在，对症下药，抓好落实。

(二)抓落实不力的原因

1.缺乏强烈的落实意识

习近平总书记在党的十八届一中全会上指出："我们要带头维护中央权威，在思想上政治上行动上同党中央保持高度一致，不折不扣贯彻执行中央的路线方针政策和重大工作部署，心往一处想、劲往一处使，确保中央政令畅通。"①当前，有的党员干部对抓落实的重要性认识不足，抓落实观念没有完全深入内心，没有形成一种自觉的意识，没有内化为自觉的行动。缺少强烈的落实意识导致任务完不成，有制度不遵守，有规则不遵循。

2.缺乏有效落实的制度机制

不落实或者落实不力的重要原因是部门内部缺少有效的保证落实的机制。一是缺乏有效落实的目标责任制度。邓小平同志强调："任何一项任务、一个建设项目，都要实行定任务、定人员、定数量、定质量、定时间等几定制度。"②但是，现实中很多部门或组织缺乏这种机制，工作安排出现权责利不清晰、不对等、不统一，结果落实成了一句空话。二是缺乏落实的监督检

① 中共中央文献研究室编：《习近平关于全面从严治党论述摘编》，中央文献出版社 2021 年版，第 89 页。

② 《邓小平文选》第 2 卷，人民出版社 1994 年版，第 151 页。

查制度。有些地区、单位或部门工作目标和安排部署都做到了，但是没人检查和监督，靠打电话、看材料、听汇报进行抽象指导，导致监督检查流于形式。三是缺乏奖惩追责制度。奖惩追责制度缺失会导致“劣币驱逐良币”的现象，影响工作任务的落实。

3.缺乏有效落实的方法和正确方向

抓落实的过程中，有些人找不到有效的方法，结果出现“播下的是龙种，收获的却是跳蚤”的情况。这种现象的出现主要是因为抓落实主体没有掌握科学的方式方法和方向，抓不住主要矛盾和矛盾的主要方面，“眉毛胡子一把抓”。结果是力气没少下，效果不明显，落实不到位。在效率和效能方面，彼得·德鲁克指出效率是以正确的方式做事，效能是做正确的事。效率和效能不能偏废，但这并不意味着效率和效能具有同等的重要性。我们当然希望同时提高效率和效能，但在效率与效能无法兼得时，我们首先要着眼于效能，然后再设法提高效率，即做正确的事更重要。抓落实既要有科学的方式方法，提高效率，也要找准正确的方向，否则会适得其反。

三、提高干部抓落实能力的路径

毛泽东同志曾经说过：“我们不但要提出任务，而且要解决完成任务的方法问题。我们的任务是过河，但是没有桥或没有船就不能过。不解决桥或船的问题，过河就是一句空话。不解决方法问题，任务也只是瞎说一顿。”[①]提高抓落实能力的“桥”和“船”，可以从以下几个方面去探讨。

（一）要把握住抓落实的根本要求

习近平强调：“全心全意为人民服务是党的根本宗旨，党的各项工作都必须坚持以最广大人民的根本利益为出发点和落脚点。从这个意义上讲，是否抓落实直接反映着领导干部的宗旨意识和党性。各级领导干部不论职务高低，不论在什么岗位工作，都要身体力行党的宗旨，把以人为本、执政为民贯穿到各项工作的落实中去，努力为群众办实事办好事，切实做到权为民所用、情为民所系、利为民所谋。把握住这一点，就把握住了抓落实的根本，

① 《毛泽东选集》第1卷，人民出版社1991年版，第139页。

就能把全部心思和精力用到抓落实上。”[①]认真践行抓落实这一根本要做到以下几点。

1.坚持以人民为中心

习近平总书记在2022年春季学期中央党校(国家行政学院)中青年干部培训班开班式上强调:“共产党人必须牢记,为民造福是最大政绩。我们谋划推进工作,一定要坚持全心全意为人民服务的根本宗旨,坚持以人民为中心的发展思想,坚持发展为了人民、发展依靠人民、发展成果由人民共享,把好事实事做到群众心坎上。什么是好事实事,要从群众切身需要来考量,不能主观臆断,不能简单化、片面化。哪里有人民需要,哪里就能做出好事实事,哪里就能创造业绩。业绩好不好,要看群众实际感受,由群众来评判。有些事情是不是好事实事,不能只看群众眼前的需求,还要看是否会有后遗症,是否会‘解决一个问题,留下十个遗憾’。”[②]

2.牢固树立正确的政绩观

习近平指出:“树立和践行正确政绩观,起决定性作用的是党性。只有党性坚强、摒弃私心杂念,才能保证政绩观不出偏差。”[③]“在抓落实过程中,不同的政绩观会有不同的抓法、不同的结果。”[④]什么叫政绩?顾名思义,就是为政之绩,即为政的成绩、功绩、实绩。我们做事情、干工作,如果做到了上有利于国家、下有利于人民,既符合国家和人民眼前利益的要求又符合国家和人民长远利益的要求,既能促进经济社会发展又能促进国家富强和人民幸福,那就做出了党和人民所需要的真正的政绩。

3.必须完整、准确、全面贯彻新发展理念

理念在理论、纲领、规划中居于“灵魂”地位,具有统摄作用。习近平总

---

① 习近平:《关键在于落实》,《求是》2011年第6期。

② 《习近平在中央党校(国家行政学院)中青年干部培训班开班式上发表重要讲话强调 筑牢理想信念根基树立践行正确政绩观 在新时代新征程上留下无悔的奋斗足迹》,《人民日报》2022年3月2日。

③ 《习近平在中央党校(国家行政学院)中青年干部培训班开班式上发表重要讲话强调 筑牢理想信念根基树立践行正确政绩观 在新时代新征程上留下无悔的奋斗足迹》,《人民日报》2022年3月2日。

④ 《习近平在中央党校春季学期开学典礼上强调 领导干部要狠抓落实善抓落实》,《人民日报》2011年3月2日。

书记强调："发展理念是发展行动的先导，是管全局、管根本、管方向、管长远的东西，是发展思路、发展方向、发展着力点的集中体现。发展理念搞对了，目标任务就好定了，政策举措也就跟着好定了。"[①]按照习近平总书记的要求，我们在抓落实的过程中必须完整、准确、全面贯彻新发展理念。第一，要扎扎实实贯彻创新、协调、绿色、开放、共享的新发展理念；第二，落实以人民为中心的发展思想；第三，继续深化改革开放；第四，坚持系统观念；第五，善于从政治上看问题。

（二）要培育落实文化

何为落实文化？简单说来，是一个单位、部门或个人将决策目标转变为现实结果的习惯方式。良好的落实文化应该包括公正、规则、高效、认真、实事求是等观念文化，诚信、公开、透明等制度文化，快速行动、注重细节等行为文化。

1.构建勇于担当的责任文化

责任就是做好被赋予的有意义的事情，责任是一种担当、使命、素质、美德。责任感是我们立身做事的基本条件，责任心是我们事业的基石。2013年6月28日，习近平总书记在全国组织工作会议上的讲话中强调："担当就是责任，好干部必须有责任重于泰山的意识，坚持党的原则第一、党的事业第一、人民利益第一，敢于旗帜鲜明，敢于较真碰硬，对工作任劳任怨、尽心竭力、善始善终、善作善成。"[②]构建责任文化，一是要强化责无旁贷的落实意识；二是要强化个人的责任担当意识，让每个人都养成负责任的习惯，形成"时时放心不下"的责任感；三是要制定狠抓落实的责任清单。

2.大力弘扬实事求是文化

实事求是是一种科学精神，求真务实是我们党的优良传统和工作作风，抓落实必须弘扬这种优良传统和工作作风。在福建工作时，习近平主持编制《1985年～2000年厦门经济社会发展战略》，结合当地实际谋划未来5年、10年乃至20年发展战略，主动抓当时很多人认为吃力不讨好的事情，心甘

① 中共中央文献研究室编：《习近平关于全面建成小康社会论述摘编》，中央文献出版社2016年版，第37～38页。

② 《习近平谈治国理政》，外文出版社2014年版，第416页。

情愿做铺就未来发展的基石。习近平指出:“领导干部要以正确的政绩观为指导,抓好各项工作。‘功成不必在我’,要甘于做铺垫性的工作,甘于抓未成之事。”[①]在主持起草实行自由港某些政策的调研报告时,习近平强调,我们要立足中国的实际、厦门实际,不能全搬新加坡的模式,更不能搬用香港的模式,可以把它们作为重要参考。[②] 这鲜明体现了一切从实际出发、实事求是的作风。

3.构建马上就办、真抓实干的执行文化

马上就办,是抓落实的一种良好工作作风,也是一种高效的抓落实方法。20 世纪 90 年代初,时任中共福州市委书记的习近平鲜明提出“马上就办、真抓实干”。担任福建省省长后,习近平同志在全省推广“马上就办、真抓实干”,亲自担任省机关效能建设领导小组组长,持续推动办事方式创新、监督机制完善、常态制度建设等。[③] 1991 年 2 月 20 日,在福州市委工作会议上,习近平第一次向全市干部明确提出要大力提倡“马上就办”的工作精神,讲求工作时效,提高办事效率,使少讲空话、狠抓落实在全市进一步形成风气、形成习惯、形成规矩。1991 年 2 月 28 日,习近平对一份反映福州动物园现实困难的建议报告措辞严厉地指出,这件事距市领导批示竟已过了半年,而依然故我,毫无改变。连一个回音也没有。这与“马上就办”的精神相去何远,也不知这样的拖延该由谁来负责。俱往矣,从今天开始一周内办结。[④] 1992 年,习近平提出“马上就办”加上“真抓实干”,我们就能切实转变作风,把工作落到实处,开创新局面。

4.从“差不多”向“认真到位”转变,构建细节文化

细节对工作任务的落实起着关键作用。习近平总书记强调,改革要聚焦、聚神、聚力抓落实,做到紧之又紧、细之又细、实之又实。[⑤] “天下大事必作于细”,用这样的精神抓落实,才是真正领会了抓落实的核心要义。

---

① 习近平:《之江新语》,浙江人民出版社 2007 年版,第 87 页。

② 参见中央党校采访实录编辑室:《习近平在厦门》,中共中央党校出版社 2020 年版,第 56～57 页。

③ 参见尹力:《弘扬“马上就办、真抓实干”优良传统 注重效率效能效益促进高质量发展》,《学习时报》2022 年 7 月 13 日。

④ 参见中央党校采访实录编辑室:《习近平在福州》,中共中央党校出版社 2020 年版,第 304 页。

⑤ 参见中共中央宣传部编:《习近平新时代中国特色社会主义思想学习纲要》,人民出版社 2019 年版,第 91 页。

(三)要打造高效落实团队

组织的整体力量大于组织内部个体力量的简单相加。打造高效落实团队对于抓落实具有非常重要的意义。

1.增强学习本领

习近平总书记指出:“只有加强学习,才能增强工作的科学性、预见性、主动性,才能使领导和决策体现时代性、把握规律性、富于创造性,避免陷入少知而迷、不知而盲、无知而乱的困境,才能克服本领不足、本领恐慌、本领落后的问题。”①党员干部一是要加强理论学习,厚实理论功底,正确领会党和国家方针政策;二是要加强业务素质能力的学习,提升业务工作能力;三是要加强党纪国法的学习,确保工作依法落实。坚持学习学习再学习是提高抓落实能力的基本前提。

2.树立正确用人导向

用一贤人则群贤毕至,见贤思齐就蔚然成风。习近平在中央党校2011年春季学期开学典礼上的讲话中强调:“用好一个干部,就是树立一面旗帜,就会在一个地方、一个部门、一个单位形成良好的工作氛围。”②一些地方、部门和单位之所以出现形式主义、官僚主义问题,往往同不正确的用人导向有关。正确的选人用人导向是打造高效落实团队的基础。

3.识别优秀落实型人才

优秀落实型人才一般具有较高的政治素质和政策理论水平。对党员干部来说,政治能力在所有能力中居第一位,抓落实的过程就是在实践中检验对党和国家各项方针政策、工作部署、措施要求的领会与践行,能够旗帜鲜明讲政治、准确把握政策的总体要求和取向是优秀落实型人才的显著特征。同时,善作善成的工作能力与扎实过硬的作风也是优秀落实型人才的特征。抓落实不是蛮干盲干,而是苦干巧干,落实型人才必然要具备攻坚克难的本领以及不尚虚谈、多务实功、担当作为的工作作风。

---

① 《习近平谈治国理政》,外文出版社2014年版,第404页。

② 中共中央文献研究室编:《十七大以来重要文献选编》(下),中央文献出版社2013年版,第203页。

4.有效避免"鞭打快牛"

有这么一则寓言故事:一位农夫有一头水牛和一头黄牛,农夫拉着两头牛犁田,先给黄牛套上犁枷,但任凭他怎么吆喝黄牛就是不走,折腾半天没犁几路田。无奈之下,农夫换上水牛,水牛不用吆喝就主动拉着犁往前走,但农夫还是不断地鞭打水牛。水牛很是不解,就停下来问:"主人,我已经尽心尽力地帮你拉犁了,你怎么还老是打我?"农夫说:"黄牛不拉,只有你拉,不打得你跑快些,什么时候才能犁完田?少废话,快走!"说罢又是一鞭。多次挨鞭子的水牛想:"自己跑得越快,犁的田越多,被鞭打的机会就越多,而黄牛却在旁边优哉游哉地吃草,真不公平!"最终,水牛挣脱犁枷跑了。在抓落实的过程中,要及时鞭策"慢牛",激励"快牛",让"慢牛"变快,"快牛"更快。

(四)要有科学管用的制度和机制

抓落实不能只靠自觉,必须建立好的制度机制作为保障。邓小平同志讲道:"制度好可以使坏人无法任意横行,制度不好可以使好人无法充分做好事,甚至会走向反面。"[①]习近平总书记在庆祝改革开放40周年大会上的讲话中强调:"改革开放40年的实践启示我们:制度是关系党和国家事业发展的根本性、全局性、稳定性、长期性问题。"[②]建立科学管用的制度和机制要做到以下三点:第一,建立健全严格的目标责任制度,使每一项工作都有着落,每一项任务都有责任人,每一项工作都有完成时限和要求;第二,建立健全严格的奖惩激励制度,惩处追究不落实的人,表扬奖励落实的人,使权、责、利统一;第三,建立严格的监督检查制度。"令必行,令出辄人随,省其可行、不行。"[③]这句话的意思是有令必行,号令一经发出,就要立即派人跟踪督查,看号令是否得到有效执行。通过监督检查及时发现问题,然后用监督、催促等手段推进落实。

(五)要掌握抓落实的基本路径

组织落实的兴衰成败取决于两大因素:一是决策是否正确,二是落实是

① 《邓小平文选》第2卷,人民出版社1994年版,第333页。

② 《习近平谈治国理政》第3卷,外文出版社2020年版,第185页。

③ 《墨子·号令》。

否到位。面对上级的决策，如何有效抓落实？第一，准确理解是抓落实的基础。抓落实要在吃透精神、系统把握的基础上，坚决而忠实地予以执行。第二，先做、做好、做完美是抓落实的基本步骤。“路虽近，不行不至；事虽小，不做不成。”作出决策之后，要坚持“速度制胜”，以目标为导向，立即落实。第三，原则性与灵活性有机结合是抓落实的原则。抓落实必须坚持具体问题具体分析，原则性与灵活性相结合，结合实际对上级的政策进行创造性的应用和落实。

参考文献：

[1]《习近平谈治国理政》第4卷，外文出版社2022年版。

[2]刘玉瑛：《领导干部怎样抓落实》，新华出版社2018年版。

[3]任仲文编：《抓落实就是讲政治 讲政治就要抓落实》，人民日报出版社2020年版。

[4]蒋成会、张荣臣：《提高领导干部七种能力》，国家行政管理出版社2020年版。

[5]洪向华主编：《党员干部要提升抓落实能力》，人民日报出版社2021年版。